U0943490

机工传媒
China Machine Media

中国战略性新兴产业研究与发展

R&D of China's Strategic New Industries

生物质能

Biomass energy

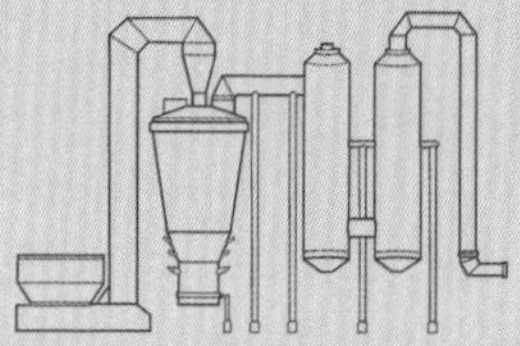

国家发展和改革委员会能源研究所 组编

韩文科 主编

机械工业出版社
China Machine Press

本书分为上、下两篇，共8章。上篇（第1～4章）为生物质能产业概述，较为全面和系统地介绍了生物质能开发和利用的产业现状。其中：第1章介绍了生物质能利用的整体状况，包括生物质能的基本概念、发展历程和资源种类；第2章介绍了国际生物质能产业发展现状；第3章主要介绍了我国生物质能产业的发展现状；第4章详细介绍了我国生物质能资源状况，并对资源利用现状、开发潜力进行了系统的分析。下篇（第5～8章）为生物质能产业指导，通过进一步分析生物质能产业发展中应当重点关注和考虑的因素，为致力于生物质能行业研究或发展的人士提供参考。其中：第5章介绍了我国生物质能产业发展战略指导；第6章主要介绍了生物质能各个领域的行业准入基本条件；第7章介绍了生物质能的技术评价；第8章分析了生物质能产业的投资和运行风险。

本书通过对生物质能产业全面、深入的分析，帮助从事生物质能产业发展的基层干部和工作者更加清晰地把握生物质能产业发展的重点方向，制订切合地方实际发展需要的战略指导方案；为相关投资机构和从业者准确认识生物质能产业，避免投资决策失误提供帮助；同时，也为广大业内同仁、研究学者、高校师生的相关研究提供参考。

图书在版编目（CIP）数据

中国战略性新兴产业研究与发展．生物质能／韩文科主编．-- 北京：机械工业出版社，2013.2
ISBN 978-7-111-41450-6

Ⅰ．①中… Ⅱ．①韩… Ⅲ．①新兴产业－产业发展－研究－中国 ②生物能源－产业发展－研究－中国 Ⅳ．①F121.3 ②F426.2

中国版本图书馆CIP数据核字（2013）第030023号

机械工业出版社（北京市百万庄大街22号　邮政编码100037）
责任编辑：肖新军　陈　洁　罗子超　　责任校对：常天培
北京宝昌彩色印刷有限公司印刷
2013年2月第1版第1次印刷
170mm×242mm · 15.125印张 · 271千字
标准书号：ISBN 978-7-111-41450-6
定价：140.00元

《中国战略性新兴产业研究与发展》

编委会

《中国战略性新兴产业研究与发展·生物质能》

执行编委会

主　　编　韩文科

撰 稿 人　任东明　秦世平　罗志宏　樊丽娟
谢旭轩　韩翠丽　尹菁菁　张成强
黄　禾　窦克军

《中国战略性新兴产业研究与发展》

编委会办公室

主　　任　郭　锐（兼）

副 主 任　李卫玲

成　　员　赵　敏　张珂玲　李　晶

序言

全球金融危机和经济衰退发生以来，美欧日俄等各国为应对危机、复苏经济、抢占未来发展的先机和制高点，都在重新审视发展战略，不断加快推进“再工业化”，培育发展以新能源、节能环保低碳、生物医药、新材料与高端制造、新一代信息网络、智能电网、海洋空天等技术为支撑的战略性新兴产业，在全球范围内构建以战略性新兴产业为主导的新产业体系。力图通过新一轮的技术革命引领，重新回归实体经济，创造新的经济增长点。这已成为很多国家摆脱危机、实现增长、提升综合国力的根本出路。可以预计，未来的二三十年将是世界大创新、大变革、大调整的历史时期，人类将进入一个以绿色、智能、可持续发展为特征的知识文明时代。那些更多掌握绿色、智能技术，主导战略性新兴产业发展方向的国家和民族将在未来全球竞争合作中占据主导地位，赢得全球竞争合作，共享持续繁荣进程中的主动权和优势地位。

为应对金融危机和全球性经济衰退以及日趋强化的能源、资源和生态环境约束，以实现中国经济社会的科学发展、和谐发展、持续发展，党中央、国务院提出加快调整产业结构、转变经济发展方式，加快培育和促进战略性新兴产业发展的方针，出台了《国务院关于加快培育和发展战略性新兴产业的决定》以及相关政策举措。可以肯定，未来 5 ～ 10 年将是我国结构调整与改革创新发展的一个新的战略机遇期，将通过继续深化改革，扩大开放，提升自主创新能力，建设创新型国家，实现我国科技、产业、经济由大变强的历史性跨越，我国经济社会发展将走出一条依靠创新驱动，绿色智能，科学发展、和谐发展、持续发展之路，实现中华民族的伟大复兴。

展望未来，高端装备制造、新能源汽车、节能环保、新一代信息技术、生物医药、新能源、新材料、绿色运载工具、海洋空天、公共安全等全球战略性新兴产业将形成十数万亿美元规模的宏大产业，成为发展速度最快，采用高新技术最为密集，最具持续增长潜力的产业群落。战略性新兴产业的发展需求也将拉动技术的创新突破和产业的结构调整，为包括我国在内的全球经济发展注入新的强大动力。

在世界各国高度重视培育和发展战略性新兴产业的新形势下，编著一套《中国战略性新兴产业研究与发展》图书，借鉴国外相关产业发展的成功经验，对行业发展思路、发展目标、发展战略、发展重点、投资方向、政策建议等方面进行全面、系统研究，凝聚对战略性新兴产业内涵和发展重点的认识，为国家战略性新兴产业发展规划的顺利实施，以及政府和有关部门制定促进战略性新兴产业发展的相关政策和法规提供参考，具有十分重要的现实意义。

《中国战略性新兴产业研究与发展》系列图书一期包括 12 个分册，对相应产业的阐述、分析均注重强调战略性新兴产业的六个主要特点：

一是**绿色**。战略性新兴产业属于能耗低、排放少、零部件可再生循环的“环保型”“绿色型”产业，无论从产品的设计、制造、使用，还是回收、再利用等整个生命周期的各个环节，对资源的利用效率与对环境的承载压力均要求达到最理想水平。

二是**智能**。新型工业化要求坚持以信息化带动工业化、以工业化促进信息化，即要实现“两化融合”。而“两化融合”决定了智能是未来产业尤其是战略性新兴产业的发展方向。所谓智能，是指制造过程的智能化、产品本身的智能化、服务方式的智能化。这些均是智能的最基本层次，它还具有其他更为丰富的内涵。如：智能电网，通过先进的传感和测量技术、先进的设备技术、先进的控制方法以及先进的决策支持系统技术的应用，可实现电网的可靠、安全、经济、高效、环境友好和系统安全等方面的智能；智能汽车不只是安全智能，还包括节能、减排、故障预警等方面的智能。

三是**全球制造**。随着全球化趋势不断深化，战略性新兴产业的发展成果也必将是由全人类共创共享。新产品的研制开发，不再由一个企业独自完成，需要集成各方面优势资源共同解决。例如 iPhone 在中国完成装配，但它的设计、研发以及许多零部件的供应都是在美国、日本、欧洲等国实现的，其本身就是一个全球化的产品。因而，未来的制造必然是全球化制造、网络化制造。

四是**满足个性化需求与为更多人分享相结合**。目前中国有13亿人口，印度有12亿人口，还有巴西、印度尼西亚等新兴国家、发展中国家也都要实现现代化。在全球如此规模庞大的人群中，既存在富裕阶层、高消费阶层，他们的消费需求是个性化、多样化的；又有占比较大的中产阶层、贫困人口，他们的消费需求是基本层次的，但也不能被忽视。两种类型的消费需求必须同时被满足，这不仅是构建和谐社会的需要，而且是构建和谐世界的需要。因此，我国发展战略性新兴产业，应该既要满足中高端个性化的需求，同时又要满足我国与其他发展中国家广大普通消费者的需求。要把个性化的设计、个性化的产品生产，与规模化、工业化的传统生产结合起来，不能完全抛弃传统的规模化生产方式。

五是**可持续**。要使有限的自然资源得以有效、可持续利用，发展利用可再生资源、能源，强调发展再制造、循环经济。无论是原材料使用，还是零部件制造，从研发、设计之初就考虑到了生产中的废料、使用后的遗骸的回收处置，使其能够重新得到循环利用。

六是**增值服务**。培育发展战略性新兴产业需要注意在设计制造过程中与产品售后、使用过程中提供相关增值服务。不应再局限于传统的观念，只注重制造本身，而不注重服务的价值。例如，发展电动汽车产业，必须首先解决好商业模式问题，包括充电桩建设、电池更换、废旧电池回收等服务方面，否则将无法广泛推广。

《中国战略性新兴产业研究与发展》系列图书内容丰富，资料翔实，观点鲜明，立意高远，并力求充分体现出“四性”，即科学性、前瞻性、指导性和基础性。

第一，体现**科学性**。所谓科学性，就是指以科学发展观为指导。科学发展观的核心是以人为本，总体目标是全面、协调、可持续，基本方法是统筹兼顾，符合客观规律。《中国战略性新兴产业研究与发展》系列图书既要能够为党中央、国务院提出的加快发展战略性新兴产业的总体战略服务，又不应受到行业、部门的局限，更不能写成规划或某些部门规划的解读材料，而应能够立足于事物客观规律、立足于全局。各分册编写组同志重视调查、研究，力求对国情、科技、产业及全球相关产业的发展态势有比较准确的把握，努力为我国战略性新兴产业的发展提供一本基于科学基础的好素材。这套图书立足基于我国国情，而不是简单地把发达国家的相关产业信息进行综合、编译，照搬照抄。当然，我国发展战略性新兴产业不能“闭门造车”，而是要坚持开放性，积极参与国际分工合作，充分利用全球优势资源，提高发展的起点和水平。因而，有必要参照国际成功经验与最新发展趋势，但一定要以我国国情和产业特点为根本出发点，加快培育和发展有中国特色的、竞争能力强的战略性新兴产业。

第二，体现**前瞻性**。一是能够前瞻战略性新兴产业的发展，因为这套图书是战略性新兴产业的发展指导书。二是能够前瞻战略性新兴产业技术的发展。为了做好这两个前瞻，必须要适当地前瞻全球经济、我国经济与战略性新兴产业发展的趋势。只讲发展现状是不够的，因为关于现状的资料很多，通过简单地网络搜索即可查到；也不能只罗列国外的某些规划和发展战略。《中国战略性新兴产业研究与发展》系列图书的编写注重有深度的科学分析与前瞻性的研究。

第三，体现**指导性**。《中国战略性新兴产业研究与发展》系列图书本身就是指导书，能够对产业、对技术、对国家制定政策，甚至在未来国家发展战略与规划的制定等方面发挥一定的引导作用与影响。虽然不能说这套图书可以指导国家战略与规划的制定，但是应该努力发挥其积极的引导作用。

第四，体现**基础性**。所谓基础性，就是指要能够提供战略性新兴产业的基础信息、基础知识，以及我国和有关国家在相关产业发展方面的基本战略，主要的法规、政策和举措，并尽可能提供一些基本的技术路线图。比如在轴承分册，就描述了一个轴承产业发展的路线图。唯有如此，《中国战略性新兴产业研究与发展》系列图书才能满足原来立项的宗旨——不仅要为工程技术界、大学教师、大学生与研究生提供学习参考书，为产业界的技术人员、管理人员提供决策参照，而且要为政府部门的政策法规制定者提供参考。

机械工业出版社是具有60年历史的专业性综合型出版机构，改革开放后，随着市场经济的发展，机械工业出版社不断改革转型，不但形成了完善的编辑出版工作流程和质量保证体系，而且编辑人员作风严谨，工作创新。

《中国战略性新兴产业研究与发展》系列图书不仅是一套科技普及书，更是一套产业发展参考书，必须既要介绍国内外战略性新兴产业的发展情况，又要阐述相关政策、法规、扶植措施等内容。因此，这套图书的组编单位、编写负责人和编写工作人员必须要有相关积累和优势。《中国战略性新兴产业研究与发展》系列图书所选的分册主编和作者主要是精力充沛的业内中青年专家，并由资深专家负责相应的编审、校审工作。现在看来大多数工作由中青年同志担当，是完全符合实际的。此外，这套图书的编著还充分发挥了有关科研院所、行业学会和协会的作用，他们的优势在于对行业比较熟悉，并掌握了较为丰富的资料。

最后，特别感谢国家出版基金对《中国战略性新兴产业研究与发展》系列图书的大力支持！感谢全体编写出版人员的辛勤劳动！

期望《中国战略性新兴产业研究与发展》为社会各界了解战略性新兴产业提供帮助，期待中国战略性新兴产业培育和发展尽快取得重大突破，祝愿我国在不久的将来实现由经济大国向经济强国的历史性跨越！

是为序。

路甬祥

2012年2月6日于北京

前言

生物质能是人类利用的最古老、最广泛的能源种类之一，全球生物质能消费总量仅次于煤炭、石油和天然气，在能源供应系统中占有重要地位。特别是在当前国际社会积极应对气候变化和能源安全的大背景下，生物质能的研究与开发已成为各国政府、科学家和产业界重点关注的对象。

"十二五"期间，我国对加快培育和发展战略性新兴产业的任务部署工作已全面展开，并且在能源产业"十二五"发展规划中提出了具有挑战性的生物质能产业发展目标。生物质能作为战略性新兴产业的重要组成部分，发展前景将十分广阔。近年来，国际上减少温室气体排放和应对气候变化的呼声日益高涨，生物质能在清洁能源中占有重要比重，其发展水平直接关系到我国能否实现向世界承诺的减排目标。对于国内发展状况，三农问题和能源安全是我国社会经济发展的重中之重。生物质能原料主要来自农村以及其能够替代化石能源的特性，决定了其在战略性新兴产业中的特殊地位。

基于生物质能在战略性新兴产业中的重要地位和能源"十二五"规划中明确提出的发展目标，本书对生物质能进行了系统和全面的介绍。本书分为上、下两篇，共 8 章。

本书上篇（第 1 ～ 4 章）为生物质能产业概述，希望通过较为全面和系统地介绍生物质能开发和利用的产业现状，以便读者对生物质能产业的认识形成完整概念。其中第 1 章介绍了生物质能利用的整体状况，包括生物质能的基本概念、发展历程和资源种类。第 2 章介绍了国际生物质能产业发展现状，包括全球生物质能产业的规模，相关政策措施和主要国家的生物质能发展状况、发展趋势及未来目标等。第 3 章主要介绍了我国生物质能产业的发展现状，包括生物质能各领域的产业规模、技术现状、相关政策和存在问题等。第 4 章详细介绍了我国生物质能资源状况，并对资源利用现状、开发潜力进行了系统的分析。

本书下篇（第 5 ～ 8 章）为生物质能产业指导，通过进一步分析生物质能产业发展中应当重点关注和考虑的因素，为致力于生物质能行业研究或发展的人士提供参考。其中第 5 章介绍了我国生物质能产业发展战略指导，从国家战略的层面分析生物质能的发展前景。第 6 章主要介绍了生物质能各个领域的行业准入基本条件。第 7 章介绍了生物质能的技术评价，包括生物质能的各种技术类型和特点。第 8 章分析了生物质能产业的投资和运行风险，为生物质能领域的投资者和创业者提供了风险控制的相关建议。

本书通过对生物质能产业全面、深入的分析，希望能够帮助从事生物质能产业发展的基层干部和工作者更加清晰地把握生物质能产业发展的重点方向，制订切合地方实际发展需要的战略指导方案；希望为相关投资机构和从业者准确认识生物质能产业，避免投资决策失误并提供帮助；同时，也为广大业内同仁、研究学者、高校师生的相关研究提供参考。

2012 年 10 月 8 日

编写说明

《国务院关于加快培育和发展战略性新兴产业的决定》确定了我国未来经济社会发展的战略重点和方向是战略性新兴产业，并且根据我国国情和科技、产业基础，又制定出现阶段重点发展节能环保、新一代信息技术、生物、高端装备制造、新能源、新材料、新能源汽车七大新兴产业。可见，未来 5 ～ 10 年七大战略性新兴产业将是国家重点支持、大力推广的产业。

为了使大家全面理解、准确把握、深刻领会国家这一战略决定的精神实质，了解其发展内涵，推动产业结构升级和经济发展方式转变，增强国际竞争优势，抢占新一轮经济和科技制高点，机械工业出版社在国家出版基金的支持下，组织各领域权威专家编写了一套《中国战略性新兴产业研究与发展》（以下简称《研究与发展》）图书。

《研究与发展》以国家相关发展政策和规划为基础，借鉴国外相关产业发展的成功经验，对产业发展思路、发展目标、发展战略、发展重点、投资方向、政策建议等方面进行了全面、系统的研究；对前瞻性、基础性和目前产业上有瓶颈限制的问题提出了有针对性的对策。

《研究与发展》采用分期分批的出版方式陆续出版发行，第一期出版的分册包括太阳能、风能、生物质能、智能电网、新能源汽车、轨道交通、工程机械、水电设备、农业机械、数控机床、轴承和齿轮。今后根据国家产业政策要求及各行业的发展情况还将陆续推出其他分册。

为了出版好《研究与发展》，机械工业出版社成立了《中国战略性新兴产业研究与发展》编委会，全国人大常委会路甬祥副委员长担任编委会主任。路甬祥副委员长对该套图书的编写高度重视，亲自参加编委研讨会，多次提出重要指导意见。他从图书的定位、内容选材、作者队伍建设和运作流程等方面都给予了全面和具体的指导，并提出了“六个特点”和“四性”的具体要求。

机械工业出版社还建立了完善的项目管理、编写组织、出版规范和网络支撑四个方面的工作体系来保证图书质量。各组编单位投入了大量的精力组织行业权威专家规划内容结构、研讨内容特色；参与图书编写的主创人员也不计报酬，自觉自愿地把自己的聪明才智和研究成果奉献给社会，奉献给国家。他们都担负着繁重的科研、教学、行业管理或生产任务，为了使此书能够早日与大家见面，他们不辞辛苦、加班加点。因为他们都有一个共同心愿——帮助企业快速成长，使中国由大变强。

在此，衷心地感谢为此项工作付出大量心血的组编单位、各位专家、各位撰稿人、编辑出版及工作人员！

尽管我们做了大量工作，付出了巨大努力，但仍难免有疏漏或错误之处，敬请读者批评指正！

《中国战略性新兴产业研究与发展》编辑部

2012 年 6 月

目录 CONTENTS

附　　件

上篇

生物质能产业概述

第 1 章　生物质能简述

1.1　生物质能基本概念

生物质是指一切有生命的、可以生长的有机体，包括所有的动物、植物和微生物以及由这些有机体派生、排泄和代谢产生的有机质，是地球上存在最广泛的有机物质。生物质所包含的最重要的元素为碳和氢，碳和氢可与氧发生反应，同时释放出热量，因此，所有生物质中都含有一定的能量。生物质中的能量以化学能的形式储存，这些能量均来自于太阳能，直接或间接地通过绿色植物的光合作用产生，因此，生物质能可以视为太阳能的一种表现形态。

光合作用是指绿色植物利用叶绿体，在光的照射下，将二氧化碳和水转化为有机物，并释放出氧气的过程（见图 1-1）。光合作用是生物界最基本的物质代谢和能量代谢，是生物生存和生长的关键。

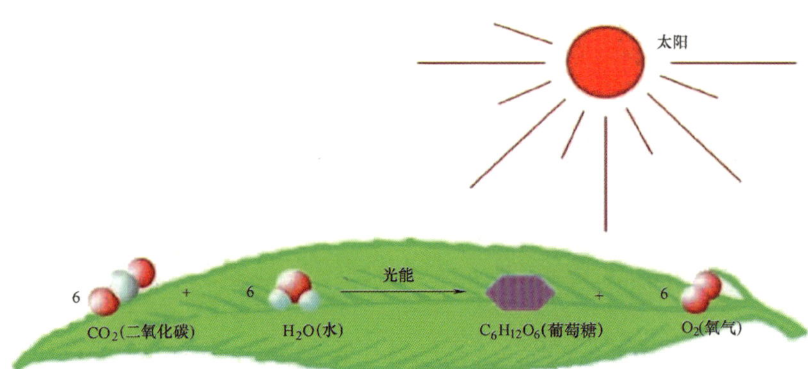

图 1-1　光合作用原理

生物质能即以生物质为载体的能量，直接或间接地来源于植物的光合作用，是太阳能以化学能形式储存在生物质中的能量。它可转化为常规的固态、液态和气态燃料，取之不尽、用之不竭，是一种可再生能源，同时也是唯一一种可再生的碳源。地球上的生物质能资源十分丰富。研究表明，通过光合作用，绿色植物和海洋藻类每年可储存 6×10^{17} kcal 的能量，合成的有机物（生物质）约 2 200 亿 t，相当于人类当前每年全部能耗的 10 倍。

在自然界的生态系统中，植物是最主要的生产者，可以通过光合作用利用无机物生产有机物并且储存能量。植物吸收太阳能辐射的效率为 8% ～ 15%，但根据不同地区的环境和土壤条件等因素会有所不同，一般不会低于 2%。动物、微生物直接或间接依靠植物生存，通过食用或分解植物，吸收植物光合作用所储存的能量，效率为 10% ～ 20%。

1.2 生物质能利用发展历程

1.2.1 生物质能发展简介

生物质能是人类最早开发利用的能源。上古时期，人类钻木取火、伐薪烧炭，正式告别茹毛饮血的时代，开启了整个人类文明的进化之门。人类早期对生物质能的利用，主要是通过燃烧的方式获取热量，并且将热量用于炊事、取暖等。近代以来，资本主义工业化的进程不断加快，经过工业革命和随后的第二次产业革命，以煤、石油为代表的化石能源逐渐代替生物质能而在能源体系中占据主要地位，电力成为现代文明社会的标志之一。与之相比，虽然传统的生物质能利用方式是低效的和不经济的，但不可否认的是，生物质能在漫长的人类历史文明中扮演着不可替代的角色，即便是在第二次世界大战期间，以乙醇、植物油为代表的生物液体燃料在欧洲、美国等地也受到重视。实际上，生物质能的开发和利用并没有退出历史舞台，生物质能至今仍是世界范围内广泛利用的能源形式之一，尤其在广大农村地区，其仍然在生活和生产用能中发挥着重要的作用，在一些地区甚至是唯一的能源来源。

20 世纪 90 年代以来，在促进农业发展、保障能源安全、应对气候变化、加大环境保护等多重目标的驱动下，越来越多的国家开始制定专门的政策，实施积极战略，加快发展生物质能产业。

巴西政府制订了大规模发展甘蔗乙醇替代汽油的计划，1975 年启动了“生物能源计划”和“全国实施发展燃料乙醇生产计划”，并以法律形式在全国强制推行使用添加乙醇的交通用汽油。1997 年，欧盟发布《欧盟战略和行动白皮书》，要求生物质能利用量达到 2 亿 t 标准煤。美国在 1999 年颁布“发展生物基产品和生物能源”总统令，制订了美国生物基产品和生物质能发展的宏伟目标。现代意义上的生物质能有别于传统利用，利用范围和利用方式已经大大拓宽，从单纯的热利用延伸到电、热、气和液体燃料，主要包括生物质发电、沼气、生物质固体成型燃料、生物液体燃料等类型。

当前，现代生物质能产业的发展十分迅速。沼气工程普遍进入商业化发展阶段，生物质发电和生物质固体成型燃料也开始大规模发展，生物液体燃料方兴未艾。生物质能的多元化利用方式层出不穷，其正在为人类社会的持续进步发挥出更大的作用，生物质能产业已经逐步成为各国的战略性新兴产业。

1.2.2 生物质能利用技术简介

生物质能总量丰富、可再生、无污染且广泛分布，然而，要将生物质中储存的能量转化为现代化的清洁能源，必须通过各类生物质能转化技术才能实现。在转化过程中，生物质的组成对转化技术的影响十分关键。生物质能转化利用的主要成分有纤维素类、淀粉和脂类等，其组成随着生物质种类的不同而有所不同，并决定了其作为能源利用的方式和方法。

目前，生物质能转化技术种类繁多（见图 1-2），主要的转化方式包括：一是通过热化学转化的方式提取生物质中的热量；二是利用微生物分解生物质原料的方式制取生物质燃气；三是利用加压等物理手段改变生物质原料的物理性状，以提高生物质原料的能源利用效率。生物质能利用技术主要有：

（1）生物质直燃技术，包括生物质直接燃烧技术、生物质直燃发电技术等，是一种传统的热化学法的能源转化形式。

（2）生物质混燃技术，是将生物质原料与化石燃料混合利用的方式。最常见的形式是生物质与煤炭的混合燃烧发电。

（3）生物质气化技术，是生物质原料在缺氧条件下进行不完全燃烧，获得可燃气体的技术。常见的技术种类有生物质气化发电技术、生物质气化集中供气技术。

（4）厌氧发酵技术，是指生物质在无氧条件下，通过厌氧菌产生以二氧化碳和甲烷为主的沼气。主要技术种类有畜禽养殖场沼气工程、工业有机污水沼气工程和城市垃圾填埋气发电等。

（5）生物质固体成型技术，是指生物质在高压条件下，形成体积能量密度较高的成型燃料。与原始状态的生物质原料相比，成型燃料的燃烧性能大为改善。从成型方式上来看，生物质固体成型技术包括加热成型和常温成型两种方式，形成的燃料有颗粒燃料、棒状燃料和块状燃料等。

（6）燃料乙醇（生物乙醇）技术，是以微生物分解生物质原料制取乙醇、甲醇等。此类方式主要利用生物质原料中的糖，对富含淀粉的生物质原料则将其中的淀粉糖化后制取乙醇，目前已可以将生物质原料中的纤维素通过酶的作用，将纤维素转化为糖，然后制取乙醇。

（7）生物柴油技术，分为三大类：一是利用富含生物油脂的生物质原料，榨取其中的生物油脂，经过酯化、脱酸等化学处理，将生物油脂转化为生物柴油或其他用途的液体燃料；二是将木质生物质原料通过高温干馏，得到生物焦油，通过物理和化学方式提炼，获得生物柴油或其他用途的液体燃料；三是用木质生物质原料通过气化的方式，制取生物质燃气，燃气经过催化合成生物燃油。

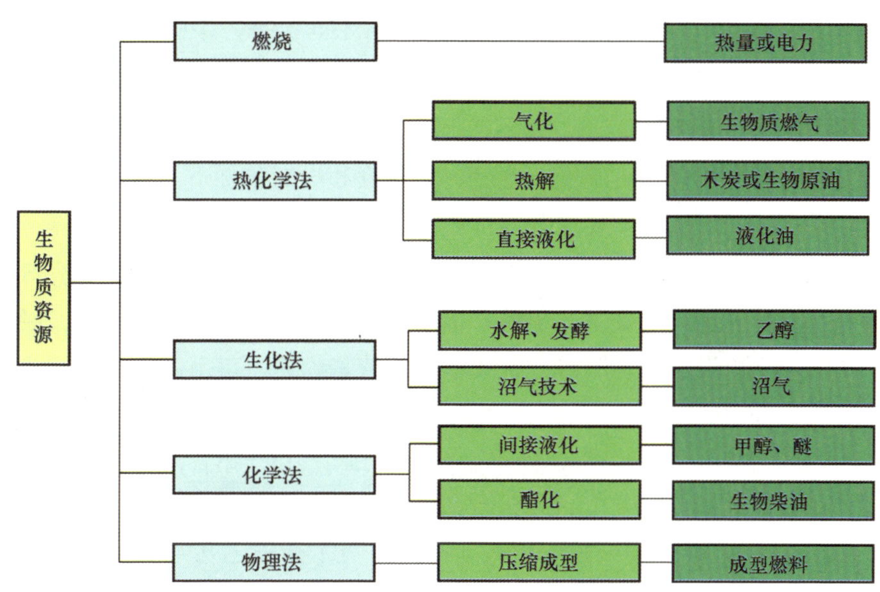

图 1-2　生物质能利用技术分类

1.2.3　生物质能主要技术种类发展简史

生物质能产业的技术种类繁多，产品主要有生物质发电、沼气、生物质固体成型燃料、燃料乙醇、生物柴油等。下面将结合技术进步，介绍现代生物质能产业的发展简史，以便对整个产业进行了解。

1. 生物质发电

生物质发电是指采用生物质作为原料进行发电，主要技术种类包括农林废弃物直接燃烧发电、农林废弃物气化发电、垃圾焚烧发电、垃圾填埋气发电、沼气发电等。

生物质发电起源于 20 世纪 70 年代，当时，世界性的石油危机爆发后，丹麦开始积极开发清洁的可再生能源，大力推行秸秆等生物质发电。自1990年以来，生物质发电在欧美许多国家开始快速发展。

我国为推动生物质发电技术的发展，在颁布《中华人民共和国可再生能源法》的政策框架基础上，出台了生物质发电上网电价等有关配套政策。国家发改委核准了河北晋州、山东单县和江苏如东等三个秸秆发电示范项目，有效地推动了生物质发电，特别是秸秆发电产业的发展。

近几年来，国家电网公司和五大发电集团等大型国有、民营以及外资企业纷纷投资参与中国生物质发电产业的建设运营。截至2010年年底，全国已建成投产的生物质直燃发电项目超过80个，在建项目190多个，中国生物质发电产业正处于规模化发展的新阶段。

2. 沼气

沼气是有机物质在一定温度、湿度、酸碱度和厌氧条件下，利用微生物发酵作用产生的一种以甲烷为主要成分的可燃气体，因最早发现于沼泽、池塘等地，故名沼气。沼气除直接燃烧用于炊事、烘干农副产品、供暖、照明和气焊等外，还可作为内燃机的燃料以及生产甲醇、福尔马林、四氯化碳等化工原料。经沼气装置发酵后排出的料液和沉渣，含有较丰富的营养物质，可用做肥料和饲料。

1776年，意大利物理学家A. 沃尔塔在沼泽地首次发现沼气。1916年俄国人B. П. 奥梅良斯基分离出了第一株甲烷菌。我国于1980年首次分离甲烷八叠球菌成功，至今全世界已分离出的甲烷菌种近20株。

沼气作为能源被利用已有很长的历史，世界上第一个沼气发生器是由法国L. 穆拉于1860年将简易沉淀池改进而成的。20世纪70年代初，为解决农村秸秆焚烧和燃料供应不足的问题，我国政府在农村推广沼气事业，沼气池产生的沼气从农村家庭的炊事逐渐发展到照明和取暖。目前，户用沼气在我国农村仍在广泛使用，据农业部统计资料，截止到2010年，我国户用沼气池的数量达4 000万口。

随着我国经济发展和人民生活水平的提高，工业、农业、养殖业取得快速发展，工业有机废水、养殖业污水、村镇生物质废弃物、城市垃圾沼气等大中型沼气工程不断建立，也拓宽了传统的沼气生产和使用范围。

随着大型沼气池的建设和沼气综合利用的不断发展，新的沼气利用技术也开始不断涌现。其中，较为典型的是近年来迅速发展的沼气发电。沼气发电是指将沼气作为内燃发电机组的燃料生产电力。沼气发电具有高效、节能、安全和环保等特点，是一种分布广泛且价廉的分布式能源。

沼气发电在发达国家已受到广泛重视和积极推广，包括沼气发电在内的生物质能发电并网在西欧一些国家占能源总量的10%左右。我国沼气发电虽然也有30多年的历史，但总的来说，国内沼气发电研究和应用市场都还处于不完善阶段，特别是适用于我国广大农村地区的小型沼气发电技术研究更少。

3. 生物质固体成型燃料

生物质固体成型燃料技术利用木质素充当黏合剂，在一定温度和压力作用下，将松散的秸秆、树枝和木屑等农林废弃物挤压成固定形状（见图1-3），提高其单位体积的能源密度，有效地改善了生物质燃料的热工性能，不仅方便储存和运输，还能极大地提高燃烧效率，是一种低投资、低成本的生物质能利用方式。生物质固体成型燃料不仅可以用于家庭炊事、取暖，也可以作为工业锅炉和电厂的燃料替代煤、天然气、燃料油等化石能源，是生物质能开发利用技术的发展方向之一，近年来受到人们的广泛关注。

图1-3　不同类型的生物质固体成型燃料

早在20世纪30年代，美国就开始研究生物质压缩成型燃料技术，并研制了螺旋式挤压成型机。日本于20世纪50年代从国外引进该项技术后进行了改进，研制出棒状燃料成型机及相关的燃烧设备，并形成了日本压缩固体成型燃料的工业体系。泰国、印度、菲律宾等国家从20世纪80年代开始也先后研制成了加黏结剂的生物质致密成型机，建立了生物质固化、碳化专业生产厂，并研制出相关的燃烧设备。

我国从20世纪80年代开始，从韩国、日本及我国台湾地区购进了近20套成型设备，主要是螺杆挤压式成型机。欧洲的荷兰、比利时也将技术推入中国，但后来由于其产品磨损过快、没有市场等原因致使设备基本停产。20世纪90年代前后，我国一些单位，如中国林业科学研究院、陕西武功机械厂以及湖南、湖北、辽宁等省的一些单位都开展了以螺杆式为主的压缩成型机研制工作，加工原料以木材剩余物为主。1995 年以后，原国家经济贸易委员会委托河南农业大学重点研究以秸秆为原料的液压式成型机，但由于成型燃料与煤的价格相比不具有竞争优势，以及自身销售的问题，导致其市场发展缓慢。因而，该液压式成型机真正用于能源生产的不多，用于规模化能源生产的几乎没有。

2004 年，农业部和国家发展和改革委员会均有发展生物质固体成型燃料的计划，并安排了试点示范，主要用于解决农村居民的炊事和采暖用能问题。但生物质固体成型燃料用于农村居民的炊事有着很大的局限性：发达地区的农民一般使用液化石油气作为生活燃料，如果改为使用生物质固体成型燃料，则降低了生活质量；而经济条件较差地区的农民一般直接燃烧秸秆，如果改为使用生物质固体成型燃料，则将增加农民的现金支出；对原来以煤炭为生活燃料地区的农民而言，使用生物质固体成型燃料不会降低生活质量，但是生物质固体成型燃料的价格必须低于煤炭，否则农民将会拒绝使用该技术。

近几年来，一些研究机构和企业在生物质固体成型燃料用于小型燃煤工业锅炉的替代燃料方面做了大量的工作，并取得了很好的效果，生物质固体成型燃料大量用于城市中心区域的小型热力用户，如宾馆、洗浴中心、洗衣房等，既满足了环保标准，经济上也完全可以接受，市场反映良好。到 2010 年底，我国生物质固体成型燃料的销售量为 350 万 t 左右。

4. 燃料乙醇

生物液体燃料的应用起始于 19 世纪末内燃机的发明。但是在 20 世纪 70 年代以前，生物液体燃料只限于乙醇和植物油，而且自石油资源大规模开发以来，生物质液体燃料更是只能作为石油的补充品，只是在处于石油资源严重匮乏、石油无法供应的特定时期和地区时，才有局部而短期规模化应用。

自 20 世纪 70 年代石油危机以来，随着全球环境问题的日益突出和石油价格的持续上涨，生物燃料得到了进一步的重视，发展生物燃料已成为发达国家提高能源安全、减排温室气体、应对气候变化的重要措施。两次石油危机推动了生物液体燃料的首次发展热潮和规模化应用，最为典型的是巴西甘蔗乙醇和美国玉米乙醇计划，同时，包括我国在内的其他许多国家也不同程度地开展了本国生物液体燃料的生产应用活动。但是，随着国际油价的快速回落，除巴西、美国外，大部分国家生物液体燃料计划处于停滞状态。

进入 20 世纪 90 年代，促进农业经济和保护环境成了推动生物液体燃料产业发展的新动力。例如：欧盟为了给“休耕地”开拓新的市场，对以植物油为原料的生物柴油开始实施税收优惠政策，推动了欧洲（特别是德国）生物柴油产量的快速增加；美国通过《空气清洁法（修正案）》要求在汽油中添加乙醇等含氧燃料。21世纪初，当美国发现常用汽油添加剂将危害地下水时，20多个州立法禁止使用此类汽油，进而推动燃料乙醇使用量的快速增长。

2002年以来，国际石油供需形势的日益紧张和价格持续攀升使得生物液体燃料经济竞争力逐步增强，气候变化问题也加大了交通部门减少温室气体排放的压力，加上欧美等国对生产应用生物液体燃料施行优惠的财税政策，从而全面推动了国际生物液体燃料产业的发展。

2005年以来，随着传统生物液体燃料在资源潜力、环保效益、燃料性能、粮食安全影响等方面的制约因素开始受到极度关切，国际社会和生物液体燃料产业界日益重视发展多样的非粮生物液体燃料，包括以农林业有机废弃物、专用非粮能源植物／微生物等生物质为原料的燃料乙醇、生物柴油、合成柴油燃料、新型醇类燃料以及氢燃料等（通常称为第二代生物燃料）。目前，欧美等领先国家和企业正在建设一批万吨级规模的生物合成柴油、纤维素乙醇示范项目，并希望逐步实现商业化。

“十五”时期是我国生物液体燃料产业的起步阶段，国家推动建设了陈化粮乙醇生产项目，还在局部地区开展了车用乙醇汽油试点工作。国家分别在吉林燃料乙醇有限责任公司、河南天冠集团、安徽丰原生物化学股份有限公司和黑龙江华润酒精有限公司建设了以陈化粮为原料的燃料乙醇生产示范工程，年产燃料乙醇102万t。此外中粮集团也建成了以木薯为原料的燃料乙醇工程，目前我国燃料乙醇年产量已接近200万t。

5. 生物柴油

我国生物柴油产业始于2001年，主要由一些民营企业建设了一批以餐饮废油为原料的生物柴油的工程。与此同时，国家发展和改革委员会在2006年组织实施了“生物质工程高技术产业化专项”，重点支持了一批以木本油料植物及废油脂为原料的生物柴油产业化示范工程项目。2010年，我国生物柴油的年产量约为50万t，原料基本来自餐饮废油。

1.3 生物质资源种类

生物质资源十分广泛，依据生成方式和来源，主要有两大类：一是工农业和生活中产生的各类剩余物，如农业剩余物、林业剩余物、畜禽粪便、生活垃圾和生活污水、工业有机废渣和有机污水；二是人工培育的各类生物质资源，如各类油料作物、能源林木、工程微藻等。目前利用的生物质资源主要是农作物秸秆、林业剩余物、畜禽粪便、城市生活垃圾、工业有机废渣和有机废水以及能源作物。

1.3.1 农业剩余物

农业剩余物是指农作物在生长、生产和加工过程中产生的剩余物，主要包括农作物秸秆和农产品加工剩余物（如稻壳、玉米芯）等。

农作物秸秆是指去除果实的农作物茎、秆部分，包括各类粮食作物、经济作物、油料作物的秸秆，如玉米秸、高粱秸、麦秸、稻草、豆秸和棉麻秆等。中国作为一个农业大国，具有丰富的秸秆资源，它是各类生物能源资源中最为大量和具有稳定产量的一种。2010 年，我国水稻、小麦、玉米、豆类、油料、棉花、薯类七种主要农产品秸秆资源总量约为 8.2 亿 t。目前在经济较为发达的东南沿海省市以及秸秆大量剩余的东北等地区，还存在着田间焚烧废弃秸秆的现象（见图 1-4），不仅浪费了大量生物能源资源，还对环境造成严重的污染。

废弃秸秆

焚烧秸秆

图 1-4 我国农村被废弃和焚烧的秸秆

农产品在初加工过程中产生了大量的副产品，主要包括稻壳、玉米芯、甘蔗渣等，它们主要来源于粮食加工厂、食品加工厂、制糖厂和酿酒厂等，产地相对集中，易于收集处理。稻壳是稻谷加工的主要剩余物之一，占稻谷质量的 20%，主产于东北地区和湖南、四川、江苏、湖北等省；玉米芯是玉米穗脱粒后的穗轴，约占穗重的 20%，主产于辽宁、吉林、黑龙江、河北、河南、山东、四川等省；甘蔗渣是蔗糖加工业的主要副产品，蔗糖与蔗渣各占 50%，主产于广西、广东、福建、云南、四川等省。上述副产品的总量超过 1 亿 t，约折合 5 000 万 t 标准煤。

1.3.2 林业生物质资源

林业生物质资源包括林木生物质资源和林业剩余物资源。

林木生物质能源主要是指以能源利用为目的而种植的林木，所生产的林木用于产生能源。我国主要以薪炭林为主。

林业剩余物是指林木在生长、生产和加工过程中产生的修整去除的枝叶、林间抚育剩余物，以及木材加工过程中产生的锯末、树皮等，俗称林业“三剩物”，即采伐剩余物、造材剩余物、木材加工剩余物。此外，废旧木质材料也属于林业剩余物的范畴。林业生物质资源的主要来源如下：

（1）采伐剩余物。采伐剩余物主要包括枝杈、树梢、树皮、树叶等，其剩余比例会随森林类型、树种、木材的利用方式不同而发生变化。

（2）造材剩余物。树木采伐后生产原木时需要经过造材工艺，此工艺过程会有残余物产生。

（3）木材加工剩余物。木材加工剩余物主要来源于商品材。农民自用材主要用于房屋建设和作为薪材用，产出的剩余物很少，但是商品材多数用于木材加工企业，产出的剩余物比较多。进入制材厂的原木，从锯切到加工成木制品，会产生树皮、板皮、边条和下脚料、锯末和刨花等剩余物。

（4）废旧木质材料。废旧木质材料主要来源于危房改造和家具更新淘汰。这类材料在国外发达国家得到了有效回收和利用。

尽管林业资源来源渠道多样，但均与森林的发展和采伐有着密切关系，因此，林业生物质资源的获取必须充分考虑到森林的生长和保护的需要，否则可能带来严重的环境问题甚至生态灾难。

1.3.3 畜禽养殖废弃物

畜禽养殖废弃物是指畜禽养殖过程中产生的畜禽粪便和污水。

畜禽粪便主要指猪、牛、羊等牲畜和鸡、鸭、鹅等家禽所产生的粪便。目前我国畜禽养殖主要有三种方式：一是散养，主要在新疆、内蒙古、西藏等地，这类饲养方式畜禽粪便无法收集；二是小型养殖场和家庭户养，这类饲养方式的粪便资源零散，很难进行规模化的收集利用；三是大中型畜禽养殖场饲养，这类饲养方式的畜禽粪便易于收集，适合规模化处理。因此，目前畜禽粪便的能源化利用主要集中于大中型养殖场的粪便处理上。

畜禽粪便是农业生产中的宝贵资源，如果大量流失或弃之不用，不仅造成资源的浪费，而且将对环境造成严重的污染。畜禽养殖场产生的污染物主要是污水、固体粪便和恶臭气体，畜禽粪尿及废水中含有大量的氮、磷、悬浮物及致病菌，污染物数量大而且集中，对环境造成的污染尤为严重。养殖场畜禽粪便的能源化利用，不仅可以解决污染物处理的问题，而且在处理过程中可以获得大量可再生能源，因此，畜禽粪便，尤其是规模化养殖场的畜禽粪便是生物质资源的重要来源之一。

1.3.4 城市生活垃圾和污水

城市生活垃圾和污水主要指城镇居民的生活垃圾和污水，商业、服务业产生的含有有机物的垃圾和污水。

城市生活垃圾是指城市人口在日常生活中产生的或为城市日常生活提供服务而产生的固体废物，如废纸、木屑、蔬菜、瓜果等废弃物，是日常生活必然产生的废弃物品，也是一个长期存在的污染源。随着自然资源的不断开发和工业的迅猛发展，特别是人口的快速增长和向城市的高度集中，各国的城市垃圾均以快于其经济增长近三倍的速度增长，对城市构成日益严重的威胁。城市垃圾处理不当，会严重污染水体；垃圾露天堆放时会产生大量氨、硫化物等有害气体，严重污染大气环境；垃圾中含有众多致病微生物，也是蚊子、蟑螂、老鼠的滋生地，造成的生物性污染势必严重危害居民的身体健康。

我国目前每年产生的城市生活垃圾已达 1.5 亿 t，并以 15% 左右的速率逐年增长，生活垃圾中含有大量有机物，如纸张、塑料、木屑、厨余等。生活垃圾的能源化利用是最为符合我国垃圾处理“无害化、减量化、资源化”原则的方法。采用能源化的方式处理生活垃圾，即可将垃圾中的有机物转化为有用的能源产品，如电力、热力和沼气等，有效地将有害的垃圾变为宝贵的生物质能资源。

1.3.5 工业有机废弃物

工业有机废弃物主要是指造纸、粮食和食品加工、皮革制造、制药、屠宰等行业在生产过程中产生的有机废渣和有机废水，一般可利用沼气技术对它们进行处理。工业污水的来源主要有以下几个方面：

（1）食品工业中的屠宰场废水，甜菜、甘蔗制糖废液，水果罐头加工的废水，水产品加工的废水和下脚料等。

（2）酿造工业的酒糟、蒸馏残液废水和酵母残液。

（3）造纸工业的稻草纸浆废水、含微细纤维废水、黑液和白液。

（4）化工厂排出的含有机酸、醇、酯、醛、酮的废水及稀有机溶剂废液。

（5）轻纺工业排出的脂肪类物质、类脂化合物，如甘油废水、洗毛废水、畜毛皮制品废水。

这些行业的污水一直是国家环境治理整顿的重点污染源，对这类污水的处理大部分使用厌氧消化技术，可产生大量的沼气。因此，工业有机废渣和污水也是良好的生物质能资源。

1.3.6 能源作物

能源作物主要指以能源利用为目的种植的植物，如薪炭林（主要是灌木类植物）、禾本植物（柳枝稷等）、糖类作物（甘蔗、甜高粱等）、淀粉类作物（木薯、甘薯等）、油料作物（大豆、油菜等）、木本植物油料作物（麻风树果、油茶籽实、乌桕籽实等），此外还有一些对农业生产造成危害的野生植物（飞机草、大米草等）。许多能源作物是自然生长的，收集比较困难。现在，人们已在有意识地利用山地、荒地等未利用土地，选择适合当地生长条件的品种进行培育和繁殖，以获得高产能源作物。这些作物主要有以下几类：

（1）速生林木。以能源为目的的植树造林是最近几年才发展起来的，其种植目标既要产量高而且又要使生长期（轮伐期）短。桉树是具有代表性的能源林树种。桉树从种植到成树砍伐一般需七年的时间，砍伐后还会自然再生，通常可在重新栽种之前反复砍伐两次或更多次。据报道，每公顷林地的年产量可达30～50t。

（2）糖类和淀粉类作物。这类作物可用于生产燃料乙醇，如甜高粱、木薯和甘蔗等（见图1-5）。

木薯

甜高粱

甘蔗

图1-5 主要淀粉类和糖类作物

甜高粱作为一种能源作物正受到人们的极大关注。它的气候适应性强，种植方法简单，有很好的遗传可变性，而且全世界很多地方都掌握了种植高粱的技术。高粱的耐干旱性比玉米强，而且对水分的利用效率也远高于玉米，它还有很强的土壤适应性，对营养的要求也较低。一些杂交品种的谷物产量已达到 10t/hm²，同时还可产生 100t/hm² 的高含糖量茎秆。

甘蔗是世界很多地方都可以生长的作物，传统上都用它作为生产糖和酒精的原料。除此之外，它还是潜在的纤维素原料。现在已培育出一些高产的“能源型甘蔗”杂交品种，其试验产量已达到 253t/hm²。

木薯作为生产乙醇的原料已引起人们的注意，因为木薯的淀粉含量极高。人们可以将淀粉糖化，再生产乙醇。木薯可以在酸性和贫瘠的土地里生长，是一种极具潜力的生产燃料乙醇的原料。

（3）油料植物。中国现已查明的油料植物（种子植物）涉及 151 科 697 属 1 554 种，其中种子含油量在 40% 以上的植物有 154 种。分布广、适应性强、可用做建立规模化生物柴油原料基地的乔灌木品种有 30 多种，如漆树科的黄连木、无患子科的文冠果、大戟科的麻风树、山茱萸科的光皮树等（见图 1-6）；草本植物有油菜、棕榈、大豆、花生、葵花、蓖麻等。这些油料植物在未来的生物柴油生产中都将具有巨大的开发潜力。

黄连木　文冠果

麻风树　光皮树

图 1-6　我国主要的乔灌木油料品种

参考文献

[1] 高虎，王仲颖，任东明，等．可再生能源科技与产业发展知识读本[M]. 北京：化学工业出版社，2009.

[2] 匡廷云，马克平，白克智．生物质能研发展望[J]. 中国科学基金，2005，19(6)：326–330.

[3] 中国可再生能源发展战略研究项目组．中国可再生能源发展战略研究丛书——生物质能卷[M]. 北京：中国电力出版社，2008.

[4] 王仲颖，赵勇强，张正敏，等．中国生物液体燃料发展战略与政策[M]. 北京：化学工业出版社，2010.

第 2 章　国际生物质能产业发展现状

2.1　全球生物质能产业的规模

2.1.1　生物质发电

自 1990 年以来，生物质发电在欧美许多国家开始大发展。近年来，生物质在发电和供热中的份额持续增长，成为可再生能源中主要的供热来源。2010 年，欧洲各国、美国、中国、印度等国用于发电的生物质的比例显著提高。截止到 2010 年年底，全球生物质发电累计装机约为 7 050 万 kW（见表 2-1）。

表 2-1　全球生物质发电累计装机分布（2010 年年底）

地区	发展中国家	欧盟	美国	中国	德国	西班牙	印度	总计
容量 / 万 kW	2 700	2 000	1 000	500	500	50	300	7 050

2010 年，美国生物质发电装机容量继续保持全球领先，累计发电装机容量为 1 040 万 kW（不包括城市有机废物），生物质发电量约为 480 亿 kW•h。美国大部分生物质发电来自木材、农业残留物焚烧和工业部门热电联产燃料。垃圾填埋气发电呈增长趋势，发电量达到 80 亿 kW•h。

2010 年，欧盟生物质发电装机容量增长次于美国，总量达到 2 000 万 kW。2008—2009 年，欧盟生物质发电量增长约 10.2%，从 793 亿 kW•h 增至 874 亿 kW • h。其中，固体生物质发电量为 622 亿 kW•h，占所有生物质发电量的 71%。欧洲生物质发电量一半来自普通电厂，另一半来自热电联产电厂，但各个国家的情况有所不同。

2010 年，欧盟沼气发电量同比增长约 18%，同时，该地区所有生物质发电量增长较快。2001—2009 年，欧盟生物质发电量翻了三番，到 2010 年年初，约 800 座投产的生物质发电厂总装机容量达到 710 万 kW。欧盟生物质发电和供热增长得益于扶持政策，许多国家将化石燃料和二氧化碳排放税翻番，同时欧盟法规还要求减少有机废弃物的填埋。

2009 年，欧洲生物质发电量排名前三位的国家依次为德国、瑞典和英国，约占欧洲生物质发电量的 50%。德国沼气发电量约占欧盟沼气发电量的 50%，生物质发电量约占欧盟生物质发电量的 30%。其他生物质发电量较多的国家包括芬兰、波兰、意大利和荷兰。预计未来生物质发电量特别是沼气发电量增长较多的国家包括意大利、法国、西班牙和英国，以及捷克、匈牙利和斯洛伐克等新兴国家。虽然丹麦生物质发电量并不多，但是该国生物质发电量占全部发电量的比例迅速增加，从 2000 年的 3.1% 增至 2009 年的 8.1%。

在过去 10 年，德国生物质发电量年均增长超过 22%。2010 年，德国生物质发电量约为 287 亿 kW•h，生物质发电装机容量为 490 万 kW。截至 2010 年年底，德国生物质发电量占该国电力总消费量的 5.5%，生物质成为仅次于风电的第二大可再生能源电源。德国大部分生物质发电来自沼气，2010 年沼气发电装机容量增长超过 20%，能够为 430 万户家庭提供电力。2010 年，德国沼气发电量约为 138 亿 kW•h，其次是英国（68 亿 kW•h）和意大利（21 亿 kW•h）。

巴西生物质发电（几乎全部来自热电联产）稳步增长。截至 2010 年年底，巴西生物质发电装机容量达到 780 万 kW，生物质发电量为 280 亿 kW•h。生物质热电联产电厂主要建在以甘蔗渣为原料的糖厂。在 2010 年甘蔗收获的季节，巴西的生物质热电联产电厂的发电量达到 185 亿 kW•h，其中 88 亿 kW•h 接入电网。生物质发电量在以哥斯达黎加、墨西哥和乌拉圭为代表的拉美国家也有显著的增长。

2010 年，日本生物质发电量约为 100 亿 kW•h，不包括和煤炭混燃产生的发电量。中国生物质发电装机容量增长约 25%，达到 550 万 kW，主要原料为甘蔗渣、农林剩余物和有机废物（包括养殖场禽畜粪便）。印度生物质发电利用形式主要是并网生物质发电、离网分布式生物质发电、糖厂和其他工业的热电联产。2010 年，印度生物质发电新增装机容量约为 30 万 kW，累计装机容量为 300 万 kW。泰国生物质发电新增装机容量仅为 3 000kW，累计装机容量为 130 万 kW，而 2009 年该国沼气发电装机容量突现翻番，达到 5 万 kW，2010 年进一步增长 20%，达到 7 万 kW。

非洲和中东地区的生物质发电量呈现增长趋势，主要包括喀麦隆、肯尼亚、坦桑尼亚和乌干达等国家。清洁发展机制也带动了南非、埃及、突尼斯和约旦等国家的沼气项目建设（特别是垃圾填埋气项目）。

除了单独利用生物质发电的电厂外，许多燃煤和燃气电厂也逐渐转变为化石燃料与生物质混合发电电厂。目前，各国政府都认可在现有的燃煤发电厂中使用多种农林或工业生物质剩余物的方法，并都对此产生了极大的兴趣。这一技术领域已成为欧洲各国和美国多年研究的课题之一。

在过去的 5 ～ 10 年间，在燃煤锅炉中混燃生物质原料的技术得到了突飞猛进的发展。截至 2009 年 5 月，全球共有 228 个生物质混燃发电场（其中包括了一些小型发电站），装机容量为 5 万～ 70 万 kW。其中，169 个发电场都在欧洲，芬兰最多，其次为德国、英国和瑞典。美国有 40 个，其余的主要分布在澳大利亚和加拿大。所用的生物质种类很多，包括农林剩余物、能源作物、草本和木本的生物质等，生物质所占比例为 1% ～ 20%。

2010 年，美国已经拥有约 40 个混合燃料电厂，澳大利亚拥有约 10 个。日本几个燃煤电厂正在开展混合燃料发电示范项目，德国和英国通过混合燃料发电使生物质发电量增长。2010 年，全欧洲已有约 100 个使用混合燃料的电厂投入运行。

2.1.2 沼气工程

根据国际能源署（IEA）2010 年统计数据，主要组织或国家沼气发电量见表 2-2。其中世界经济合作与发展组织（OCED）所属国家和地区 2008 年沼气发电量为 346.3 亿 kW•h，2009 年为 399.5 亿 kW•h。

表 2-2 主要组织或国家沼气发电量

地 区	沼气发电量 / 亿 kW•h	
	2008 年	2009 年
经济合作与发展组织（OCED）	346.3	399.5
OCED 欧洲	235.9	293.7
澳大利亚	10.0	8.7
奥地利	10.0	6.1
比利时	4.7	5.1
丹麦	2.5	2.6
芬兰	0.87	0.9
法国	6.8	7.0
德国	109	168

（续）

地　区	沼气发电量 / 亿 kW•h	
	2008 年	2009 年
意大利	16.6	20.5
日本	151	118
荷兰	11.6	9.7
瑞典	1.4	1.5
瑞士	1.8	1.8
英国	53.2	61.4
美国	85.8	82.9

2008 年，非世界经济合作与发展组织所产沼气产量为 150 亿 m^3，其中我国为 147 亿 m^3（包括农村户用沼气），占总量的 98%。

2006—2009 年，欧盟沼气产量增长了 70.37%，主要得益于农业沼气和市政固体废弃物处理沼气工程沼气产量的增加。2009 年，欧盟中 25 个成员国生产了 167 亿 m^3 沼气，折合 1 192 万 t 标准煤，其中垃圾填埋气占 35.96%，市政和工业污泥厌氧消化产的沼气占 12%，分散农场沼气工程、市政固体废弃物沼气工程、集中联合发酵沼气工程产的沼气共占 52%。

2009 年，欧盟沼气发电量为 251.7 亿 kW•h，详见表 2-3。

表 2-3　2008 年和 2009 年欧盟中的 25 个成员国沼气发电总量

（单位：亿 kW•h）

年份	2008 年			2009 年		
国家	电厂发电量	热电联产发电量	总发电量	电厂发电量	热电联产发电量	总发电量
德国	88.4	11.4	99.8	113.3	12.4	125.7
英国	48.4	4.6	53.0	50.6	5.3	55.9
意大利	12.9	3.1	16.0	13.7	3.7	17.4
荷兰	0.8	6.5	7.3	0.8	8.3	9.1
法国	6.1	0.9	7.0	6.7	1.8	8.5

（续）

年份	2008 年			2009 年		
国家	电厂发电量	热电联产发电量	总发电量	电厂发电量	热电联产发电量	总发电量
奥地利	5.5	0.5	6.0	6.0	0.4	6.4
西班牙	5.4	0.4	5.8	4.8	0.5	5.3
比利时	1.7	1.6	3.3	1.8	2.9	4.7
捷克	0.6	2.0	2.6	2.4	2.0	4.4
丹麦	0.0	3.0	3.0	0.0	3.2	3.2
波兰	0.0	2.5	2.5	0.0	3.2	3.2
希腊	1.7	0.2	1.9	1.8	0.3	2.1
爱尔兰	1.1	0.2	1.3	1.0	0.2	1.2
匈牙利	0.0	0.7	0.7	0.0	1.0	1.0
葡萄牙	0.6	0.1	0.7	0.7	0.1	0.8
斯洛文尼亚	0.1	0.5	0.6	0.1	0.6	0.7
卢森堡	0.0	0.4	0.4	0.0	0.5	0.5
拉脱维亚	0.0	0.4	0.4	0.0	0.4	0.4
瑞典	0.0	0.3	0.3	0.0	0.3	0.3
芬兰	0.0	0.3	0.3	0.0	0.3	0.3
斯洛伐克	0.0	0.1	0.1	0.0	0.2	0.2
立陶宛	0.0	0.1	0.1	0.0	0.2	0.2
塞浦路斯	0.0	0.1	0.1	0.0	0.1	0.1
爱沙尼亚	0.1	0.0	0.1	0.1	0.0	0.1
罗马尼亚	0.0	0.0	0.0	0.0	0.0	0.0
欧盟	173.5	39.9	213.4	202.8	47.9	251.6

欧盟沼气产量和消费量也在不断增长。沼气主要是由 CH_4 与 CO_2 组成的混合气体，生产原料主要是垃圾、泔水、污水污泥、玉米青贮饲料、液体粪便、谷物等有机物质。沼气原先主要用于发电和制热，然而目前已有越来越多的大规模沼气厂与天然气管道进行了联网，原因是沼气发电价格高于原油发电、煤炭发电或

核发电的价格。

2009年和2010年，欧盟用于供热和发电的沼气消耗量分别折合约1 230万t和1 300万t标准煤。德国是欧盟最大的沼气生产和消费国，2010年拥有约5 300家规模不等的沼气生产厂，沼气约占全国发电总量的2.5%。

在过去的20年间，欧洲沼气工业得到了蓬勃发展。目前，德国市场不再是欧洲唯一的市场驱动国，因为越来越多的国家都在为本国沼气工业的发展奠定基础。意大利的发展预测尤其高，要与法国、西班牙和英国一争高低，而东欧则出现了新的市场，例如捷克、斯洛伐克和匈牙利。

欧洲处理废弃物的沼气产业依靠自己建立、发展，并成功地组建了羽翼渐丰的实业公司。在德国，从事农业沼气工程开发、制造的沼气公司已达400家。欧洲沼气产业的另一个发展重点是开发海外业务，主要是在北美地区。这种多元化形式使欧洲工业竞争力得到巩固和提高。欧洲沼气生产厂适合于各种废弃物（废水、生活废弃物、食品加工废弃物、农业废弃物和能源植物）的处理。

2.1.3 生物质固体成型燃料

生物质固体成型燃料2010年和2011年均比2009年产量增长迅速，到2011年年底，全世界生物质固体成型燃料的产量约为3 500万t。其中加拿大达到162万～247万t，美国达到470万～570万t，俄罗斯达到134万～238万t，瑞典达到217万～135万t。

目前，生物质成型燃料生产企业中生产能力达到10万t以上的，有近100家，大部分企业的产能在1万～10万t之间。欧洲拥有全球最大的木质成型燃料生产行业，目前正在运行的成型燃料工厂超过670家，年产成型燃料1 000万t。全世界生产能力已达到7 043万t，实际生产量是生产能力的50%左右。欧美等国生产的生物质颗粒成型燃料90%以上是以木质材料作为原料的，产品主要用于采暖。

2.1.4 生物液体燃料

2010年，全球生物液体燃料产量增长13.8%。作为全球液体燃料产量最大的增长源，北美洲和中南美洲引领了全球生物液体燃料的增长，生物液体燃料已占全球一次能源消费量的0.5%。北美洲和中南美洲这两个地区的生物液体燃料产量占全球生物液体燃料产量的3/4，燃料乙醇是北美洲和中南美洲生物液体燃料的主导产品，该地区的燃料乙醇产量占全球生物液体燃料产量的近3/4。在欧洲及欧亚大陆，占据主导地位的生物液体燃料为生物柴油。全球2010年生物液体燃料产量及10年内的变化见表2-4。

表 2-4 全球 2010 年生物液体燃料产量及 10 年内的变化

（单位：万 t 标准煤）

国家 / 地区	2000 年	2001 年	2002 年	2003 年	2004 年	2005 年	2006 年	2007 年	2008 年	2009 年	2010 年	2009—2010 年变化情况 / %	2010 年占总量比例 / %
美国	2 991	3 288	3 987	5 226	6 357	7 478	9 746	1 3456	19 096	21 670	25 351	17. 0%	42. 8%
加拿大	105	111	113	113	113	133	160	461	536	721	996	38. 1%	1. 7%
北美洲总计	3 096	3 399	4 100	5 339	6 470	7 612	9 906	13 922	19 637	22 399	26 355	17. 7%	44. 5%
阿根廷	4	9	9	9	9	9	29	228	632	1 054	1 687	60. 0%	2. 8%
巴西	5 212	5 600	6 149	7 068	7 135	7 835	8 729	11 323	14 132	13 962	15 573	11. 5%	26. 3%
哥伦比亚	-	-	-	-	-	14	131	141	239	326	351	7. 8%	0. 6%
牙买加	-	-	54	74	56	62	147	138	182	196	196	-	0. 3%
其他中南美洲国家	31	30	69	78	93	171	369	472	741	457	457	-	0. 8%
中南美洲总计	5 248	5 639	6 281	7 228	7 292	8 091	9 405	12 302	15 927	15 994	18 264	14. 2%	30. 8%
奥地利	18	18	22	26	48	70	105	220	263	354	383	8. 3%	0. 6%
比利时	-	-	-	-	-	1	21	140	278	473	454	-4. 0%	0. 8%
法国	315	315	337	368	385	439	798	1 121	2 012	2 312	2 312	-	3. 9%
德国	215	298	473	688	909	1 788	2 561	3 181	2 727	2 728	2 930	7. 4%	4. 9%

意大利	70	123	180	232	272	340	482	443	617	758	670	-11.5%	1.1%
荷兰	-	-	-	-	6	3	22	80	77	241	283	17.6%	0.5%
波兰	-	-	-	27	23	84	158	116	279	393	338	-14.0%	0.6%
葡萄牙	-	-	-	-	-	1	79	153	136	202	275	36.3%	0.5%
西班牙	70	70	134	184	221	288	248	320	356	958	1 179	23.1%	2.0%
瑞典	-	14	31	32	43	48	54	99	118	173	212	22.8%	0.4%
英国	-	-	3	9	9	39	166	136	196	180	180	-	0.3%
其他欧洲及欧亚大陆国家	57	113	126	138	166	301	406	536	1 031	1 825	2 135	17.0%	3.6%
欧洲及欧亚大陆总计	745	951	1 306	1 704	2 081	3 401	5 103	6 546	8 091	10 597	11 354	7.1%	19.2%
中东总计	-	-	-	-	-	-	-	-	-	-	-	-	-
非洲总计	6	6	6	6	6	6	6	6	10	14	14	-	-
澳大利亚	-	-	-	-	4	20	54	70	110	174	246	41.8%	0.4%
中国	-	4	146	396	492	622	858	1 076	1 323	1 399	1 399	-	2.4%

（续）

国家 / 地区	2000 年	2001 年	2002 年	2003 年	2004 年	2005 年	2006 年	2007 年	2008 年	2009 年	2010 年	2009—2010 年变化情况 / %	2010 年占总量比例 / %
印度	82	85	91	94	99	114	134	92	148	82	151	84.5%	0.3%
马来西亚	-	-	-	-	-	-	48	110	197	250	97	-61.2%	0.2%
韩国	-	-	1	2	4	9	39	74	140	217	287	31.9%	0.5%
泰国	-	-	-	-	3	52	80	138	495	618	647	4.6%	1.1%
其他亚太地区国家	-	-	-	-	-	18	109	176	215	353	448	26.7%	0.8%
亚太地区总计	82	89	238	491	603	833	1 323	1 736	2 628	3 094	3 275	5.9%	5.5%
世界总计	9 177	10 084	11 931	14 767	16 452	19 944	25 743	34 512	46 294	52 098	59 261	13.8%	100.0%
其中：经合组织	3 841	4 350	5 406	7 045	8 549	11 013	15 054	20 494	27 728	32 569	37 130	14.0%	62.7%
非经合组织	5 336	5 734	6 523	7 723	7 903	8 930	10 688	14 018	18 566	19 528	22 131	13.3%	37.3%
欧盟	744	951	1 305	1 704	2 073	3 378	5 052	6 469	7 944	9 970	10 447	4.8%	17.6%
前苏联	-	-	-	-	11	22	28	49	129	645	913	41.5%	1.5%

资料来源：数据来自分析机构 F. O. Licht 和美国能源信息管理局。

世界生物液体燃料产量及分布请见图 2-1。

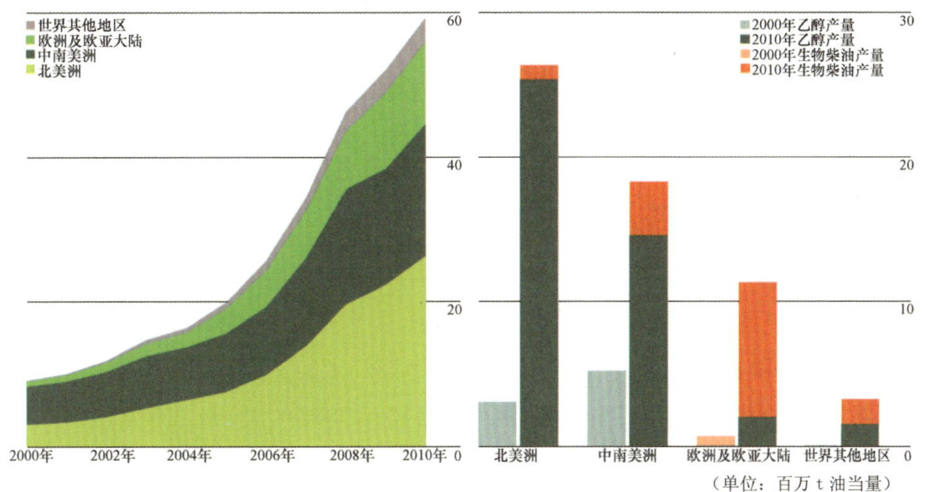

图 2-1　世界生物液体燃料产量及分布

全球生物液体燃料产量前 15 名的国家见表 2-5。

表 2- 5　全球生物液体燃料产量前 15 名的国家（截至 2010 年年底）

序号	国家	燃料乙醇产量 / 亿 L	生物柴油产量 / 亿 L	总计产量 / 亿 L
1	美国	490	12	502
2	巴西	280	23	303
3	德国	15	29	44
4	法国	11	20	31
5	中国	21	2	23
6	阿根廷	1	21	22
7	西班牙	6	11	17
8	加拿大	14	2	16
9	泰国	4	6	10
10	意大利	1	8	9
11	印度尼西亚	1	7	8
12	比利时	3	4	7

（续）

序号	国家	燃料乙醇产量 / 亿 L	生物柴油产量 / 亿 L	总计产量 / 亿 L
13	波兰	2	5	7
14	英国	3	4	7
15	哥伦比亚	4	3	7
总计		856	157	1 013

2000—2010 年，全球燃料乙醇产量增长了 5.05 倍，生物柴油产量增长了 23.75 倍，生物液体燃料总产量由 178 亿 L 增长到 1 013 亿 L，增长了 4.7 倍。

面对高涨的石油价格，全球乙醇产业获得了发展的契机，2010 年燃料乙醇产量达 856 亿 L，比上年增长 17%。美国和巴西的燃料乙醇占全球的 90%，成为世界上首屈一指的乙醇出口国，其中美国的产量就占全球总产量的 57%。欧洲仍保持着其生物燃料生产中心的位置，但由于受到廉价进口产品的影响，欧洲生物燃料生产的增速放慢。

2010 年，美国燃料乙醇总产量达到 490 亿 L，比 2009 年增加 84 亿 L，增长幅度居于世界首位。同时，美国 90% 以上的汽油都是乙醇混合汽油。2010 年，美国已由燃料乙醇的净进口国成为净出口国，向海外输送了约 13 亿 t 燃料乙醇，其输出国主要是加拿大、牙买加、荷兰、阿联酋以及巴西。

2010 年，巴西燃料乙醇产量增长 7% 以上，达到 280 亿 L，其总量约占全球生产总量的 1/3。中国以 21 亿 L 的燃料乙醇产量在亚洲居于首位，其次是泰国、印度，都实现了年生产量倍增，达到 4 亿 L。英国年产燃料乙醇 3 亿 L，增长幅度达到 325%，在欧盟各国中是增长速度最快的国家。2010 年，欧洲其他国家的增长点主要出现在法国和德国。其他主要的燃料乙醇生产国主要有加拿大、哥伦比亚、波兰和西班牙。非洲是小型燃料乙醇生产区的代表，2010 年也呈现出持续的增长势头。

2010 年全球生物柴油产量增长 7.5%，约 157 亿 L，5 年的平均增长率为 38%（2005—2010 年）。生物柴油生产的集中度远远低于燃料乙醇，2010 年世界前 10 名生产国产量总和仅占全球总产量的 75%。2010 年，欧洲仍然是全球生物柴油生产的中心，其产量超过 100 亿 L，约占全球总产量的 53%。虽然生物柴油在欧盟的生物燃料中占主导地位，但是却呈现出增长速度放缓的趋势，从 2009 年 19% 的增幅降至 2010 年的 2%（2005 年增长率曾达到 65%）。增速放缓的主要原因是外部竞争加剧，欧盟以外的低价产品进入（包括加拿大、阿根廷以及印度尼西亚）。这一趋势致使内部需求减少最终导致生产企业倒闭，同时使进口关税范围扩大以及某些国家综合性强制法令扩大。在欧盟一些国家中，生物柴油生产呈现下降趋势，包括比利时、斯洛伐克、西班牙和英国。法国 2010 年的产出与 2009 年的持平。

德国以 29 亿 L 的产量在 2010 年保持了世界生物柴油生产第一大国的位置，其次是巴西、阿根廷、法国和美国。德国的生物柴油消费在取消生物柴油税收信贷之后呈现持续下降趋势，最大的需求跌幅出现在纯植物油和 B100（100% 无混合生物柴油）中。相比之下，在此期间由于德国混合配额混合型生物柴油产量增多，其消费量反而呈现上升趋势。

2010 年，生物柴油生产规模增长最快的国家是巴西（增长 46%，达到 23 亿 L）。阿根廷也以超过 2009 年 57% 的增速保持了其高速增长，产量达到 21 亿 L，其中 3/4 用于出口。美国生物柴油产量连续两年下跌，跌幅超过 40%。亚洲的生物柴油产量占全球的 12%（2009 年占 10%），其大部分是泰国和印度的棕榈油。

2.2　全球生物质能现行政策

截至 2011 年年初，超过 118 个国家制订了可再生能源发展目标或可再生能源激励政策，而 2005 年采取此类措施的国家只有 55 个。许多国家在国家级、州 / 省级和地方等不同层面上分别颁布了不止一项激励政策，这也使得政策的多样性得以体现。在制订了可再生能源激励政策的国家中，发展中国家占到一半以上，它们在迅速发展的可再生能源领域扮演着很重要的角色。各国制定的激励政策可分为强制总量目标制度、配额制、绿色认证制度、专项补贴政策和税收减免政策等几大类。

2.2.1　强制总量目标

制订长远发展战略或发展路线图，明确可再生能源发展各阶段的总量目标，是世界上大多数国家发展生物质发电产业的成功经验之一。许多发达国家发展生物质发电产业的思路是：国家制订一定阶段内生物质发电的具体发展目标和计划，在发展目标框架之下，制定一系列的优惠政策，并通过市场经济的手段鼓励各界投资和利用。

可再生能源发展总量目标制度是发展可再生能源最基本的制度。它由两个要点组成：第一是总量目标，指一个国家以强制性手段对未来一定时间内可再生能源发展总量作出一种强制性规定，是必须实现的一个国家目标；第二是目标的实现途径，即该制度必须有一系列配套的政策措施或机制以保证所确立的目标得以实现。在这个体系中，总量目标和实现途径缺一不可。

总量目标的制订，对未来的市场容量和走向起到一个明确的指示作用，特别是通过立法明确表明了政府发展可再生能源的决心，投资者可以清晰地知道国家支持的重点所在，从而有利于引导投资方作出正确决策。从国际经验来看，进入20世纪90年代以后，一些发达国家先后制订了长期的可再生能源发展目标。如英国和德国都承诺，2010年和2020年可再生能源的比例分别达到10%和20%；西班牙表示，2010年其可再生能源发电的比例达到29%以上。2009年4月，欧盟公布了《气候行动和可再生能源一揽子计划》，设定了到2020年将可再生能源在总能源消费中的比例提高到20%，温室气体排放量在1990年基础上减少20%的目标。

为了促进可再生能源的发展，越来越多的国家制订了总量目标，截止到2010年年底，全球已有96个国家制订了可再生能源发展总量目标，见表2-6。

表2-6　世界各国可再生能源发展总量目标（消费）

国家／地区	占能源消费总量比例	
	2009年比例	未来目标
欧盟27国	11.6%	到2020年16%
阿尔巴尼亚	-	-
澳大利亚	29%	到2020年34%
比利时	3.8%	到2020年13%
博茨瓦纳	-	到2016年1%
保加利亚	12%	到2020年16%
布隆迪	-	到2020年2.1%
中国	9.1%	到2020年15%
塞浦路斯	3.8%	到2020年13%
捷克	8.5%	到2020年13%

（续）

国家 / 地区	占能源消费总量比例	
	2009 年比例	未来目标
丹麦	20%	到 2020 年 30%
埃及	–	–
爱沙尼亚	23%	到 2020 年 25%
芬兰	30%	到 2020 年 38%
法国	12%	到 2020 年 23%
加蓬	–	到 2020 年 80%
德国	9.7%	到 2020 年 18% 到 2030 年 30% 到 2040 年 45% 到 2050 年 60%
希腊	7.9%	到 2020 年 18%
匈牙利	9.5%	到 2020 年 14.7%
印度尼西亚	–	–
爱尔兰	5.1%	到 2020 年 16%
以色列	–	到 2020 年 50%
意大利	7.8%	到 2020 年 17%
牙买加	–	–
日本	–	–
约旦	–	–
拉脱维亚	37%	到 2020 年 40%
黎巴嫩	–	到 2020 年 12%
立陶宛	17%	到 2020 年 23%

（续）

国家 / 地区	占能源消费总量比例	
	2009 年比例	未来目标
卢森堡	2.8%	到 2020 年 11%
马达加斯加	–	到 2020 年 54%
马拉维	–	–
马里	–	–
马耳他	0.7%	到 2020 年 10%
毛里求斯	–	–
摩尔多瓦	–	–
摩洛哥	–	到 2012 年 10%
荷兰	4.2%	到 2020 年 14%
尼日尔	–	–
巴勒斯坦	–	到 2012 年 20%
波兰	9.4%	到 2020 年 15%
葡萄牙	25%	到 2020 年 31%
罗马尼亚	22%	到 2020 年 14%
塞内加尔	–	–
斯洛伐克	10%	到 2020 年 14%
斯洛文尼亚	18%	到 2020 年 25%
韩国	–	–
西班牙	13%	到 2020 年 20%
瑞典	50%	到 2020 年 50%
瑞士	17%	–
叙利亚	–	–

（续）

国家 / 地区	占能源消费总量比例	
	2009 年比例	未来目标
泰国	–	–
汤加	–	到 2013 年 100%
乌干达	–	–
英国	2.9%	到 2020 年 15%
越南	–	–

2.2.2 配额制

可生能源发电配额制（Renewable Portfolio Standard， RPS）是政府强制规定的一项可再生能源必须达到电力产量或消费量的一定百分比的政策。这是国际上一些针对可再生能源发电能够在不同地区均衡、健康地发展而作出的一个强制性的具有法律效力的规定。可再生能源百分比目标根据必要性和可行性确定，而且通常是阶段性递增的，直至达到长期目标。该项政策的精髓是与配额比例相当的可再生能源电量可在各地区（各电网）间交易，以解决地区间可再生能源资源和市场等情况的差异问题。制定该项政策的技术难点是如何界定可再生能源发电的范围、如何制定配额比例及如何交易等。

可生能源发电配额制的主要特征包括以下几个方面：

（1）明确可再生能源发电配额目标，包括时间的确定、实施步骤和所持续的时间，另外还有针对不同的可再生能源发电技术所定的目标。

（2）配额的适用性（例如发电厂、电网或消费者）。

（3）配额中所包含的可再生能源品种与发电技术的种类，还可包括对生产厂的地理位置和生产周期方面的考虑。

（4）可再生能源发电信用证交易系统。

（5）配额达标条例，包括有关配额确定方面的条款及对不达标者的处罚条款。

（6）可再生能源发电生产与交易的成本限制。

在一个竞争的市场里，配额制是一个以市场为基础的、公正的和在管理上简单易行的政策。除了可能的违约罚金外，配额制不需要政府进行大量的资金筹集和管理工作。政府的作用通常表现在监察达标情况并对未达标者给予处罚方面。可交易的可再生能源信用证为电厂间的竞争提供了便利，对可再生能源发电技术的国产化、本地化有积极的市场激励作用。与其他政策不同之处在于配额制能够使可再生能源发电量达到一个有保障的最低水平，从而能够取得与其相关的社会和环境效益。

承担配额制义务的责任主体可以是火电厂，也可以是电力零售商或消费者。采用配额制的可再生能源一般限于开发潜力大且需要政策扶持的可再生能源。为了避免片面开发低成本的可再生能源，可以对符合条件的可再生能源资源进行分级，并规定各级别可再生能源的配额比例。

可再生能源证书或绿色证书交易通常被认为是可再生能源配额制的有机组成部分。在以火电厂为义务人的可再生能源发电配额制中，一份可再生能源证书代表一定数量的电量，如 1 000kW•h 已经生产的可再生电力。义务人的可再生能源义务最终表现为必须持有的可再生能源证书数目。可再生能源生产商是可再生能源证书的原始持有人，其在普通能源市场上销售可再生能源，而在可再生能源证书市场上销售证书。可再生能源证书收益可视为市场给予可再生能源环境利益和能源安全利益的回报。承担配额制义务的火电厂既可以自己生产可再生能源，也可以买入可再生能源证书，或者两者并举而履行义务。在可再生能源证书交易机制下，火电厂将根据绿色证书价格和自己的可再生能源生产成本，灵活选择合适的可再生能源产量和证书买入数量，以努力使成本最小化。

证书交易使政府不再陷入可再生能源补贴的确定、调整、筹集和分配等烦琐事务中，而只是负责可再生能源目标的确定以及监督和处罚工作。因此，绿色证书交易能够降低火电厂的遵从成本，还能够降低政府的管理成本。可再生能源配额制不仅具有成本低的优点，而且能够确保一定的可再生能源目标的实现，因为可再生能源目标由政府明确规定并落实到每家电厂，同时又有灵活的执行机制和严厉的处罚机制作保证。传统的补贴和特许权招标等扶持政策不仅在成本方面无法与配额制相比，而且在确保既定可再生能源目标实现方面更加不能望其项背。

目前，全球已有 63 个国家实施了配额制。其中美国已经有 37 个州实施了配额制，作为它们电力市场和电力结构重组工作的一部分，其他州正在考虑采用配额制，并已将配额制纳入了联邦级的政策建议案中。许多欧洲国家已实施了配额制或制订了与配额制非常相似的方案，同时，欧盟正在考虑采用一个正式的可再生能源配额制政策并在整个共同体范围内实施可再生能源的绿色证书交易系统。

2.2.3 绿色认证

绿色认证是可再生能源配额制的一项重要组成部分，也是将市场机制和政策激励相结合的一项措施。绿色认证针对的是市场交易的电力，它的作用是向企业生产的绿色电力提供一套简易的核查指导流程。例如，德国的电力企业必须通过绿色认证，以获准能以较高的价格出售绿色电力。

丹麦拥有一套完整的生物质能生产管理机制，对绿色电力的管理通过价格机制实施，对资金流动有一套管理程序。当地的监管公司监督绿电上网和电力市场。此外，日常的监督工作由独立机构负责，并直接对丹麦能源环境部负责。

绿色电力价格体系的形成机制是：由政府提出生物质发电的价格，由能源消费者按照规定价格自愿认购，认购后的证书一般不用于以盈利为目的的交易。这种价格机制，取决于消费者和企业对绿色能源的认同，只有在那些公众环保意识比较高的国家和地区才有效。国外经验表明，基于自愿认购方式的绿色电力市场大大推动了发达国家可再生能源的开发。截止到 2002 年 4 月，全世界开展绿色电力营销项目的国家将近有 20 个，例如澳大利亚、奥地利、比利时、加拿大、丹麦、芬兰、法国、德国、爱尔兰、意大利、日本、荷兰、挪威、瑞典、瑞士、英国、美国，其中大力发展绿色电力市场的典型代表是荷兰。1995 年，荷兰一家电力公司率先启动了第一个绿色电价项目，之后其他电力公司纷纷效仿。目前，荷兰家庭用户绿色电力的参与率已达到 9%。美国通过绿色电力等认证来推进可再生能源发电市场的发展，获得认证的供电商可以在市场营销中使用绿色电力标志，以吸引特定的用户群选择绿色电力服务。

绿色电价制度的优点为：容易理解，用户购买绿色电力是出于保护环境的考虑；用户对于当地发电企业的可再生能源发电项目的信任度、产品的确切性，使得基于社区的市场开发更容易开展。绿色电价交易的局限性在于：电网因行政区域的自然分割，供电商只愿开发当地可再生能源并制定相应的绿色电价制度，致使开发者占据垄断地位而可能出现绿色电价不真实反映成本的问题；另一方面，发电企业没有动力降低成本、提高技术和服务质量，特别是这种方式是以自愿购买为基础，不具有法律约束，因此与公民的素质、社会文化等相关性很大，普遍推行的难度较大。

目前，欧洲各国、美国、澳大利亚、日本和加拿大拥有 600 多万个绿色电力消费者。绿色电力购买的三种主要形式包括电力公司绿色电价机制、绿色电力市场、绿色电力证书。

德国已成为全球绿色电力的领导者，从2006年的80万个绿色电力消费者扩大到2009年的260万个。2009年，德国绿色电力消费者购买了70亿kW•h的绿色电力（占全国电力消费总量的6%）。除了居民用户，2009年德国15万个商业用户及其他用户购买超过100亿kW•h的绿色电力（占全国电力消费总量的9.5%）。欧洲其他主要的绿色电力市场包括奥地利、芬兰、意大利、瑞典、瑞士、英国，虽然这些国家绿色电力市场的份额不到5%。

2008年，澳大利亚90万个居民用户和3.4万个商业用户总共购买了18亿kW•h的绿色电力。2009年，日本绿色电力证书市场增至2.27亿kW•h，拥有50多家绿色电力销售商。

一些国家政府要求电力公司向消费者提供绿色能源。美国超过850家电力公司提供绿色电价机制，一些州要求电力公司或供电商为消费者提供绿色电力产品。2009年，超过140万个美国消费者购买了300亿kW•h的绿色电力，而2007年仅为180亿kW•h。超过1 300家公司和机构加入美国环保署的“绿色电力伙伴计划”，到2010年购买了190亿kW•h的绿色电力。美国最大的电力消费者——英特尔公司在2010年购买了25亿kW•h的绿色电力。

欧洲能源证书系统框架拥有18个成员国，允许发行、转让和赎回可再生能源证书。2009年，共发行2 090亿kW•h的证书，是2006年的3倍多。挪威发行了62%的欧洲能源证书，几乎全部是水电。在其他欧洲国家，例如德国和瑞士引入了绿色电力标签，以增强消费者的信心。

近年来，绿色电力价格补贴和传统电力价格的差距逐渐缩小。例如，在过去几年，美国居民零售用户和小型商业用户的绿色电力价格为1～3美分/（kW•h），但最近已经降至1美分/（kW•h）以下。

2.2.4 专项补贴

国际上对生物质发电实施的专项补贴主要有以下几种：

1. 投资补贴

投资补贴，即对生物质发电项目的投资者进行直接补贴。由于生物质能产业市场尚未成熟，企业投入较大，所以需要政府强有力的扶持。为此，各国纷纷出台补贴政策以推动生物质发电产业的发展。

投资补贴是欧盟国家促进生物质开发和利用的重要措施。2004—2006年，瑞典政府对使用生物质颗粒成型燃料采暖系统的用户，每户提供1 350欧元的补贴。发达国家的投资补贴额度远大于发展中国家，其生物质能产业的整体发展也比发展中国家更具优势。

补贴机制的优点是可以调动投资者的积极性，增加生产能力，扩大产业规模；缺点是这种补贴与企业生产经营状况无关，会抑制企业更新技术、降低成本的激励作用。

2. 产品补贴

产品补贴，即根据生物质发电产品的产量进行补贴。这种补贴的优点显而易见，即有利于增加产量，降低成本，提高企业的经济效益，这也是美国、丹麦、印度目前正在实施的一种激励措施。

3. 用户补贴

用户补贴，即对消费者进行补贴，使得使用生物质发电电力的消费者享受政府补贴。需要指出的是，对消费者的补贴也不是固定不变的，而是随市场的发展和技术的进步而不断调整。

4. 信贷扶持

低息或贴息贷款等金融政策可以减轻企业还本期利息的负担，有利于降低生产成本，鼓励企业增加对生物质能产业的投资。目前，世界发达国家对于生物质能利用项目多数实行了信贷扶持政策。例如，西班牙的信贷机构制订了对个人和企业投资生物质能利用项目的贷款实行利息减免的计划。

5. 费用分摊机制

尽管生物质能利用的成本高于提供同类产品的传统能源，但生物质能属于清洁能源，提高生物质能利用比例具有巨大的环境效益和社会效益，因此生物质能利用高出常规能源成本的部分应该由全社会分摊。国外的补偿机制中比较典型的是公共效益基金。这是为达到多种可能的目的而设立的特别基金。基金的来源是电力消费者按照规定必须支付的费用。收费标准根据使用的电量数确定。目前国际上已经有多种形式的公共效益基金，如：英国在能源效率和可再生能源方面采用了公共效益收费；在美国有 14 个州在可再生能源方面采用了系统效益收费，有 18 个州在能源效率方面采用了系统效益收费，有 19 个州在支持低收入阶层方面采用了系统效益收费，另有 3 个州在研究与开发方面采用了系统效益收费。我国也已设立了可再生能源发展基金。

6. 公共财政支出补贴

这种模式是公共政策设计中最常用的模式，即增加公共支出引导产业发展和消费者选择，在财政支出中设立专项资金用以弥补生物质发电的高成本，等同于政府采购。

这种模式的政策执行监管成本最低，财政部门只需按照相关立法部门规定的优惠电价额度向符合条件的生物质发电企业发放电价补贴，不需要复杂的核算和监管程序。西班牙采用这种成本分摊模式：生物质发电厂商享受优惠电价，高出常规电价的部分由政府财政直接补贴。西班牙利用这种费用分摊模式极大地推动了本国生物质发电产业的发展。这种费用分摊机制的优点在于：稳定性较高，资金来源安全可靠，有利于增强投资者信心，对扩大投资有积极的推动作用。但这种模式成功运行的前提条件是政府有充足的预算资金来源，否则会增加财政负担，使政策难以为继。

生物质能产业市场尚未成熟，企业投入较大，各国纷纷出台补贴政策以推动生物质能产业的发展。瑞典从 1975 年开始，每年从政府预算中支出 3 600 万欧元，用于生物质燃烧和转换技术研发及商业化前期技术的示范项目补贴。丹麦从 1981 年起，制订了每年给予生物质能生产企业 400 万欧元的补贴计划，这一计划使丹麦生物质发电的上网电价约为 8 欧分 /（kW•h）。1991—1995 年，意大利给生物质能利用项目提供了 30% ～ 40% 的投资补贴。芬兰则设立投资和采伐补贴费，生物质燃料供暖和发电可以得到的国家补贴最高为总投资额的 40%。印度政府为降低可再生能源企业的运行成本，特别为其提供 10% ～ 15% 的装备投资补贴。

2.2.5 税收减免

税收减免政策有两大类：一类是直接对生物质能利用实施税收优惠政策，包括减免关税、减免固定资产税、减免增值税和所得税（企业所得税和个人收入税）等；另一类是对非可再生能源实施强制性税收政策，如对化石燃料征收二氧化碳和二氧化硫排放税等。

1. 生物质能利用税收优惠政策

税收优惠政策是各国促进生物质能发展的重要鼓励政策。2002 年，美国参议院提出了包括生物柴油在内的能源减税计划，生物柴油享受与燃料乙醇相同的减税政策。美国对生物质能发电实行为期 10 年的产品减税，2005 年 8 月 8 日通过的新《国家能源政策法》明确规定，美国将在未来 10 年内，向所有美国能源企业提供 146 亿美元的减税额度，鼓励能源行业采取节能和清洁能源措施。德国对生物质能实行低税率的优惠政策，例如对乙醇、植物油燃料免税，对生物柴油每升仅征收 9 欧分的税费（而汽油则每升征收 45 欧分的税费）。瑞典通过对生物质能开发项目及产品免征所有能源税，有力地促进了生物能的开发利用。在巴西，所有加油站都要求出售混合乙醇的燃料和纯乙醇燃料，从 1982 年至今，巴西对酒精汽车减征 5% 的工业产品税。

2. 对非可再生能源实施强制性税收政策

对非可再生能源实施强制性税收政策，尤其是高标准、高强度的收费政策，不仅能起到鼓励开发和利用可再生能源的作用，还能促使企业采用先进技术，提高技术水平。例如，瑞典和英国对非可再生能源电力均征收电力税，都取得了不错的政策效果。

绿色税收专项资金模式提倡依靠功能完善的市场机制，即应用适当的价格机制和环境费税等经济调控政策，达到保护环境和可持续发展的目的，从根本上促进资源节约以及生产模式和消费模式的转变。绿色税收体系与传统税收体系的不同之处在于：第一，绿色税收体系引导投资者选择先进技术，使每单位的产品或者劳动消耗更少的资源，并提高资源的使用效率，促进产业结构从能源密集型向高能源生产率、高附加值转换；第二，激励消费者减少物质消费，使消费更加依赖服务业。20 世纪 80 年代初，丹麦政府将发展生物质能和绿色税收体系改革相结合，用以补贴生物质能电价的直接税收来源于对民用和商用消耗的化石燃料包括煤炭、天然气、石油等征收的二氧化碳和二氧化硫排放税，成功地运用绿色税收筹集资金支持生物质发电技术的推广和利用。

绿色税收专项资金制度是一种全面的制度，在全社会建立起一种保护环境的理念，不仅可以作为有效的筹集资金方式支持环境友好型技术的发展，而且实现了温室气体和污染物的减排。同时，绿色税收制度稳定性强，利用绿色税收的部分收入成立“公共专项资金”是一种有效的融资渠道，为发展可再生能源发电技术提供稳定和重要的资金来源，许多国家的实践经验已经证明这种优势是电网分摊模式所不具备的。最后，绿色税收制度更具有公平性，通过征收能源税、污染物排放税等环境税费，将环境外部成本内部化，体现了“污染者付费”的原则，扩大了成本分摊范围，体现了环境制度的公平性。

2.3 主要国家和地区的生物质能发展状况

2.3.1 典型国家和地区生物质能产业规模

1. 美国

总体而言，美国在开发利用生物质能方面处于世界领先地位。按照生物质发电协会（Biomass Power Association，BPA）的统计，生物质能工业每年产生 500 万 kW · h 的电力，为美国 1.8 万人创造了就业机会。

（1）生物质发电。美国从 1979 年就开始采用生物质燃料直接燃烧发电，生物质发电总装机容量超过1 000万kW，单机容量一般为1万～2.5万kW。据报道，目前美国有350多个生物质发电站，主要分布于纸浆、纸产品加工厂和其他林产品加工厂，这些工厂大都位于郊区，提供了大约6.6万个工作岗位。美国能源部又提出了逐步提高绿色电力的发展计划。

2010年，美国生物质发电新增装机30万kW，累计装机高达1 040万kW（不含市政垃圾发电），年发电480亿kW•h，美国生物质发电原料多为农林废弃物和造纸黑液。2008年，全美国垃圾填埋气发电总装机约为140万kW，截止到2011年4月，美国已有550个垃圾填埋气发电厂，总装机为170万kW。

（2）燃料乙醇。目前，美国是仅次于巴西的燃料乙醇大国，美国的燃料乙醇产量自2001年以来已翻了一番。2006年，燃料乙醇约占美国汽油消费总量的5%，乙醇掺混比例通常为10%，添加乙醇的混合汽油占全国汽油供应总量的46%。2007年燃料乙醇的产量是1 900万t，比2000年增加了4倍。2009年，燃料乙醇生产能力达3 490万t。如果在建和筹划中的厂家全部投入生产，燃料乙醇生产能力达9 800万t。根据美国农业部的统计，2006年，美国用于燃料乙醇生产的玉米为4 560万t（占玉米总产量的20%），2009年达9 900万t。

（3）生物柴油。美国于20世纪90年代初开始商业性生产生物柴油。目前是世界上第二大生物柴油生产国。主要生产原料是豆油（占85%）、菜籽油以及其他油脂。根据美国能源局的统计，截至2010年末，美国共有111个生物柴油厂，生产能力为22亿加仑；由于原料量少价高，生物柴油实际产量远远低于生产能力。

（4）沼气发电。美国沼气工程规模居世界前列，2009年约产沼气101.9亿m^3。作为全球最大的能源消费国，1970—1990年，美国以能源为主要目的，大约开设了140个沼气工程。但由于设施简陋、设计不规范、安装不合理、管理差等问题，很多已报废或停止使用。近10年来，迫于能源短缺和环境保护的压力，沼气技术又日益受到重视，根据环境保护署2010年的数据，全美国约有140个养殖场开设了沼气工程，每个养殖场的平均养殖量为17 000头（奶牛），沼气工程的平均投资为100万美元。据明尼苏达大学2009年在全美国养猪企业做的一项调查，全美国只有10家养猪企业开设了沼气工程。目前，美国约有7万个奶牛养殖场和10万个养猪场，而开设沼气工程的养殖场很少，所以说农业沼气工程遭到冷遇。

美国现有420多个运行的垃圾填埋气体回收厂，多数位于中西部和加利福尼亚州，还有82个新厂正在建设中。由于联邦政府和州政府的刺激政策，2/3的垃圾填埋沼气用于发电。

美国有 3 500 多个城市废水处理厂配有厌氧消化装置，用以处理废水净化产生的污泥。其中越来越多的处理厂正在收集沼气来代替电和天然气的使用。美国正在设计一些处理有机废物（例如来自城市固体废弃物、食品废弃物等）的设施。第一个设施于 2009 年 9 月在威斯康辛州开工建设。

美国沼气发电量约占可再生能源发电量的 8%，其中填埋气体发电量占可再生能源发电量的 6%，占沼气发电总量的 75%，其他生物质（包括农业副产品、污泥和其他固体、液体和气体生物质能）发电量占可再生能源发电量的 2%，占沼气发电总量的 25%。

总体而言，美国农业沼气工程与欧洲各国和中国相比发展缓慢。近几年，美国联邦政府和各州政府制订了鼓励发展沼气工程的项目并提供了财政支持，预计美国农业沼气工程将有一个新的发展。

2. 欧盟

（1）生物质发电。2008—2009 年，欧盟生物质发电量从 793 亿 kW•h 增加到 874 亿 kW•h，增长约 10.2%，其中生物质固体废弃物发电 622 亿 kW•h，占所有生物质发电量的 71%，其余的为沼气发电。欧洲生物质发电量一半来自普通电厂，另一半来自热电联产电厂，但各个国家的具体情况各不相同。

（2）生物柴油。在生物液体燃料发展领域中，欧盟一直将重点放在发展生物柴油生产上，因此欧盟是世界上最大的生物柴油生产和消费地区。欧盟生产生物柴油的最主要原料是菜籽油（约占原料总量的 70%），其次分别是豆油（约占原料总量的 15%）、棕榈油、葵花籽油、泔水油和动物脂肪。2009 年，欧盟用于生产生物液体燃料的原料消耗总量为 853 万 t，其中菜籽油为 590 万 t、豆油为 77 万 t、棕榈油为 54 万 t、葵花籽油为 25 万 t、动物脂肪为 27 万 t；2010 年原料消耗总量约为 1 048 万 t，其中菜籽油为 750 万 t、豆油为 74 万 t、棕榈油为 66 万 t、葵花籽油为 25 万 t、动物脂肪为 32 万 t。

2006—2008 年，欧盟生物柴油生产能力几乎增长了两倍，2009 年和 2010 年估计分别增长 23% 和 11%。由于市场需求增长速度远不如生产能力的增长，2007 年欧盟生物柴油生产能力利用率为 70%，2009 年仅为 46%。2009 年，生物柴油产量增长了 9%，但是远低于同年 18% 的消费增长率。生物柴油产量 2010 年增长率 11.5%，2011 年增长了 10.3%。

表 2-7 为欧盟生物柴油生产及销售情况。

表 2-7　欧盟生物柴油生产及销售情况

项　　目	2008 年	2009 年	2010 年
生物柴油生产厂 / 家	241	256	264
生物柴油生产能力 / 万 t	1 590	1 964	2 182
实际生物柴油产量 / 万 t	749	817	995
生物柴油进口量 / 万 t	172	166	189
生物柴油消费量 / 万 t	670	991	1 194

德国、法国和意大利是最大的生物柴油生产国，占欧盟生物柴油总产量的65%；德国、法国和西班牙是最大的生物柴油消费国，具体情况见表 2-8。

表 2-8　欧盟生物柴油生产和消费前 3 名国家

（单位：万 t）

国　家	2009 年产量	2010 年产量
德国	2 440	2 899
法国	2 219	2 219
意大利	578	578
国　家	2009 年消费量	2010 年消费量
德国	243	290
法国	223	223
西班牙	98	164

根据德国联邦经济与出口管理局的统计，2011 年，德国生物柴油消费量以及植物油消费量下降至 245 万 t。

（3）燃料乙醇。燃料乙醇是欧盟第二大生物燃料。2009 年，欧盟燃料乙醇产量为 274.9 万 t，比上年增长 30% 以上，主要原因是：燃料乙醇生产原料价格大幅下降，以及燃料乙醇价格在下半年有所上涨；燃料乙醇用量约占欧盟运输领域生物燃料使用总量的 20%，占欧盟汽油消费总量的 2%。2010 年，燃料乙醇产量约为 350 万 t。2011 年，随着含有 10% 乙醇的 E10 汽油进入市场，燃料乙醇生产和消费将继续保持增长势头。

谷物和甜菜是欧盟燃料乙醇生产主要原料。由于原料价格上涨和来自巴西的燃料乙醇进口，欧盟燃料乙醇生产能力利用率目前约为60%。欧盟进口的燃料乙醇主要来自巴西，但随着自身产量的增长，燃料乙醇的进口量于2009年下降近18%，2010年也进一步减少。

表2-9为欧盟燃料乙醇的生产和消费情况。

表2-9 欧盟燃料乙醇的生产和消费情况

（单位：万t）

指　标	2008年	2009年	2010年
生产能力	46.5	56.6	61.1
实际产量	22.6	29.6	37.7
进口量	9.4	7.7	6.5
消费量	28.5	37.1	43.0

2009年，欧盟生产燃料乙醇共消耗小麦为251万t、玉米为220万t、黑麦为137万t、大麦为74万t、甜菜为893万t。2010年，燃料乙醇生产消耗的谷物原料总量约为900万t，其中小麦为406万t、玉米为264万t、黑麦为179万t、大麦为37万t，并消耗了甜菜为983万t，分别占欧盟谷物和甜菜产量的约3%和10%。2010年，乙醇生产的副产品，干酒糟、面筋和酵母浓缩液约为330万t，约占欧盟饲料粮食消费总量的2%。

欧盟各国化石能源较为紧缺，生物质能利用比例较高。欧洲各国对生物柴油都实行了零税率，因此生物柴油的大型生产厂主要集中在欧洲，到2009年欧洲共有生物液体燃料生产厂67家。

（4）沼气。欧盟每年将产生城市生活垃圾8 800万t，这些垃圾可通过微生物降解的手段生产沼气，不仅可以获得优质的气体燃料，还可减少废弃物对环境的污染和温室气体的排放量。目前，欧盟已采取积极措施来改善对生物废弃物的管理，并将其作为生物质能源资源加以利用，预计到2020年，通过生物废弃物的利用，可减少1 000万t二氧化碳气体的排放，并希望到2020年，欧盟运输业可再生能源利用总量目标的1/3将通过生物废弃物的利用来满足。目前，欧盟已经有一批企业在沼气生产和销售方面具备较强的实力，并已打入国际市场。

（5）典型欧盟国家生物质能利用

英国：2008年，英国生物质发电占全国发电量的2.4%，生物质供热占全部热需求的不到1%，生物柴油供应不足英国公路运输燃料量的1%。英国政府的《可再生能源发展战略》指出，为了达到14%可再生能源供热和37%可再生能源发电的目标，大约需要生物质能提供相当于80万亿kW•h的能源。这就意味着，在下一个10年中，生物质能产能要有一个10倍以上的增长。生物质原料评估显示，目前英国国内可以用于发电和供热的生物质原料量相当于64万亿～78万亿kW•h的能源。

以前英国是欧洲生产与利用沼气最多的国家，2006年这一位置被德国取代，但其人均沼气产量在欧洲仍然名列前茅。英国主要通过垃圾填埋进行沼气回收。根据英国能源和气候变化部的资料，2009年英国的沼气产量为34.5亿m^3，其中填埋沼气量为29.5亿m^3，占沼气总量的85.5%。污泥消化沼气工程产生的沼气用于发电，发的电和余热供污水处理厂使用或并入国家电网。

德国：近年来，德国沼气工业发展迅猛，是欧洲沼气工程领先的国家，沼气工程数量占欧洲的80%。德国的沼气工程数量由1996年的350个，增加到2009年的4 600多个，电力装机容量增长了35倍。截至2010年，德国已建成6 000多处沼气工程，所产沼气的98%用于发电，总装机容量达270万kW，其中装机容量2 000kW以上的沼气厂有40家，沼气发电每年在200亿kW•h以上，占德国年平均用电量的4%。

2009年德国已有35家沼气提纯工厂，并入管网的沼气为1.9亿m^3。截止到2010年12月，有50个沼气提纯厂已并入管网，可将沼气量提高到3.8亿m^3。

一个优秀的德国沼气工程，每年运行时间可在8 000h以上，有98%的德国沼气工程利用热电联产处理沼气，利用率可达80%，其中约10%的沼气发电量和45%的余热用于工程自身运行，55%的发电余热用于公共建筑或农舍供暖、农作物干燥、沼渣烘干、农产品冷藏库制冷等。

意大利：意大利是欧洲第四大沼气生产国，2009年的产量为8.886亿m^3，发电量比2008年提高8.8%。意大利目前有大约200个沼气工程，大部分是农场沼气工程，总装机容量约为20万kW。

积极的立法大大促进了农业沼气的发展，政府在2009年颁布了一项法规，确定农业原料沼气发电上网的固定电价为28欧分/（kW•h），该价格（仅适用于小于1 000kW的装置）在欧洲属最高价格。

法国：法国生物质能利用方式主要是沼气，2009年，法国年产沼气10.524亿m^3，沼气发电量为8.46亿kW•h。法国较少采用畜禽粪便和能源植物生产沼气，大部分沼气产于垃圾填埋场（约占沼气总产量的65%）以及市政和工业废水（约占沼气总产量的34%）。法国有300个垃圾填埋场，有200个垃圾填埋场实施沼气收集，其中 65 个垃圾填埋场进行了沼气转化。2009 年，法国有 74 个城市废水处理厂和 90 个工业废水沼气工程（污泥处理产沼气主要用于产热和少量发电），此外还有 6 个生活废弃物沼气厂。

丹麦：丹麦使用农作物秸秆、市政垃圾为原料的生物质能产业水平在欧洲乃至全世界都处于领先地位。2008 年，丹麦的可再生能源发电量占该国电力消耗总量的 27.7%。其中生物质发电占可再生能源发电量的 30%。此外，丹麦有很好的生物质能区域供热基础设施，2008 年，丹麦使用生物质能满足了 45% 的供热需求。同年，丹麦生物质固体成型燃料产量仅为 30 万 t，但全年消耗量达到 106 万 t，产品主要用于家庭取暖以及大型建筑供热。

瑞典：2008 年，瑞典可再生能源消耗量占能源消耗总量的 44.1%，可再生能源发电比例为 57%；其中生物质发电 1 030 亿 kW•h，占全国能源消费总量的 16.5%，生物质能供热能耗占全国供热总能耗的 68.5%，同时有 12 万个家庭使用木质颗粒燃料采暖。

瑞典的液体燃料处于领先地位，生物液体燃料占交通燃料的 4.8%，首都斯德哥尔摩清洁能源轿车约有 10 万辆，包括使用燃料乙醇的车、使用生物燃气的车和混合动力车，共占轿车总量的 11%。2008 年，瑞典的液体燃料为 37.2 万 t 油当量，燃料乙醇为 21.4 万 t 油当量，生物柴油为 13.8 万 t 油当量。到 2009 年，生物质能利用总量已超过石油，成为瑞典第一位的能源来源，占瑞典能源消费总量的 32%。瑞典政府计划到 2020 年将使可再生能源达到该国能源消费总量的 50%，到 2030 年使其运输部门完全不依赖于进口化石燃料。

芬兰：2008 年，芬兰可再生能源占能源消费总量的 27.8%，其中生物质能占可再生能源的 77%，主要原料为木材和泥炭。可再生能源电力消费总量占全国电力消费总量的 36%，其中生物质发电量占 12.8%。2008 年，芬兰生物质固体成型燃料产量达到 37.6 万 t，生物质固体成型燃料的区域供热量已占该国供热能源消耗的 50%。

3. 巴西

巴西生物质能利用最显著的特点是利用甘蔗发酵生产燃料乙醇，通过原料的综合利用，显著降低了燃料乙醇的成本，其是目前世界上燃料乙醇生产成本最低的国家。2008 年，巴西的甘蔗种植面积增加，种植品种更趋于多样化，再加之良好的气候条件和燃料乙醇技术方面的投资增加，乙醇产量接近 2 100 万 t，比 2007 年的 1 500 万 t 的产量增长 40%。巴西在燃料乙醇的发展战略上除了倡导本国消费以减轻对石油的依赖之外，还鼓励进行国际贸易，约占年产量 18% 的燃料乙醇都向美国、委内瑞拉、印度、韩国、瑞典和日本等国出口。巴西所有汽油中都强制加入了25%的乙醇，2010年起所有普通柴油中生物柴油的比例也达到5%，提前三年进入B5时代。

4. 日本

日本主要采用畜禽养殖场粪污和城市垃圾为生物质能源的原料制取沼气，但由于国土狭窄，所以占地面积较大的养殖场沼气工程发展缓慢，仅建成为数不多的几处直接使用牛粪的沼气发电厂。然而，日本垃圾处理产业发展较好，处理技术也较为先进，全国1 800个城镇几乎都有垃圾处理场，其中垃圾焚烧处理厂有1 715个，焚烧处理是日本主要采用的方法。

2.3.2 典型国家和地区生物质能资源特点

1. 北欧四国

北欧四国虽然气温较低，但森林覆盖率较高，拥有大量的林业生物质资源。

挪威森林覆盖率为37%，因此林业废弃物成为挪威主要的生物质资源，但目前因为环境和经济原因，林业资源的使用量大幅下降，故挪威从俄罗斯进口木材，这些木材中有一小部分用来提供能量。

丹麦森林覆盖率约为10%，木片、小树剪枝和农作物秸秆是丹麦生物质的主要来源。同时，丹麦是世界上最大的生物质固体成型燃料进口国，2008年丹麦从波罗的海诸国、加拿大、俄罗斯和德国进口了92.5万t的生物质固体成型燃料。

芬兰森林覆盖率高达76%，但芬兰是世界上最大的原木进口国。芬兰的80%生物质都来自于林业废弃物。

瑞典森林资源丰富，覆盖面积约为2 642万hm^2，占陆地面积的64%。瑞典每年新增林木蓄积量约为1亿m^3，年砍伐量约为0.924亿m^3。新增林业产业利用主要包括木材加工、造纸、产能等。每年用于木材加工的林木约占4 300万m^3，用于造纸的林木约占3 348万m^3，能源木约占696万m^3，用于生物质能（颗粒成型燃料等生产）利用的主要原料来自以上三个部分，约占2 348万m^3。

2. 波兰

波兰是一个农业国家，因此其生物质资源的特点是具有大量农作物秸秆、农业和食品业废料以及林业剩余物等生物质资源。近年来，波兰农业中粮食作物占主导地位，产量最大的有小麦、黑麦和大麦，每年可以产生2 500万t秸秆，除去牲畜饲料、园艺等使用外，年平均可用来产能的秸秆量为1 088万t。此外，波兰可直接用于能源生产的林业剩余物的技术可利用量大约为610万m^3。

3．瑞士

瑞士的生物质资源主要是农作物秸秆，每年提供的生物质能总量约为 147 万 t 标准煤，相当于该国一次能源需求总量的 3.6%。瑞士大约有 100 万 hm^2 的可耕土地，其中 64 万 hm^2 是成片的牧场和草原，其余是农田。此外，还有大约 54 万 hm^2 的山地草场。瑞士主要的农作物包括：谷类（例如小麦和玉米）、块根农作物（例如甜菜、土豆）和油料作物（例如油菜籽）。超过 70% 的农田种植谷类，例如小麦、大麦和玉米，剩下的种植油料作物和块根农作物。瑞士农田和集中式的草场的生物质剩余物理论年产量大约为 351.6 万 t（干重）。成片的牧场的生物质剩余物理论年产量大约为 300 万 t（干重）。山地草场的生物质剩余物理论年产量大约为 201.6 万 t（干重）。

2.4 全球生物质能发展趋势

2.4.1 总体发展趋势

全球范围内，生物质能利用量占可再生能源利用总量的比重将进一步增长。根据国际能源理事会预测，到 2020 年，在全球可再生能源中生物质能的比重接近 60%，其中生物质固体成型燃料则占生物质能利用的 60%。生物柴油也将有较大幅度的增长，预计 2005—2015 年世界生物柴油市场可增长 26%，将达到 6 200 万美元。

目前，世界上的燃料乙醇生产大多以玉米等粮食作物为原料，随着国际粮价升高以及粮食安全问题的备受关注，用粮食生产燃料乙醇的生物质能发展模式因为“与民争粮”和“威胁粮食安全”而饱受争议。科学家开始将目光投向了以木薯、麻风树、油藻等原料为代表的第 1.5 代非粮燃料乙醇、第 2 代纤维素乙醇和第 3 代微藻柴油、生物煤油上，这也将是今后较长时期内，全球生物能源技术发展的趋势。

今后较长时期内，生物质发电仍将是生物质能的主要利用方式，到 2020 年，西方工业国家 15% 的电力将来自生物质发电，而目前生物质发电只占整个电力生产的 1%。届时，西方将有 1 亿个家庭使用的电力来自生物质发电，生物质发电产业还将为社会提供 40 万个就业机会，生物质发电的市场价值将从 2010 年的 450 亿美元增加到 2020 年的 530 亿美元。

2.4.2 典型国家和地区生物质能产业发展计划

美国：美国计划 2009—2035 年间，非水电可再生能源发电量将占发电量增长的 41%，其中生物质发电量占比为 49.3%。

生物液体燃料是美国生物质利用产业的发展重点，计划2012年纤维素乙醇产量至少要占到美国燃料乙醇总产量的3%，到2022年增至44%，届时交通燃料中乙醇的掺混量达到1.08亿t，是目前水平的5倍。到2035年，燃料乙醇消费量将占石油消费量的17%。同时计划到2015年，生物柴油产量占全国运输柴油消费总量的比例达到5%，使美国对进口原油的依赖在未来25年内下降至45%。

美国生物质产业发展的短期目标为培育突破性技术，2012年使用成熟技术生产的纤维素乙醇有成本竞争力，生产成本降至0.35美元/L；中期目标为，到2017年，营造有利于实现生物液体燃料可持续生产的环境，包括实现成本效益的技术、充足的基础设施和有力的政策支持；长期目标为，到2030年，生物燃料将替代2004年汽油消费量的30%，燃料乙醇消费达到1.8亿t。

欧盟：欧盟对发展生物质能产业高度重视，“欧盟能源发展战略绿皮书”提出，到2015年，生物质能将由目前占能源消费总量的2%左右提高到15%，到2020年，生物质燃料将替代20%的化石燃料。

该规划中的生物质能大部分来自沼气、农林废弃物及能源作物，大多数欧盟国家都已制定了沼气发展路线图，欧盟的沼气发电量将从2010年的278亿kW·h提高到2020年的564亿kW·h，年均增长率达到7.3%。生物液体燃料是欧盟生物能源产业发展的重点，计划到2030年，交通运输部门有25%的燃料来自生物燃料。

在欧盟国家中，德国计划到2020年沼气发电量达到234亿kW·h，沼气发电量居欧盟国家之首，其次是意大利（60亿kW·h）和英国（56亿kW·h）。2020年，欧盟沼气发电总装机容量将达到952.8万kW。同时，欧盟国家还鼓励将沼气并入天然气管网，其中德国的目标是，到2020年将60亿m^3的沼气并入天然气管网。

参考文献

[1] Fouad Al-Mansour, Jaroslaw Zuwala. An Evaluation of Biomass Co-firing in Europe [J]. Biomass & Bioenergy, 2010 (34): 620-629.

[2] Nicolae Scarlat, Jean-Francois Dallemand, Odd Jarle Skjelhaugen, et al. An Overview of the Biomass Resource Potential of Norway for Bioenergy Use [J]. Renewable and Sustainable Energy Reviews, 2011 (15): 3388- 3398.

[3] P.W. Adams, G.P. Hammonda, M.C. McManus, et al. Barriers to and Drivers for UK Bioenergy Development [J]. Renewable and Sustainable Energy Reviews, 2011 (15):

1217—1227.

[4] Calliope Panoutsou. Bioenergy in Greece: Policies, diffusion framework and stakeholder interactions [J]. Energy Policy, 2008 (36): 3674—3685.

[5] Barttomiej Iglin'ski, Anna Iglin'ska, Wojciech Kujawski, et al. Bioenergy in Poland [J]. Renewable and Sustainable Energy Reviews, 2011 (15): 2999— 3007.

[6] B. Steubing, R. Zah, P. Waeger, et al. Bioenergy in Switzerland: Assessing the Domestic Sustainable Biomass Potential [J]. Renewable and Sustainable Energy Reviews, 2010 (14): 2256—2265.

[7] 车长波，袁际华．世界生物质能源发展现状及方向[J]．天然气工业，2011, 31 (1): 1—3.

[8] 闫庆悦，秦阳，陈明华．生物质发电产业发展政策的国际经验及借鉴[J]．山东财政学院学报，2010 (3): 29—33.

[9] 张琪，常建民，司慧，等．国内外生物质能源政策对比研究[J]．现代化工，2011, 31 (增 2): 5—9.

[10] 李子富，余敏娜，范晓琳．德国沼气工程现状分析[J]．可再生能源，2010, 28 (4): 141—144.

[11] 丛高鹏，焦健，施英乔，等．欧洲木质纤维素生物质乙醇的生产、使用现状及展望[J]．国际造纸，2011, 30 (6): 49—58.

[12] 姚宗路，崔军，赵立欣，等．瑞典生物质颗粒燃料产业发展现状与经验[J]．可再生能源，2010, 28 (6): 145—150.

第 3 章　我国生物质能产业发展现状

3.1　我国生物质能产业规模

3.1.1　生物质发电

生物质发电是生物质能利用技术中最成熟和发展规模最大的技术之一，产业发展迅速。到 2010 年底，全国各类生物质发电装机容量合计约 670 万 kW，其中蔗渣发电达 170 万 kW，秸秆林木废弃物发电达 226 万 kW，城市垃圾发电达 223 万 kW，沼气和垃圾填埋气发电达 50 万 kW。

“十一五”期间，生物质发电的投资总额由 168 亿元增加到 663 亿元，年均增长率在 30% 以上；已经投产的总装机规模由 2006 年的 140 万 kW 增加到 2010 年的 670 万 kW，年均增长率在 35% 以上（见图 3-1）。

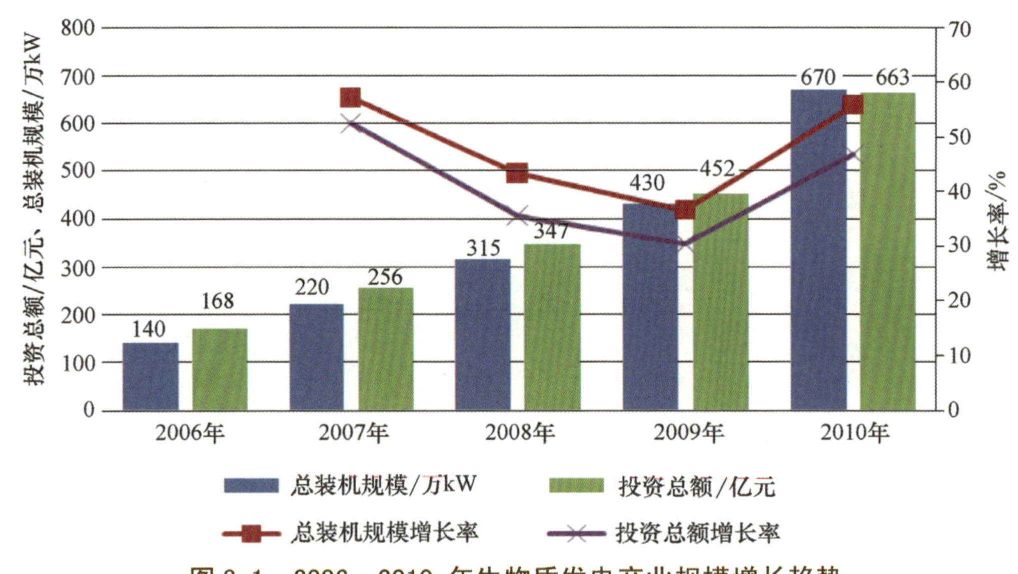

图 3-1　2006—2010 年生物质发电产业规模增长趋势

从产业整体状况分析，生物质发电及生物质燃料目前仍处在政策引导扶持期。生物质发电行业的标杆企业在技术、成本方面已经具有明显优势，投产的生物质发电项目的盈利能力已经得到初步验证。

3.1.2 沼气工程

我国大中型沼气工程最早出现在20世纪60年代。随着户用沼气池的发展，20世纪70年代出现了以禽畜粪便为原料的大中型沼气工程。近些年来，随着规模化禽畜养殖场的逐年增加以及工业企业的发展，禽畜粪便和工业污水排放量急剧增加，为厌氧发酵生产沼气提供了极为丰富的资源基础，为大中型沼气工程的发展提供了充足的原料保障。

畜禽粪污沼气工程根据不同的养殖规模、周围环境容量以及沼气、沼渣、沼液的处理及利用方式，形成了各种适宜的模式。据不完全统计，已建的沼气工程中约有80%属于“能源生态型沼气工程”（沼液作为肥料被利用），20%属于“能源环保型沼气工程”（沼液处理达到污水排放标准后排放）。

据我国农业部统计，截止到2011年底，我国农业废弃物沼气工程已达8万处，年产沼气约13.6亿m^3。其中：大型沼气工程约4 700处，年产沼气约7.3亿m^3；中型沼气工程约1.4万处，年产沼气约3.4亿m^3；小型沼气工程约6.2万处，年产沼气约3亿m^3。

目前，沼气工程建设正逐步向以高值利用为目标，充分利用粪便、秸秆等多种原料，建设特大型沼气工程，并建立可持续的商业化运行模式，实现效益拉动的方向发展。

3.1.3 生物质固体成型燃料

生物质固体成型燃料是将农林业废弃的生物质原料压缩成型而转换成的能量密度高、使用方便、高效环保的成型燃料。我国从20世纪80 年代开始生物质固体成型燃料技术的研究，目前生物质固体成型燃料产业初步呈现良好的发展势头。2008年，全国生物质固体成型燃料年产量仅为25万～30万t，产品主要用于生产机制炭以及小型锅炉的替代燃料，也有少量用于农民的炊事，生物质固体成型燃料的商业化市场尚未完全形成。2010年，我国生物质固体成型燃料生产厂大约有250家，年产量超过350万t。在我国，生物质固体成型燃料的生产原料主要有各类秸秆和林业加工剩余物等，主要用做禁煤城市（如2010年亚运会举办城市广州）的小型燃煤锅炉替代燃料。

3.1.4 生物液体燃料

目前，我国陈化粮燃料乙醇和车用乙醇汽油推广应用项目还在继续实施。2011年，四个陈化粮燃料乙醇生产项目和广西中粮木薯乙醇项目合计生产的燃料乙醇为 190 万 t 左右。燃料乙醇的生产原料仍以玉米、小麦等粮食作物为主，陈化粮消耗量约为 530 万 t，2010 年燃料乙醇补贴额接近 30 亿元。

对于非粮燃料乙醇项目，除了广西中粮木薯项目外，其他项目都处于中试或研发阶段。通常产能在 20 万 t 的燃料乙醇项目的总投资额在 10 亿元以内。从生产 1t 乙醇的成本来看，甜高粱乙醇最为经济，但由于原料供给和保障能力不足以及生产工艺的成熟度不够等因素，至今没有形成规模化生产。目前，国内的几家实力雄厚的企业正在分别启动甜高粱乙醇项目和纤维素乙醇项目，生产规模都在万吨以上。

据不完全统计，2010 年，我国生物柴油产能超过 100 万 t，但受资源供给限制，全年产量约为 40 万 t。生物柴油产业仍需要培育生物柴油能源林，进一步扩大生物柴油销售市场的步伐。

3.2 生物质能利用技术现状

3.2.1 生物质发电

进入 21 世纪，我国能源、电力供求趋紧，国内发电行业对资源丰富、可再生性强、有利于改善环境和可持续发展的生物质资源的开发与利用给予了极大的关注，生物质能发电行业应运而生。

1. 生物质直接燃烧发电

生物质直接燃烧发电的关键技术包括原料预处理、生物质锅炉防腐、提高生物质锅炉的多种原料适用性及燃烧效率、汽轮机效率等技术。生物质直接燃烧发电技术中的生物质燃烧方式包括固定床燃烧和流化床燃烧等方式。固定床燃烧对生物质原料的预处理要求较低，生物质经过简单处理甚至无需处理就可投入炉排炉内燃烧。流化床燃烧要求将大块的生物质原料预先粉碎至易于流化的粒度，其燃烧效率和强度都比固定床燃烧高。我国的生物质锅炉和小型汽轮机技术已基本成熟，但设备规模较小，参数较低，与进口设备相比效率较低。总体而言，生物质直接燃烧发电技术比较成熟，在大规模生产条件下具有较高的效率。

生物质发电是一种常规技术，与火力发电的运行方式相同，只是原料有别于化石能源，来自于经过收集、运输、加工的各类生物质。由于生物质能量密度低、体积大，在生物质发电项目的原料成本中，运输、储存和保管的费用大约占 40% ～ 50%，并且随着电站规模和收集半径的加大，生物质原料的运输和管理成本都会明显增加。国外生物质发电的发展，大多依托于大型农场、林木加工厂等，尽可能地降低中间环节的成本。其中，较大规模的燃生物质电站可以采用高参数发电设备，比较适于林业废弃物集中地区和大型农场等条件，而小型的生物质直接燃烧发电的经济性较差。我国的农业生产集约化经营程度不高，缺乏较大规模的农林加工产业，与国外集中发展的条件有较大差距。因而，我国生物质发电应当因地制宜，因资源数量和种类而定，优先考虑小型、分散式的发展模式。这种发展方式有利于减少利益链条，做到治富于民。

目前国内生物质电厂每千瓦建设成本在 1 万元左右，是常规火电厂单位千瓦造价的两倍以上。通过减少设备进口、提高国产化率、加强技术监督和管理等，仍有降低造价的潜力。以中节能（宿迁）示范项目为例，通过努力提高国产化率，完善技术和装备水平，每千瓦造价可降到 7 000 元以下。通常一座 2.5 万 kW 的生物质电厂，每年可带动农民收入增加 6 000 多万元。目前，生物质电厂装机规模为 200 万 kW 左右，每年可增加农民收入约 50 亿元，按年利用 6 000h 计算，年发电量约 120 亿 kW·h，替代燃煤消费 450 万 t 标准煤，减排二氧化碳约 900 万 t。

2. 生物质混燃发电

生物质混燃发电不是单纯地燃用生物质，而是根据供应情况在煤中掺入一定量的生物质混合燃烧发电。生物质混燃通常是在燃煤发电锅炉中进行的，首先将生物质原料粉碎，通过输送装置送到炉前，由另外设置的专用燃烧器将生物质燃料加入锅炉内，与煤混合燃烧。当生物质原料和燃煤的质量比不超过 1/4 时，高氯、高碱的生物质原料不会对锅炉产生腐蚀等影响。这种生物质发电方式具备以下优势：

（1）投资费用较少。生物质混燃发电可以充分利用燃煤电厂的原有设施和系统来实现生物质燃料的利用。

（2）混烧比例灵活。在资源丰富时可以提高生物质的比例，而在资源供应不足时可提高煤的比例，从而降低生物质燃料的供应风险。该风险包括资源风险和价格风险两个方面，前者是指在电厂经济收集区域内的生物质资源能否满足电厂的使用，后者是指生物质供求关系的平衡点是否在电厂可以接受的范围内。

（3）能够有效地保证电厂的顺利运行。燃生物质电厂正常运行的最大障碍是燃料的供应问题。对于纯烧生物质的电厂来说，其燃料持续充足供应面临诸多难题，而混烧生物质的电厂则可以烧煤，降低燃料风险，提高运行可靠性。

（4）秸秆能源利用率高。在现有燃煤锅炉中混燃秸秆，能够在低成本、低运行费用的情况下扩展燃秸秆发电厂，其效率和燃煤电厂锅炉的原有系统相当。秸秆与煤混合燃烧可以提高燃秸秆发电效率：例如亚临界 30 万 kW 燃煤发电机组进行混燃发电，发电效率约 38%，而专用秸秆直燃发电的效率约 25%。

生物质与煤混合燃烧模式基本不受生物质生产的季节性影响，有利于提高设备利用率和改善经济效益，具有较好的发展潜力。但是，目前国内由于缺乏对生物质原料混入量进行监测的手段，无法有效计量混燃发电项目的生物质使用量，从而导致使用该类技术的项目无法获得生物质能利用方面的补贴，技术很难进行大规模推广应用。

3. 生物质气化发电

生物质气化是指生物质在气化炉中气化生成可燃气体，目前国内生物质气化的主要用途是制取燃气，用于解决农民生活燃料问题，仅有少数项目利用此类燃气发电。已建成示范工程的技术有循环流化床气化和固定床气化两类，循环流化床气化燃气中焦油含量过高和灰渣处理困难的问题尚未彻底解决，固定床气化已建成了示范工程，但推广应用速度较慢。

生物质气化发电包括小型气化发电和中型气化发电两种模式。小型气化发电采用简单的气化 - 内燃机发电工艺，发电效率一般在 14%～20%，规模一般小于 300kW。中型气化发电除了采用气化 - 内燃机（或燃气轮机）发电工艺外，同时增加余热回收和发电系统。气化发电系统的总效率可达到 25%～35%。另外，大规模的气化 - 燃气轮机联合循环发电系统作为先进的生物质气化发电技术，能耗比常规系统低，总体效率高于 40%，但其关键技术仍未成熟，尚处在示范和研究阶段。

4. 垃圾焚烧发电

垃圾焚烧发电一般采用炉排式焚烧炉。为了提高炉膛温度，以有效分解剧毒物质二噁英，需要在操作时喷入一定数量的燃油或燃气。我国约有一半的垃圾焚烧炉采用此技术。在建成的垃圾焚烧发电厂中，约有 37 家采用循环流化床垃圾焚烧炉，这种炉型由于炉内温度均匀，炉膛出口温度高，可以有效地分解剧毒物质二噁英，而且比投资炉排式垃圾焚烧炉所需的费用低 20% ～ 30%。该技术主要由浙江大学和清华大学研发，是一种适合我国国情的技术，在国际垃圾焚烧处理领域内也已经得到肯定。但是，由于该技术需要在垃圾处理过程中加入一定比例的煤炭，因此与生物质混燃技术同样存在缺乏有效的计量和监督的问题。

5. 垃圾填埋气发电

要高效地收集垃圾填埋气，必须改善其收集方式，变被动排放系统为主动收集系统。根据垃圾填埋场气体勘探情况，在垃圾堆体上合理布局，垂直钻孔打井或铺设水平收集管网，通过管网抽气输送到处理和应用设备中进行相应的利用。同时，为了最大限度地达到气体收集的目的，填埋场还应采取防渗、覆盖（或封场）、排水等措施，因此也可以对垃圾填埋场的规范管理起到一定的促进作用。

目前，垃圾填埋气发电技术的主要问题包括填埋产气效率低，缺少高效、大功率沼气发电机组，另外，垃圾渗沥液的处理也是一大障碍。垃圾填埋后将有部分液体物渗出，称为渗沥液，这些渗沥液含有大量有机物以及有害物质，对环境危害极大。采取常规的污水处理工艺无法有效地处理渗沥液，现有的方法是将渗沥液稀释后并入城市污水处理系统，这种工艺成本很高，同时大大加重了城市污水处理系统的负担。目前，上海江桥垃圾发电厂、石家庄垃圾发电厂等单位正在研发不同的渗沥液无害化处理工艺，并已取得一定成果。

3.2.2 沼气工程

沼气工程的规模分特大型、大型、中型和小型四种。沼气工程规模分类指标和配套系统见表 3-1。

表 3-1 沼气工程规模分类指标和配套系统

工程规模	日产沼气量 Q /(m^3/d)	厌氧消化装置		配套系统
		单体容积 V_1/m^3	总体容积 V_2/m^3	
特大型	$Q \geqslant 5\,000$	$V_1 \geqslant 2\,500$	$V_2 \geqslant 5\,000$	发酵原料完整的预处理系统；进出料系统；增温保温、搅拌系统；沼气净化、储存、输配和利用系统；计量设备；安全保护系统；监控系统；沼渣沼液综合利用或后处理系统
大型	$5\,000 > Q \geqslant 500$	$2\,500 > V_1 \geqslant 500$	$5\,000 > V_2 \geqslant 500$	发酵原料完整的预处理系统；进出料系统；增温保温、搅拌系统；沼气净化、储存、输配和利用系统；计量设备；安全保护系统；沼渣沼液综合利用或后处理系统
中型	$500 > Q \geqslant 150$	$500 > V_1 \geqslant 300$	$1\,000 > V_2 \geqslant 300$	发酵原料的预处理系统；进出料系统；增温保温、回流、搅拌系统；沼气的净化、储存、输配和利用系统；计量设备；安全保护系统；沼渣沼液综合利用或后处理系统

（续）

工程规模	日产沼气量 Q /（m^3/d）	厌氧消化装置		配 套 系 统
		单体容积 V_1/m^3	总体容积 V_2/m^3	
小 型	$150 > Q \geqslant 5$	$300 > V_1 \geqslant 20$	$600 > V_2 \geqslant 20$	发酵原料的计量、进出料系统；增温保温，沼气净化、储存、输配和利用系统；计量设备；安全保护系统；沼渣沼液的综合利用系统

数据来源：中华人民共和国农业行业标准 NY/T667 – 2011。

经过 20 年来的发展，我国在大中型沼气工程中的工艺技术已经基本成熟，目前所采用的工艺技术已经成功地用于各类有机废水。从发酵工艺来看，有升流式厌氧污泥床（UASB）、全混合发酵罐（CSTR）、膨胀颗粒污泥床（EGSB）、内循环厌氧反应器（IC）、厌氧滤器（AF）、污泥床滤器（UBF）等。在现有的工业有机废弃物沼气工程中，UASB 和 CSTR 约占 80%。

近 10 年来，我国技术人员针对应用最多的 CSTR 和 UASB 反应器进行了大量的标准化、系列化设计及产业化开发工作，完成了全混合厌氧发酵罐罐体和罐内喷射泵搅拌、沼气搅拌的系列设计，对 UASB 罐体结构、三相分离器、布水系统等方面进行了矩形和圆形 UASB 反应器两大系列的标准化设计。同时，还引进了国外的新材料和新工艺来设计和建造，例如德国利浦（Lipp）公司的双折边咬口技术和 Farmetic 公司的拼装制罐技术。由于在现场拼装（或卷制）成型使工程施工周期缩短，比普通钢板节省材料 50% 以上，而且耐腐蚀、技术先进、性能好，目前在我国已建成数十套装置。

我国在沼气工程配套设备研发方面也已达到一定的技术水平，已有不同型号的产品生产并销售，普遍用于各类沼气工程中，具体包括以下内容：

（1）固液分离机。为了适应综合利用或发酵工艺及后处理工艺对于分离机械的需要，近年来科技人员已研制出一些符合沼气工程特点的分离机械，例如振动筛、斜板筛、旋转筛、固定床过滤筛等，再加上复合沉淀和挤压等机械，脱水率一般在 10% ～ 40%，基本能满足工艺和综合利用的要求。

（2）料液输送设备。近年来，我国针对沼气液料的多品种、理化性质不同的特点，先后成功研制出多种输送畜禽粪便的设备，其中上海自行开发的 75YE-10 泵的效率在 65% 左右，其性能甚至比国外同类产品还好。

（3）沼气的净化、储存及输送和利用设备。目前，我国已开发出一批可行的脱硫技术，脱硫效果可达到城市煤气硫化氢含量的标准。沼气的储存普遍采用钢制湿式气柜。干式气柜沼气的输送除选用罗茨风机、空气压缩机、氮氢气体压缩机外，还使用沼气专用压缩机作升压设备。输气管路的材质也已多样化，以塑代钢、以铸代钢已经在一些工程中实现。与此同时，沼气的利用设备，如燃气锅炉、大型灶具、沼气发电机组的研制也获得新的进展。

在实际建设中，根据现场条件和对发酵残留物处理利用方式和要求的不同，沼气工程可以分为两大类，即生态型和环保型。

生态型沼气工程，即沼气工程周边的农田、鱼塘、植物塘等能够完全消纳经沼气发酵后的沼渣、沼液，使沼气工程成为生态农业园区的纽带。例如畜禽粪便沼气工程，首先就要将养殖业与种植业合理配置，这样既不需要后处理的高额花费，又可促进生态农业建设，所以说生态型沼气工程是一种理想的工艺模式。由于生态型沼气工程的后处理过程比较简单，因此投资和运行成本均较低。

环保型沼气工程，即周边环境无法消纳沼气发酵后的沼渣、沼液，必须将沼渣制成商品肥料，将沼液经后处理达标后排放。该模式不能使资源得到充分利用，并且工程和运行费用较高，应尽量避免使用。但由于采用了沼气发酵工艺可回收一定量的沼气作为能源，并又通过沼气发酵去除了污水中的大部分有机物，这比单纯使用好氧曝气的方法来处理污水具有产能和节能的优越性。

3.2.3 生物质固体成型燃料

生物质固体成型燃料具有原料适应范围广、规模适应性强、易于运输和储存等特点。生物质固体成型燃料生产技术可明显提高产品的能量密度和燃烧效率，易于实现产业化和规模使用，适应我国农业生产方式和资源特点，是当前继发电之后具备产业化条件的生物质能技术。目前，生物质固体成型燃料在我国已有了一定的市场化应用，生物质固体成型设备和工程建设已经不存在不可逾越的技术障碍，但在项目建设的规范化方面尚需认真对待。近年来，生物质固体成型燃料生产企业增长较快，但缺乏具有示范意义的工程。今后应尽快提高技术装备水平，发展集约化农林生物质固体成型燃料的生产模式，降低生产成本，开拓应用市场，使生物质固体成型燃料在适宜地区有一定规模的发展。

生物质固体成型燃料按形状可分为颗粒状、块状和棒状三大类。根据成型主要工艺特征的差别，国内生产生物质固体成型燃料的工艺大致可划分为湿压（冷压）成型、热压成型、碳化成型三种。按成型加压的方法不同来区分，技术较为成熟、应用较多的生物质固体成型燃料加工机分为辊模挤压式（包括环模式和平模式）、活塞冲压式（包括机械式和液压式）、螺旋挤压式三种机型，其中辊模挤压式成型机采用的是湿压（冷压）成型工艺，活塞冲压式成型机、螺旋挤压式成型机都采用的是热压成型工艺。目前国内部分成型燃料企业的技术类型和产能情况见表 3-2。

表 3-2 生物质固体成型燃料产业链统计信息

产业链		主要企业	产能/台（套）	销售量/台（套）	销售值/万元	就业人数/人	
						总计	技术人员
装备制造	螺旋挤压式成型设备	总计	65	45	1 000	650	130
		河南机械制造公司	30	20	400	300	60
		辽宁省某研究所	20	10	300	200	40
		黑龙江地区	10	10	200	100	20
		南京某所	5	5	100	50	10
	活塞液压式成型设备	总计	30	17	510	350	70
		苏州有限公司	20	10	300	250	50
		洛阳某能源设备有限公司	10	7	210	100	20
	环模挤压式成型设备	总计	95	43	6 600	1 250	250
		江苏溧阳制粒机制造公司	30	15	2250	–	–
		辽宁制粒机厂	30	10	1 500	400	80
		上海机械有限公司	20	10	1 500	400	80
		山东机械制造有限公司	10	5	750	300	60
		黑龙江省再生能源有限公司	5	3	600	150	30
	平模挤压式成型设备	总计	35	30	900	1 000	200
		河北农业科技开发有限公司	15	10	300	400	80
		吉林省技术研究所	10	10	300	300	60
		河南能源开发公司	10	10	300	300	60

（续）

产业链		主要企业	产能/台（套）	销售量/台（套）	销售值/万元	就业人数/人	
						总计	技术人员
装备制造	机械冲压式成型设备	总计	20	5	150	500	100
		北京生物质能科技有限公司	10	3	90	250	50
		合肥能源开发有限公司	10	2	60	250	50
燃料生产	生物质颗粒状	总计	28	20	13 000	1 600	275
		广州新能源公司	10	5	3 500	400	75
		北京科技有限公司	5	5	3 500	350	60
		黑龙江生物能源公司	5	5	3 000	350	60
		青岛新能源科技有限公司	5	3	1 800	300	50
		辽宁生物质能源开发有限公司	3	2	1 200	200	30
	生物质棒状	总计	8	3.2	17 000	1 000	200
		青岛市机制木炭厂	3	1	8 500	500	100
		大连机制木炭厂	2	1	-	-	-
		福建省南安市炭业有限公司	2	0.7	8 500	500	100
		郑州市机制木炭厂	1	0.5	-	-	-
	生物质块状	总计	10	6	3 600	340	55
		青岛生物质能源科技有限公司	3	2	1 200	120	20
		山东能源有限公司	3	2	1 200	100	15
		江苏新能源有限公司	3	1	600	60	10
		河北生物质秸秆综合开发科技有限公司	1	1	600	60	10

以产能为5 000t/年的生物质固体成型燃料项目为例，对不同技术类型的投资状况进行比较可看出，成型燃料项目总投资主要由土建工程、设备、辅助设备、实验设施、配套设施等部分的费用组成。其中设备部分包括单机设备、粉碎设备、输送设备、除尘设备等。

结合表 3-3 可以看出，环模颗粒成型技术的单机产能较大，适合产业化推广，也是目前国际上的主流技术，但初始投资大，并且对原料水分及粒度要求苛刻。平模压块成型技术投资小、结构简单，缺点是能耗高、产量低。液压棒状成型技术最大的优势是原料适用性广，但设备稳定性差，电加热存在隐患。

表 3-3　5 000t/ 年成型燃料项目的投资比较

技术类型	总投资 / 万元	运行费用 /（元 /t）
环模颗粒成型	330	240
液压棒状成型	250	225
平模压块成型	199	241

3.2.4　生物液体燃料

目前，获得生物液体燃料的途径主要有生物化学转化途径和热化学转化途径。常见的生物液体燃料转化技术包括燃料乙醇技术、生物质酯化合成技术、生物质气化气合成技术和生物质裂解技术等。不同的转化途径在技术路线、生产成本以及获得的相应产品诸方面均有差异。生物液体燃料的主要转化途径见图 3-2。

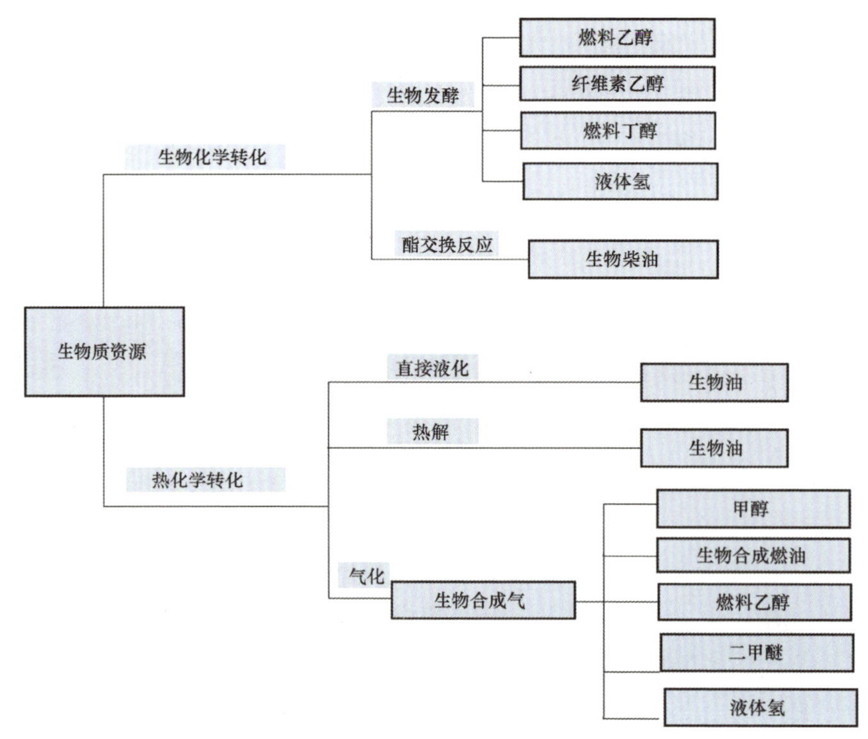

图 3-2　生物液体燃料的主要转化途径

1. 燃料乙醇技术

燃料乙醇都是通过发酵法生产的，即将糖类通过微生物的作用分解成乙醇和二氧化碳，也可先将纤维素类物质水解成糖后再发酵产生乙醇。燃料乙醇生产技术按用于发酵的原料成分分为三种：糖基原料生产燃料乙醇技术、淀粉基原料生产燃料乙醇技术和纤维质原料生产燃料乙醇技术，后两种要先通过水解得到可发酵糖。这三种燃料乙醇生产工艺的技术特性对比见表 3-4。

表 3-4　不同原料的燃料乙醇生产工艺技术特性对比

步骤	原料种类		
	淀粉类	糖类	纤维素类
预处理	粉碎、蒸煮、糊化	压榨、调节	粉碎、物理或化学处理
水解	酸或酶糖化，易水解，产物单一，无发酵抑制物	无水解过程，无发酵抑制物	水解较难，产物复杂，有发酵抑制物
发酵	淀粉酶、酵母发酵六碳糖	耐乙醇酵母发酵六碳糖	专用酵母发酵六碳糖和五碳糖
提取	蒸馏、精馏、纯化	蒸馏、精馏、纯化	蒸馏、精馏、纯化
副产品	饲料、沼气、二氧化碳	肥料、沼气、二氧化碳	木质素（燃料）、二氧化碳

由于生物液体燃料资源的复杂性和生产技术的多样性，我国燃料乙醇技术的发展现状如下：

木薯乙醇技术最为成熟，已进入示范阶段。木薯种植产业和木薯制取乙醇技术最为成熟，木薯乙醇已成为非粮燃料乙醇试点的首选方向。2007 年，中粮生物质能源有限公司在广西建成了年产 20 万 t 的木薯燃料乙醇项目。目前，广东、海南等省份也在筹备木薯燃料乙醇项目。

我国的甘薯种植区域广泛，甘薯乙醇技术基本成熟。2006 年，国家发展和改革委员会组织的重点省份生物燃料乙醇专项规划评估结果显示，湖北、河北、江苏、江西、重庆五省（直辖市）在甘薯种植方面具有较长的历史、一定规模和边际性土地资源，具备发展甘薯燃料乙醇产业的基础。目前，这些省份正开展甘薯燃料乙醇项目前期工作。

甜高粱乙醇处于技术研发和小规模示范阶段。北京泰天地能源技术开发有限公司和黑龙江桦川四益乙醇有限公司承担了“十五”国家高技术研究发展计划（863 计划）“甜高粱茎秆制取乙醇”示范项目，即 2003 年开始甜高粱种植和小规模乙醇试生产，2005年生产规模达到年产甜高粱茎秆乙醇5 000t的生产能力和年产2万t制浆造纸的规模。另外，一批中小民营企业近年来积极参与“十五”国家高技术研究发展计划（863计划）“甜高粱茎秆制取乙醇”推广项目，种植数万亩甜高粱，建设了年产数千吨乙醇的生产装置。中国海洋石油公司、吉林燃料乙醇公司等大中型企业也积极开展甜高粱种植和制取乙醇试验示范项目。BP和Shell等国际石油公司也在我国组织开展甜高粱种植和制取燃料乙醇项目的调研与试验工作。

纤维素乙醇目前仍处于技术研发阶段。目前，国内外均致力于纤维素乙醇的研发工作，欧美已经或计划建一批研究示范、准工业化示范和商业化示范生产工厂。华东理工大学承担的国家863重点课题 “纤维素废弃物制取乙醇技术”，通过生化法和热转化法的有机结合，制取燃料乙醇的试验规模已达到600t/年。河南天冠集团、中国科学院过程所分别在河南、山东建成年产3 000t乙醇的示范生产厂，目前正在进行试验。安徽丰原集团与国内有关大专院校共同研究，在原料预处理、纤维素酶的培育等方面取得初步成果，建成了年产1 000t秸秆乙醇的中试装置。2006年，中粮集团与Novozymes合作建设的纤维素乙醇示范装置，以玉米秸秆为原料，在原料预处理、纤维素转化以及酶制剂生产成本等方面均取得了实质性进展，当年11月一次投料试车成功，实现每生产1t乙醇消耗7t玉米秸秆，纤维素酶解转化率达到92%，成熟醪酒分为5%，纤维素出酒率为37.7%，生产1t乙醇蒸汽消耗量为7t，总能耗折合1 010kg标准煤，实验结果显示各项技术指标均达到预期的先进水平。除此之外，还有不少的机构和单位（如南京工业大学、清华大学等）目前都在积极地开展这方面研究，也取得了一定的结果。但是，从总体来说，该项技术尚不成熟，还有不少关键性的技术问题尚待研究解决。

目前，我国以玉米等陈化粮为主要原料生产燃料乙醇的局面还将继续，但根据国家政策要求和保障粮食安全的需要，该类原料的燃料乙醇生产规模将不再扩大。而非粮原料燃料乙醇示范试点将作为近期开发的重点。发展非粮食乙醇的首要条件是解决原料的生产及供应问题，由于目前木薯、甜高粱无论在原料的合理布局还是在种植品种以及单产上都存在一定的问题，即都存在原料供给的季节性、原料运输半径太大等问题，所以在大规模产业化推广前，成熟产业化发展模式有待进一步确认。纤维素乙醇是目前最有希望实现商业化生产的生物液体燃料。利用木质纤维素制取燃料乙醇不存在与民争粮的问题，也有一定的资源基础，是未来大规模发展的方向。表3-5为各类燃料乙醇的生产成本比较。

表 3-5　各类燃料乙醇的生产成本比较

原料种类	原料产量/（t/hm²）	转换率/[t（乙醇）/t（原料）]	土地生产率/[t（乙醇）/ hm²]	生产成本/[元/t(乙醇)]
木薯（鲜薯）	28	0.14	4	5 100
甘薯（鲜薯）	25	0.1	2.5	4 600
甜高粱（茎秆）	72	0.06	4.5	4 400
纤维素（酶水解）	-	-	-	7 900

2. 生物柴油技术

生物质酯化技术是利用动植物油脂与甲醇或乙醇等低碳醇反应生成生物柴油的技术，其产生的生物柴油的主要成分为脂肪酸甲酯（FAME）。生物柴油的生产原料可以是各种废弃的油脂，如地沟油、工业废油等，也可以是含油量高的油料植物，如油茶籽、大豆、麻风树、黄连木等。目前已实现产业化的生物柴油生产工艺主要是化学催化转酯法。但化学法制备生物柴油存在一些不可避免的缺点，例如因反应过程中使用过量的甲醇而使后续处理过程较烦琐，油脂原料中的水和游离脂肪酸会严重影响生物柴油产率及品质，废碱（酸）液排放容易对环境造成二次污染等。

利用生物酶法合成生物柴油由于具有反应条件温和、醇用量小、无污染物排放等优点，日益受到人们的重视。在采用生物酶法制造生物柴油时，混在反应物中的游离脂肪酸和水对酶催化剂无影响，反应液静置后，脂肪酸甲酯即可分离。但目前，利用生物酶法制备生物柴油存在着一些亟待解决的问题，例如反应物甲醇容易导致酶失活、副产物甘油影响酶反应活性及稳定性、酶的使用寿命过短等。这些问题成为生物酶法工业化生产生物柴油的主要瓶颈。为了克服上述技术瓶颈，国内一些科研机构不断研发生物酶法生物柴油新工艺，为生物柴油的工业化生产提供了理想的途径。根据目前的实验结果显示，在中试装置上采用新工艺生产的生物柴油的产率达到 90% 以上。产品技术指标能够满足我国 0 号优等柴油标准。目前，中试产品的发动机台架对比试验表明，与市售石化柴油相比，采用含 20% 生物柴油的混配柴油作燃料，发动机排放尾气中一氧化碳、碳氢化合物等主要有毒成分的浓度显著下降，发动机动力特性等基本不变。

3. 生物质气化气合成技术

生物质气化后的燃气还可以通过化学合成的方式生产出新的气体原料，此技术即为气化气的合成技术。随着气化工艺的不同，生成的气体也不同，这些气体包括甲烷、一氧化碳、二氧化碳、氮气和氢气。生物质气化后可利用多种方法将生成的气体转化为如下一些液体燃料：甲醚、合成柴油和汽油（利用费托合成工艺使碳链增长）、二甲醚、气体燃料（如甲烷和氢气）。目前该技术仍以实验室小试为主，由于生产工艺复杂和生产过程能耗较高等因素的制约，生产成本仍是限制其实现商业化生产的关键。

4. 生物质裂解技术

生物质裂解技术是指在中温（500℃左右）、高加热速率（可达 1 000℃ /s）和极短的气体停留时间的条件下生物质发生反应，生成的气体经快速冷却后得到液体生物油的技术。生物质裂解工艺的设备种类较多，目前常用的设备类型主要有流化床反应器、旋转锥壳反应器、涡旋反应器、携带床反应器、多层真空热解器等。对于不同的热裂解设备，其采取的工艺路线也有一定的不同，但目前应用较多的主要是以流化床为主的生物质热裂。一般来说，这类工艺主要包括原料处理、生物质气化、气液分离、燃气回用、水循环和自动控制等子系统。

通过热裂解工艺，可生成可燃气体、木炭和生物质油三类产品。通过控制不同的反应参数，例如温度、原料、压力、滞留时间等，即可改变上述产物的成分和比例。科学试验表明，生物质油、木炭、可燃气体三种产物的比例取决于热裂解工艺，特别是对温度和反应速度的控制。一般来讲，低温慢速热裂解（低于500℃）产物以木炭为主，高温闪速热裂解（700 ～ 1 100℃）产物以可燃气体为主，中温快速热裂解产物以生物质油为主。如果反应条件合适，可获得原生物质80%～ 85%的能量，生物质油产率可达 70%以上。生物质裂解油的化学组分相当复杂，不易分离提纯，难以达到燃料油的标准，所以目前生物质热裂解液化技术尚处于实验研究阶段，少数进入了中试阶段。生物质热裂解油通过进一步分离不仅可作为锅炉和其他加热设备的燃料，再经处理和提炼后还可作为内燃机燃料。

3.3 生物质能现行政策

2005 年，《中华人民共和国可再生能源法》（以下简称《可再生能源法》）的颁布和实施为我国可再生能源的发展提供了法律保证和发展根基，把我国可再生能源发展纳入法制化轨道，有力地推进了可再生能源的开发利用及产业发展，对调整能源结构、保护生态环境、保证能源安全、促进经济和社会可持续发展起到了十分重要的作用。生物质能产业同样在《可再生能源法》的保障下得到蓬勃发展。随着《可再生能源法》的实施，与之配套的一系列法律、法规、政策等陆续出台，例如《可再生能源发电有关管理规定》（发改能源 [2006]13 号）、《可再生能源发电价格和费用分摊管理试行办法》（发改价格 [2006]7 号）、《可再生能源电价附加收入调配暂行办法》（发改价格 [2007]44 号）、《关于 2006 年度可再生能源电价补贴和配额交易方案的通知》（发改价格 [2007]2446 号）、《关于 2007 年 1-9 月可再生能源电价附加补贴和配额交易方案的通知》（发改价格 [2008]640 号）等的发布。与此同时，国务院有关部门也相继发布了涉及生物质能的中长期发展规划，生物质能的政策框架和目标体系基本形成。这些政策的出台为生物质能产业在我国的推广和利用提供了有力的保障。

3.3.1 关于《可再生能源法》

《可再生能源法》明确了可再生能源在我国经济和社会可持续发展中的重要地位，从资源勘查、规划、科研、产业发展、投资、价格和税收等方面，明确了政府、企业和用户在可再生能源开发利用中的责任、权利和义务。该法明确规定国务院能源主管部门要制订可再生能源发展目标，国务院价格主管部门要制定有利于促进可再生能源开发利用的电价政策，国家财政要设立可再生能源发展专项资金，通过财政贴息、投资补助、税收优惠等经济政策，支持和鼓励可再生能源的开发利用。同时，该法明确了电网经营企业、石油企业承担收购可再生能源电力或燃料的义务，规定发展可再生能源是全社会的义务，可再生能源的产品与常规能源产品的差价由全社会的用户分摊。

《中华人民共和国可再生能源法（修正案）》于 2009 年 12 月表决通过，并于 2010 年 4 月 1 日正式生效。2005 年制定的法案，时隔四年重新修订，表明在新的社会经济发展形势下，可再生能源愈加凸显其发展的重要性和紧迫性，需以新法修订加以保障。此修正案立足于促进我国可再生能源产业发展，确定了国家实行可再生能源发电全额保障性收购制度、国家设立可再生能源发展基金等。

此修订案旨在振兴可再生能源发展，为我国政府的减排承诺以及有关政策提供注解，同时兼顾统筹发展的现实需要。在可供开发利用的主要非石化能源品种中，除了核电外，其他基本都属于可再生能源的范畴，其发展的重要性自然不可低估。因此，在此修正案中新增了一条规划方面的要求，即“国务院有关部门应当制定有利于促进全国可再生能源开发利用中长期总量目标实现的相关规划”。

结合此前已经公布的国家中长期可再生能源发展规划，政府振兴可再生能源的发展目标将进一步得到法律上的保障。此外，此修订案还提出“编制可再生能源开发利用规划，应当遵循因地制宜、统筹兼顾、合理布局、有序发展的原则”，以提高可再生能源发展规划的科学性。

此修正案还致力于解决阻碍低碳发展的各种不利因素，为可再生能源的开发利用清除制度和技术等方面的障碍，打造公平的竞争环境。从目前的情况来看，除了成本因素外，可再生能源还面临体制性因素的挑战。受限于传统利益格局，可再生能源的发展对相关部门造成了一定冲击和影响，短期内的抵制不可避免。由于体制上的阻碍可以扩大到技术上的障碍，包括低成本风能在内的可再生能源在竞争格局中处于劣势地位，不利于低碳发展的大局。因此，此修正案明确规定：电网企业应当与相应的可再生能源发电企业签订并网协议，全额收购上网电量；电网企业还应积极采取措施，为可再生能源发电提供上网服务。这些规定在一定程度上避免了可再生能源与传统能源不公平竞争的局面出现，为可再生能源的发展营造了公平的竞争环境。

3.3.2 生物质发电的相关政策

1.《可再生能源法》中的相关规定

第二条明确指出“本法所称可再生能源，是指风能、太阳能、水能、生物质能、地热能、海洋能等非化石能源。”在《可再生能源法》的附则中对“生物质能”作了明确界定，“生物质能，是指利用自然界的植物、粪便以及城乡有机废物转化成的能源。”其中，“植物”的范围包括农业废弃物（农作物秸秆、农作物果实外壳）和林业废弃（林木废弃物、木材加工废弃物），“粪便”主要是指畜禽养殖场用于沼气发电的粪便，“城乡有机废弃物”包括用于发电的城市生活垃圾、工业生产有机垃圾、城市生活污水、工业有机废水。此外，生物质能还包括专门种植的、用做能源的植物，称之为能源作物。

第十一条明确规定“国务院标准化行政主管部门应当制定、公布国家可再生能源电力的并网技术标准和其他需要在全国范围内统一技术要求的有关可再生能源技术和产品的国家标准。”行业标准的制定是保证技术形成产业的必要条件。我国生物质发电技术应用刚刚起步，尚未形成产业，所以也没有相关的标准。随着《可再生能源法》的贯彻执行和生物质发电产业的逐步形成，相关标准的制定工作正在进行。

第十三条提出“国家鼓励和支持可再生能源并网发电。”今后，生物质并网发电将是产业发展的趋势，因此，并网的规定会极大推动生物质产业发展。

第十四条规定“电网企业应当与依法取得行政许可或者报送备案的可再生能源发电企业签订并网协议，全额收购其电网覆盖范围内可再生能源并网发电项目的上网电量，并为可再生能源发电提供上网服务。”生物质发电规模较小，可以由地方和民营企业投资建设，因此电力上网可能会遇到困难。而电网企业必须全额收购其电网覆盖范围内可再生能源并网发电项目的上网电量，并为可再生能源发电提供上网服务，这就为生物质发电项目的电力销售提供了法律保障。

第十五条规定“国家扶持在电网未覆盖的地区建设可再生能源独立电力系统，为当地生产和生活提供电力服务。”这一条明确了对电网未覆盖地区的独立生物质发电系统的支持。

第十九条规定“可再生能源发电项目的上网电价，由国务院价格主管部门根据不同类型可再生能源发电的特点和不同地区的情况，按照有利于促进可再生能源开发利用和经济合理的原则确定，并根据可再生能源开发利用技术的发展适时调整。上网电价应当公布。”这说明了不同类型的可再生能源发电将采用不同的定价原则，例如生物质发电定价原则、太阳能发电定价原则、风力发电定价原则等。

第二十条规定“电网企业依照本法第十九条规定确定的上网电价收购可再生能源电量所发生的费用，高于按照常规能源发电平均上网电价计算所发生费用之间的差额，附加在销售电价中分摊。具体办法由国务院价格主管部门制定。”可再生能源由于发电成本较高，而且除了发电外，还有保护环境等额外的社会效益，所以，电价应该高于常规能源发电，但是电网也是企业运作，如果企业承担了高于常规能源发电平均上网电价的部分，则意味着可再生能源发电获得的社会效益的成本由电网企业承担，这是不合理的。本条规定这部分费用分摊到电价中，因为额外的环境效益使全社会的电力用户受益，所以成本由全社会的电力用户来承担。

第二十一条规定“电网企业为收购可再生能源电量而支付的合理的接网费用以及其他合理的相关费用，可以计入电网企业输电成本，并从销售电价中回收。”

第二十二条规定“国家投资或者补贴建设的公共可再生能源独立电力系统的销售电价，执行同一地区分类销售电价，其合理的运行和管理费用超出销售电价的部分，依照本法第二十条规定的办法分摊。”

第二十九条规定“违反本法第十四条规定，电网企业未全额收购可再生能源电量，造成可再生能源发电企业经济损失的，应当承担赔偿责任，并由国家电力监管机构责令限期改正；拒不改正的，处以可再生能源发电企业经济损失额一倍以下的罚款。”相对于电网企业来说，可再生能源发电企业属于“弱势群体”，这条法律条款为可再生能源发电企业的利益提供了法律保障，充分体现了国家对可再生能源发电的支持。

修正案对可再生能源法第八条、第九条、第十四条、第二十条、第二十四条作了修改，并对涉及的法律责任条款第二十九条作了相应修改。其中与生物质能相关的第十四条、第二十条、第二十四条的修改内容如下：

(1) 关于第十四条可再生能源发电全额保障性收购制度

对可再生能源发电实施全额保障性收购制度，是强化有关电网企业收购可再生能源的责任和义务，培育可再生能源市场和产业的重要手段。现行可再生能源法虽然规定了全额收购制度，但主要是通过在电网覆盖范围内发电企业与电网企业履行并网协议来解决，实施中由于双方企业利益关系和责任关系不明确，缺乏对电网企业的有效行政调控手段和对电网企业的保障性收购指标要求，难以落实有关全额收购的规定。为此，建立全额保障性收购制度，也是一些国家在可再生能源起步和成长阶段实施的重要政策。在第十四条增加国家实行可再生能源发电全额保障性收购制度的规定，并明确提出国务院能源主管部门会同国家电力监管机构和国务院财政部门，依照全国可再生能源开发利用规划，制定全国可再生能源发电量的年度收购指标和实施计划，确定并公布对电网企业应达到的全额保障性收购可再生能源发电量的最低限额指标。国家电力监管机构负责监管最低限额指标的实施。同时，将原第十四条内容修改调整为第三款，明确规定电网企业应当依据前款规定的最低限额指标，与依法取得行政许可或者报送备案的可再生能源发电企业签订并网协议，收购不低于最低限额指标的可再生能源并网发电项目的上网电量。发电企业有义务配合电网企业保障电网安全。

强化电网企业规划和建设配套电网设施的责任，是落实可再生能源开发利用规划的前提条件，也是落实有关全额保障性收购要求的重要前提。现行可再生能源法对电网企业规划和建设配套电网设施没有做出规范，电网规划和建设滞后于可再生能源发电的情况比较突出，一些地区可再生能源发电项目难以及时并网发电，已经严重制约了可再生能源开发利用的持续健康发展。为此，在第十四条增加一款，规定电网企业应当加强电网规划和建设，扩大可再生能源电力配置范围，发展和应用智能电网等先进技术，完善电网运行管理，提高吸纳可再生能源电力的能力，为可再生能源发电提供上网服务。同时，根据第十四条的修改内容，相应修改了第二十九条法律责任条款。

(2) 关于第二十条可再生能源电价附加和第二十四条设立可再生能源发展基金的有关规定

建立可再生能源发展基金，是政府重要的经济调控手段，也是国际上很多国家推进可再生能源持续快速发展所采用的有效办法。目前我国已建立了可再生能源电价附加资金制度，征收标准为每千瓦时 2 厘钱，2009 年全年预计征收 45 亿元左右。依照现行《可再生能源法》第二十条规定和有关部门规章，当前可再生能源电价附加通过电网企业网间结算方式调配；一是可再生能源附加计为电网企业收入，所缴纳增值税和所得税等要占全部附加资金的 1/3；二是资金调配周期长，补贴资金不能及时到位，电力企业资金压力较大。从长远来看，附加资金规模会不断扩大。全国人大代表和各地人大以及国务院有关部门明确建议改为基金方式征收和调配。具体意见是把现行《可再生能源法》规定征收的电价附加和国家财政专项资金合并为政府基金性质的国家可再生能源发展基金。考虑到基金征收、使用和管理涉及国务院财政、价格、能源等多个部门的职责，有关部门共同协作修改和制定相关的配套规定，把基金切实管好用好，有效发挥其扶持我国可再生能源产业的积极作用。

第二十条修改为：电网企业依照本法第十九条规定确定的上网电价收购可再生能源电量所发生的费用，高于按照常规能源发电平均上网电价计算所发生费用之间的差额，由在全国范围对销售电量征收可再生能源电价附加补偿。可再生能源电价附加列入可再生能源发展基金管理。同时，第二十四条规定，国家设立政府基金性质的可再生能源发展基金。此发展基金来源包括国家财政年度安排专项资金和征收的可再生能源电价附加等。鉴于我国部分地区难以通过当地电网的销售电价消纳可再生能源发电接网费用，在基金使用范围中增加两项：一项是依照本法第二十条、第二十二条规定的差额费用；另一项是依照本法第二十一条规定的接网费用以及其他相关费用，电网企业不能通过销售电价回收的，可以申请可再生能源发展基金补助。规定可再生能源发展基金的管理办法由国务院财政部门会同国务院能源、价格等有关主管部门制定。

2. 《可再生能源发电价格和费用分摊管理试行办法》（以下简称《办法》）中的相关规定

（1）本试行办法明确了生物质发电的上网电价。《办法》规定，“电价标准由各省（自治区、直辖市）2005 年脱硫燃煤机组标杆上网电价加补贴电价组成。

补贴电价标准为每千瓦时 0.25 元。发电项目自投产之日起，15 年内享受补贴电价；运行满 15 年后，取消补贴电价。自 2010 年起，每年新批准和核准建设的发电项目的补贴电价比上一年新批准和核准建设项目的补贴电价递减 2%”。“发电消耗热量中常规能源超过 20% 的混燃发电项目，视同常规能源发电项目，执行当地燃煤电厂的标杆电价，不享受补贴电价。”在一些垃圾发电项目中，由于垃圾的水分太大，热值较低，所以需要掺烧部分煤炭或燃油，以上规定明确了掺烧化石燃料的上限。

2010 年 7 月和 8 月，国家发展和改革委员会及国家能源局先后出台的《关于完善农林生物质发电价格政策的通知》和《关于生物质发电项目建设管理的通知》，进一步完善了生物质能发电项目的上网电价。规定未采用招标确定投资人的新建农林生物质发电项目，统一执行标杆上网电价标准，即每千瓦时 0.75 元，并且开始实施全国统一的标杆上网电价，保证生物质发电项目的收益。

（2）《办法》明确了生物质发电上网电价补贴的来源。《办法》规定了对高于当地带脱硫燃煤电厂标杆电价的费用“通过向电力用户征收电价附加的方式解决”。这部分费用称为“可再生能源电价附加”，同时规定了免收“可再生能源电价附加”具体范围。

3.《可再生能源发电有关管理规定》中的相关规定

《可再生能源发电有关管理规定》也是《可再生能源法》的实施细则之一。该规定主要是为了加强对可再生能源发电企业和电网企业的管理，明确“省级人民政府能源主管部门负责本辖区内属地方权限范围内的可再生能源发电项目的管理工作”。同时强调“可再生能源发电规划应纳入同级电力规划”。“项目建设要符合省级以上发展规划和建设布局的总体要求，做到合理有序开发。”规定中明确了包括生物质发电在内的可再生能源发电项目“应当严格执行国家基本建设项目管理的有关规定，落实环境保护、生态建设、水土保持等措施，加强施工管理，确保工程质量”。因此，企业在开工建设电厂前必须完成必要的前期工作。对可再生能源发电的电网接入系统，文件规定“可再生能源并网发电项目的接入系统由电网企业建设和管理”。并明确了“生物质发电等大中型可再生能源发电项目，其接入系统由电网企业投资，产权分界点为电站（场）升压站外第一杆（架）”。

总之，本次出台的《可再生能源法》及配套政策，在制度层面上基本解决了生物质发电面临的关键问题，例如取消了民营资本进入发电行业的门槛，取消了燃生物质电厂上网电量限制，同时，燃生物质电厂可以获得优惠电价，并且高出常规发电成本部分可以获得补贴，补贴资金采取全网分摊的方式解决。

3.3.3 农村能源的相关政策

1.《可再生能源法》中的相关规定

第二条规定“本法所称可再生能源是指风能、太阳能、水能、生物质能等非化石能源”，但同时指出“通过低效率炉灶直接燃烧方式利用秸秆、薪柴、粪便等不适用本法”。这说明国家明确开发可再生能源必须以清洁高效的现代化科学技术为手段，为农村可再生能源产业发展指明了方向。

第十八条规定“国家鼓励和支持农村地区的可再生能源开发利用”，并规定“县级以上地方人民政府管理能源工作的部门会同有关部门，根据当地经济社会发展、生态保护和卫生综合治理需要等实际情况，制定农村地区可再生能源发展规划，因地制宜地推广有关应用沼气等生物质资源转化、户用太阳能、小型风能、小型水能等技术”。要求“县级以上人民政府应当对农村地区的可再生能源利用项目提供财政支持”。本法颁布后，县级政府把农村能源建设纳入了政府议事日程，建立并强化相应的办事机构，一些地区在新农村建设中，把可再生能源的开发利用列入了当地国民经济发展规划和财政预算，还出台了一些补贴政策支持农村地区的可再生能源的开发。

在本法的总则和主要章节中，不仅明确规定了政府在促进可再生能源开发利用中应有的职责和权力，同时也明确了个人和单位使用可再生能源的义务，两者有机的结合，是可再生能源发展的基本保障。其次，本法强调了政府引导和市场推动相结合的原则。在现阶段，政府是可再生能源开发利用的重要推动力量，但其主要作用体现在制定规划、明确目标、制定政策、营造有利的市场环境、提供必要的扶持资金、开展试点和示范、推动可再生能源技术开发的规模化和商业化，而可再生能源的产业发展和大规模开发和利用还必须依靠市场的力量才可能实现。本法确定的国家责任和全民义务相结合的原则，也是农村可再生能源开发利用应遵循的原则。

可再生能源法提出的一系列对策措施，例如电力强制上网政策、分类电价制度、费用分摊制度和专项资金制度以及优惠贷款、税收等政策，为扩大农村可再生能源开发利用的市场和解决资金障碍提供了有力的保障，初步确立了农村能源建设资金的政策保障体系。

2. 各有关部门进一步增强对农村可再生能源开发利用的支持

国家发展和改革委员会提出了加强农村能源建设、开展绿色能源县项目建设；农业部提出了发展能源农业的目标，并全面开展了以沼气为中心的生态富民计划；科技部在“十一五”科技发展计划中加大了农村生物质能开发利用资金的投入，并组建了本项研究工作的农村与社会发展司；财政部制定并建立了可再生能源专项资金和有关财税政策的管理工作等。除此之外，一些地方政府已意识到开发利用可再生能源对于促进本地区社会经济发展的作用，开始重视此项工作，建立了必要的工作机构，结合当地经济发展的实际，开展了沼气发电、秸秆气化和生物液体燃料等方面的工作。

3.3.4 沼气应用相关政策

沼气作为新兴清洁能源，国家出台了一系列相关的卓有成效的扶持政策。农业部、国家发展和改革委员会制定了《全国农村沼气服务体系建设方案》，在国债项目中重点安排了村镇两级沼气技术服务网点建设。在“十一五”期间，乡村沼气技术服务的覆盖率达到70%以上，形成运转高效的农村沼气服务体系。2008年，国家追加沼气建设投资30亿元。2008年11月20日国家发展和改革委员会办公厅、农业部办公厅发布了《关于抓紧申报2009年农村沼气建设项目的通知》。从2009年起，提高了农村户用沼气建设中央补助标准。对东北、西部地区每户补助1 500元，对中部地区每户补助1 200元，对东部地区每户补助1 000元。

随着农村养殖方式的变化，以及规模化养殖场的规模和数量的扩大，从2009年起，国家加大了对大中型沼气工程的政策支持力度，并根据发酵装置的容积大小和上限控制相结合的原则确定中央补助数额。大中型沼气工程中央补助数额原则上按发酵装置容积大小等综合确定，西部、中部、东部地区地方政府投资分别不得低于项目总投资的45%、35%、25%，总量分别不超过200万元、150万元、100万元。对于具有新技术、新工艺的特殊项目，中央补助可适当提高。同时，地方政府也同步加大了对大中型沼气工程建设的支持力度，原则上对于申请中央补助的项目，西部、中部、东部地区地方政府投资分别不得低于项目总投资的5%、15%和25%。

2009年5月6日，国家发展和改革委员会与农业部联合印发《关于下达农村沼气项目2009年第二批新增中央预算内投资计划的通知 》（发改投资[2009]1185号），决定提高沼气服务网点的补助标准。该文件指出，从2009年新增中央预算内投资中安排6.9亿元用于农村沼气服务网点建设。村级沼气服务网点：对东、中、西部地区，中央补助标准分别为2.5万元、3.5万元、4.5万元，地方配套补助标准分别不低于2.5万元、1.5万元、0.5万元，其余由服务网点投入。县级服务站：对东、中、西部地区，中央补助标准分别为10万元、15万元和20万元，原则上省级补助分别不低于20万元、15万元和10万元，其余由市、县配套和服务站自筹。截至目前，国家已经投资200 多亿元用于沼气建设，极大地推动了农村沼气的开发利用。

3.3.5 秸秆能源化利用的相关政策

在生物质秸秆综合利用方面，国家财政部于2008年10月30日印发了关于《秸秆能源化利用补助资金管理暂行办法》（以下简称《办法》）的通知。规定对符合支持条件的企业（企业注册资本金在1 000万元以上，企业年消耗秸秆量在1万t以上（含1万t）），根据企业每年实际销售秸秆能源产品的种类、数量折算消耗的秸秆种类和数量，中央财政按一定标准给予综合性补助。2008—2010年秸秆的补贴标准均为140元/t。

自《办法》发布以来，秸秆能源化利用产业发展迅速，年消耗万吨以上秸秆原料的企业总产量已经达到200万t，比2008年增长了1倍。到目前为止，国家对秸秆能源化利用的补贴资金已超过5亿元。

3.3.6 生物燃料的相关政策

出于能源、环保和经济发展等方面的考虑，我国政府自2000年开始就在积极推动生物燃料产业的发展。2004年，国家发展和改革委员会等部门就推出车用乙醇的实施细则。按照细则规定，黑龙江华润酒精（现为“中粮肇东”）、吉林燃料乙醇、河南天冠、安徽丰原等四家企业被赋予生产车用乙醇的权利，同时配套系列财税政策。随着市场竞争加剧，拓展深加工产品成生存之本。为了扶持燃料乙醇生产，中央财政积极支持燃料乙醇的试点及推广工作，国家出台了多项优惠政策，其中包括：投入国债资金4.8亿元，用于河南、安徽、吉林三省燃料乙醇企业的建设；免征5%的消费税，增值税实行先征后返，享受陈化粮的政策补贴。国家提供的燃料乙醇财政补贴实施逐年递减的规则，2005年国家的补贴为：黑龙江华润1 628元/t，吉林燃料乙醇2 395元/t，河南天冠1 721元/t，安徽丰原1 883元/t。2006年国家对燃料乙醇生产企业的补贴统一为1 373元/t。2008年，按照《关于发展生物能源和生物化工财税扶持政策的实施意见》，国家再次对燃料乙醇财政补贴政策进行调整，即实行弹性补贴政策。根据国家财政部《关于2009年生物燃料乙醇弹性补贴标准及预拨2009年第四季度弹性补贴的通知》，核定2009年丰原生化公司生物燃料乙醇弹性补贴标准为2 056元/t。据不完全统计，国家给予燃料乙醇试点企业的亏损补贴额已逾百亿元，有力地保障了该产业持续稳定的发展。

另据2006年公布的《生物燃料乙醇及车用乙醇汽油"十一五"发展专项规划》，国家发展和改革委员会还专门制定了《车用乙醇汽油扩大试点工作实施细则》，以规范生物乙醇产业原料采购、生产、渠道、销售的行为。2009年，我国政府提出加大对发展车用替代燃料的汽车市场的投入，在三年内对汽车制造商进行技术升级和开发替代燃料汽车提供100亿元人民币的补贴。这一方案对我国生物燃料行业的发展起到了极大的推动作用。

2010年，随着一系列支持政策的出台，我国生物柴油市场的整体环境发生了巨大改观，在海南省推广并销售BD5、BD10生物柴油，形成国内首个生物柴油销售示范市场。2010年初，由中国海洋石油总公司投资兴建的年产6万t生物柴油产业化示范项目正式投产。这是海南省首个建成投产的生物柴油项目，也是国家发展和改革委员会批准的"首批国家级生物柴油产业化示范项目"中最早投产的一个。项目原料选用以麻风树（小桐子）为主的能源林树种。2010年5月，国家发展和改革委员会等四部委联合发出《关于组织开展城市餐厨废弃物资源化利用和无害化处理试点工作的通知》，有利于推动建立餐饮废油原料收集体系，规范生物柴油原料市场；9月，国家质量监督检验检疫总局和国家标准化管理委员会联合发布了《生物柴油调和燃料（B5）》标准，为生物柴油正式进入市场奠定基础；11月，海南省开始在柴油中掺混使用生物柴油；12月，国家财政部和国家税务总局恢复对利用废弃动植物油脂生产的纯生物柴油免征消费税的优惠政策。上述一系列支持政策有利于规范和改善生物柴油市场、促进生物柴油产业的健康发展。

3.3.7 其他生物质能经济激励政策

2006年9月，财政部、国家发展和改革委员会、农业部、国家税务总局和国家林业局制定了《关于发展生物能源和生物化工财税扶持政策的实施意见》（财建[2006]702号，以下简称《实施意见》）。在《实施意见》中明确提出，国家将实施相应的财税扶持政策，其中包括实施弹性亏损补贴、原料基地补助、示范补助和税收优惠等，从而为推动生物能源和生物化工产业的健康发展提供有力的保障。根据这个《实施意见》，2007年4月和9月，财政部分别下发了《生物能源和生物化工非粮引导奖励资金管理暂行办法》（财建[2007]282号）和《生物能源和生物化工原料基地补助资金管理暂行办法》（财建[2007]435号），对有关奖励和补助资金的标准和申请方式提出了具体的实施办法，即农业原料基地补助标准原则上核定为 2 700 元 /hm^2，林业原料基地补助标准为 3 000 元 / hm^2，具体标准将根据不同类型的土地核定，补助金额由财政部按具体标准及经核实的原料基地实施方案予以核定。

3.4 生物质能产业发展存在的问题

3.4.1 缺少系统的资源调查

生物质能利用最基本的制约因素是资源可获得性，资源的可持续供应能力将直接影响生物质能产业的效益。由于生物质能产业尚处于起步阶段，整个产业对生物质资源在产业发展中的重要地位认识不足，因此对资源的供应能力、土地开发、原料种植等因素的前期研究不够深入。在项目的前期资源调查中，对资源供应的可行性只是根据当地粮棉等作物的产量进行估算的，因此，几乎所有建成的项目都存在实际收购半径远大于预期的情况，从而造成资源争夺、原料价格上涨、产量不稳定等问题。由于缺少系统的资源调查而导致资源供应的不确定性，对规模化生物质能利用项目的正常运行造成了极大的障碍。

3.4.2 规划布局不尽合理

生物质能利用项目必须遵循“因地制宜”的原则，项目建设与否以及建设规模应当充分考虑当地可获得的生物质资源量和收集成本，盲目建设很可能导致项目的严重亏损。因此，根据当地资源及外部条件，科学制订生物质能利用规划，合理布局项目是十分必要的。由于我国生物质能规模化利用处于发展前期，对规划布局的重要性认识不足，加之地方政府招商引资的积极性和投资商快速扩张的投资冲动的推波助澜，盲目建设规模化生物质能利用项目的现象较为严重。典型的案例是两个装机容量为 3 万 kW 的秸秆直燃发电厂相距仅 9km，而一般此类规模的电厂，原料收集半径至少在 100km，所以造成严重的争抢资源问题。据了解，其中一个电厂因原料短缺，每月发电量不足 350 万 kW • h，负荷率不足 17%。

3.4.3 技术水平较低

生物质能利用是一个新兴产业，同时生物质原料的多元化决定了生物质能利用技术必然是一个多元化的技术体系，技术研发水平是产业发展具有决定性的影响因素。目前我国生物质能利用技术研发水平较低，还有大量的技术瓶颈需要突破。

1. 生物质发电

目前，我国引进的原丹麦BWE公司的生物质直燃发电锅炉属高温高压锅炉，效率可以达到91%以上，国内研发的仅有华光锅炉股份有限公司的生物质水冷振动炉排锅炉为次高温次高压锅炉，其他锅炉参数均属中温中压级的，热效率不超过87%。为了提高生物质发电的效率，采用高温高压和超高温超高压参数的锅炉是今后生物质直燃发电的技术发展趋势，需要进一步加强研发。

以生物质发电为代表的规模化生物质能利用项目具有的共性问题是，缺少适用于小地块的机械化原料收集装备。目前虽然已经开始研发，并已有试验品问世，但距大面积推广应用还有较大的差距。

目前，我国的规模化生物质气化（燃气－电联供）技术较为单一，仅有气化技术已经成型，但具有良好发展前景的生物质干馏类技术虽有多处试验和装备研发，但尚未见示范工程。

2. 沼气工程

目前规模化沼气利用技术已经取得一定的突破，沼气发电项目装机容量最大已达到3 000kW，但是关键装备基本还是直接购买发达国家的，国内生产的大型沼气核心装备，特别是沼气发电机组，普遍存在效率低、故障率高的问题。

沼气通过压缩提纯后可以得到甲烷含量为97%以上的燃气，可以并入天然气管网作为天然气的替代产品，这是沼气利用技术的发展趋势。我国沼气压缩提纯设备体积大、能耗高、效率低，与国外同类产品相比，还具有较大的技术差距。

3. 生物质固体成型燃料

我国生物质固体成型燃料装备研发较早，但是市场开发程度较低，2008年，国家对生物质固体成型燃料企业给予产品补贴后，产业发展步入快车道，装备研发投入增加，装备水平明显提高。但是由于生物质固体成型燃料生产装备较为简单、投资小、门槛低，研发企业普遍实力不强，所以研发总体水平不高。目前，我国生物质固体成型燃料核心装备的能耗水平、产品质量水平均已达到国外同类产品的水平，但是装备的单机生产能力，特别是成套装备的设计水平、自动化水平与国外同类产品有较大的差距。

生物质固体成型燃料的推广主要取决于市场的开发，小型工业锅炉和采暖锅炉是比较适合生物质固体成型燃料的一个重要市场，使用生物质固体成型燃料的小型工业锅炉和采暖锅炉的开发水平对生物质固体成型燃料的产业发展起到了至关重要的作用。目前，生物质固体成型燃料锅炉主要由生物质固体成型燃料生产企业自主研发，研发力量分散，专业性不强，因此，产品总体水平较低。

4. 生物液体燃料

目前，我国以淀粉和糖类为原料的燃料乙醇生产技术和以废弃油脂为原料的生物柴油生产技术已比较成熟，但以纤维质原料生产燃料乙醇和生物柴油的技术尚处于试验阶段。

纤维素乙醇技术的主要问题包括：高效、低污染、能耗低的纤维素乙醇原料预处理工艺路线；在实验室装置或中试装置向规模化生产装备扩大过程中，对转化效率的控制和保障；规模化生产工艺流程的设计；高效、经济的纤维素酶的研发技术；五碳糖转化为乙醇或其他转化利用技术等。

微藻生物柴油技术的主要问题包括：开放式微藻培养的污染控制，高含油量微藻的培养技术，微藻生物柴油产品的性能控制、氧化稳定性和低温流动性的改善；微藻的大规模、低成本采收技术开发；微藻胞内油脂的分离提取与生物柴油生产工艺的开发；能源微藻胞内生物活性物质（如蛋白质、多糖、色素、多不饱和脂肪酸等）的分离提取及其应用技术开发等。

3.4.4 体系管理建设不健全

1. 人才培养

人才问题是当前制约我国生物质能产业发展的重要因素，尽管我国高校林立、学科门类齐全，但真正与生物质能相关的专业所占比重却较小，培养的专业人才难以满足我国生物质能产业高速发展的需求。一方面表现为产业整体技术研发水平较低，研发方向与产业需求脱节；另一方面表现为企业专业人员严重不足，特别是高级技术人员与管理人员的不足，严重影响了企业的运行水平和盈利能力。

2. 技术和产品标准

完善的标准体系是实现生物质能利用产业健康发展的重要保障，我国目前尚缺乏完善的生物质能技术、装备和产品标准，导致我国生物质能开发利用项目建设缺乏规范，产品质量标准不一，影响了产品的市场推广，从而迟滞了产业发展。

3.4.5 政策保障仍需加强

自2006年《可再生能源法》正式生效以来，我国各级相关部门出台了一系列激励政策，对生物质能利用产业的发展起到了积极的推动作用，但是由于生物质能利用产业属于新兴产业，因此政策体系尚有待完善，行业管理也需进一步理顺，主要问题有以下几个方面。

目前国家能源局、农业部、林业部、环境保护部、财政部等多个部门均有对生物质能利用产业管理的职能和权力，难以实现可再生能源开发的统筹规划和统一部署，从而影响管理的总体效率，增加了行政管理成本。

目前我国关于生物质能利用的相关政策已较为全面，但是有些政策未配套出台具有可操作性的实施细则，导致激励政策未能及时体现出实施效果，在一定程度上延缓了政策对产业发展的推动作用。

参考文献

[1] 王仲颖，任东明，高虎，等．中国可再生能源产业发展报告：2011年[M]. 北京：化学工业出版社，2012.

[2] 胡润青，秦世平，樊京春．中国生物质能技术路线图研究[M]. 北京：中国环境科学出版社，2011.

[3] 王仲颖，赵勇强，张正敏，等．中国生物液体燃料发展战略与政策[M]. 北京：化学工业出版社，2010.

[4] 刘奎玉，江得厚．生物质发电当前运行状况分析[J]. 中国电力，2009，42(3)：67—70.

[5] 李艳芳，岳小花．我国生物质发电行业存在的问题及对策[J]. 中国地质大学学报：社会科学版，2009，9(2)：37—41.

[6] 黄锦涛，王新雷，徐彤．生物质直燃发电经济性及影响因素分析[J]. 可再生能源，2008，26(2)：95—99.

[7] 崔小爱．秸秆发电的现状和展望[J]. 污染防治技术，2007，20(3)：61—63.

[8] 李保谦，牛振华，张百良．生物质固体成型燃料技术的现状与前景分析[J]. 新能源产业，2009(5)：31—33 .

第4章　我国生物质能资源潜力分析

4.1　我国的生物质能资源状况

我国生物质能资源十分广泛。依据不同的生成方式和来源，生物质能资源主要包括以下五类：农作物秸秆及农产品加工剩余物、林业剩余物、畜禽粪便、城市生活垃圾和生活污水、工业有机废渣和有机废水。

4.1.1　农作物秸秆及农产品加工剩余物

1. 农作物秸秆及农产品加工剩余物资源估算

作为能源的农作物秸秆资源可以通过两个步骤来测算：一是计算农作物秸秆资源总量，即各种农作物年产量与其对应草谷比之乘积的总和。这相当于秸秆资源的理论总量，包括去除粮食后的根、茎、叶等所有部分，不考虑品种、地区差异和收获方式等多种影响因素。但在正常年景内，实际上某个地区可获得的秸秆资源总量与当地农作物种植品种、收获方式等有关，与秸秆资源理论总量差距较大。二是计算作为能源的农作物秸秆资源潜力，在农作物秸秆资源可获得量的基础上，再考虑农作物秸秆目前的各种用途，以及难以避免的各种损耗之后的剩余量，才是可作为能源的农作物秸秆资源潜力。此外，由于我国幅员广阔，各地区地理条件不同，有平原、丘陵、山区，可播种区域分布和播种密度差异也很大，特别是偏远地区、山区，虽有一定的农作物产量，但是由于收集、运输和费用等条件难以满足秸秆收购的要求，因此这部分地区的农作物秸秆不能考虑在内。根据全国秸秆资源调查结果，目前我国农作物秸秆理论资源量为8.2亿t，秸秆可收集资源量为6.87亿t。

农产品在初加工过程产生的副产品主要包括稻壳、玉米芯、甘蔗渣等，主要来源于粮食加工厂、食品加工厂、制糖厂和酿酒厂等，数量巨大，产地相对集中，易于收集处理。稻壳是稻谷加工的主要剩余物之一，占稻谷重量的20%，主产于东北地区和湖南、四川、江苏、湖北等省。玉米芯是玉米穗脱粒后的穗轴，约占穗重的20%，主产于辽宁、吉林、黑龙江、河北、河南、山东、四川等省。甘蔗渣是蔗糖加工业的主要副产品，蔗糖与蔗渣各占50%，主产于广东、广西、福建、云南、四川等。上述副产品的总量超过 1 亿 t。

以上两项合计，农作物秸秆及农产品加工剩余物总量约为 7.87 亿 t，折合标准煤 3.93 亿 t。

2. 农作物秸秆资源分布

我国的农作物秸秆主要集中分布在河北、内蒙古、辽宁、吉林、黑龙江、江苏、河南、山东、湖北、湖南、江西、安徽、四川、云南等粮食主产区。考虑到收集成本，人均秸秆资源量高的省份依次为吉林、黑龙江、内蒙古、新疆、辽宁、山东、宁夏、河南、河北等省。其具体分布情况见表 4-1。

表 4-1　我国各地区主要农作物秸秆产量

（单位：万 t）

省份	稻谷	小麦	玉米	豆类	薯类	棉花	油料	合计
全国	11 640.17	10 437.7	16 611.27	2 797.6	1 500.0	1 502.1	5 277.1	49 765.8
华北地区	82.1	1 682.0	3 590.0	334.7	135.2	201.8	514.4	6 540.2
北京	0.3	28.6	74.6	3.1	0.9	0.5	4.3	112.3
天津	7.9	50.8	87.2	5.0	0.3	22.0	2.2	175.4
河北	33.2	1 232.1	1 423.0	66.4	40.9	151.7	261.9	3 209.2
山西	0.6	216.7	734.4	47.5	25.6	27.1	36.5	1 088.4
内蒙古	40.1	153.8	1 270.8	212.7	67.5	0.5	209.5	1 954.9
东北地区	1 296.5	112.1	4 742.8	1 136.4	88.7	1.2	260.5	7 638.2
辽宁	268.5	8.5	1 353.4	56.5	18.1	0.7	63.2	1 768.9
吉林	305.1	2.9	2 146.3	198.2	32.8	0.5	93.4	2 779.2
黑龙江	722.9	100.7	1 243.1	881.7	37.8	0.0	103.9	3 090.1
华东地区	3 852.7	3 613.5	2 649.9	448.9	277.7	421.7	1 734.0	12 998.4
上海	55.1	10.6	3.4	4.1	0.4	0.5	11.9	86.0
江苏	1 100.1	780.3	208.3	106.9	23.9	84.8	370.4	2 674.7
浙江	415.6	23.4	30.9	61.5	26.8	5.7	86.0	649.9
安徽	806.2	865.6	315.7	123.8	53.6	85.3	464.2	2 714.4

（续）

省份	稻谷	小麦	玉米	豆类	薯类	棉花	油料	合计
福建	339.4	2.1	15.7	32.0	63.3	0.0	47.0	499.5
江西	1 074.6	2.9	7.4	32.2	23.6	22.9	130.5	1 294.1
山东	61.7	1 928.6	2 068.5	88.4	86.1	222.5	624.0	5 079.8
中南地区	4 246.3	3 003.0	2 271.5	341.0	362.4	328.7	1 771.9	12 324.8
河南	231.9	2 761.0	1 547.1	96.5	99.5	178.0	771.0	5 685.0
湖北	989.6	223.7	232.3	84.3	67.6	98.6	504.0	2 200.1
湖南	1 480.0	14.4	159.7	73.5	73.2	51.9	241.8	2 094.5
广东	720.0	2.0	73.3	31.6	80.2	0.0	132.1	1 039.2
广西	753.5	1.9	252.7	52.3	26.9	0.2	108.4	1 195.9
海南	71.3	0.0	6.4	2.8	15.0	0.0	14.6	110.1
西南地区	2 028.3	762.1	1 918.1	378.5	506.3	6.6	689.9	6 289.8
重庆	336.1	84.2	277.9	54.7	121.2	0.0	73.2	947.3
四川	970.5	457.8	692.3	170.5	215.5	6.5	398.5	2 911.6
贵州	304.7	78.2	410.4	49.0	92.2	0.1	145.6	1 080.2
云南	416.6	114.5	535.5	100.1	77.2	0.0	62.1	1 306.0
西藏	0.4	27.4	2.0	4.2	0.2	0.0	10.5	44.7
西北地区	134.2	1 265.0	1 438.9	158.1	129.7	542.1	306.4	3 974.4
陕西	57.5	429.7	547.9	48.1	18.2	20.4	77.8	1 199.6
甘肃	2.6	283.7	296.2	54.0	82.1	29.1	86.3	834.0
青海	—	42.1	1.1	15.2	14.0	0.0	54.6	127.0
宁夏	39.4	85.1	144.7	7.8	11.9	0.0	20.9	309.8
新疆	34.7	424.4	449.0	33.0	3.5	492.6	66.8	1 504.0

数据来源：《2006 年中国统计年鉴》。

4.1.2 林业剩余物

根据我国林业的实际情况，按照能源利用方式，可将林木生物质能资源分为木质生物质能资源和油料生物质能资源两大类。

1. 木质生物质能资源

木质生物质能资源主要包括薪炭林、林业剩余物、经济林修剪、造林苗木截干、城市绿化树和绿篱修剪、灌木林平茬复壮产生的枝条等。

建造薪炭林的目的就是提供薪材，而且薪炭林大部分是人工林或天然次生林，采集和运输条件较好。因此，可以认为薪炭林的全部资源都可以用作能源，可获得量等同于总量。根据第六次森林资源清查数据，我国薪炭林面积为 303 万 hm^2，薪炭林生物质总量约 0.66 亿 t。

我国森林资源的主体是天然林，其占林地面积的 68.94%，占森林蓄积量的 87.56%。现有天然林资源由于长期的砍伐，大多地处偏僻、交通闭塞的地区，运输困难，森林作业产生的剩余物的运输成本太高，难以利用。同时，自 1998 年以来，我国实施了天然林保护工程，天然林采伐受到严格限制。因此，天然林的采伐剩余物和抚育间伐量受到自然和政策两方面的限制，利用难度很大。其他地区的森林大多是人工林，交通条件比较好，可以充分利用。根据《2005 中国森林资源报告》，我国林木实际年均消耗量为 3.65 亿 m^3，折合重量为 3.29 亿 t，按照采伐剩余物占林木总生物量 40% 的比例计算，产生约 1.31 亿 t 的采伐剩余物。其中天然林区和偏远地区的采伐剩余物难以收集，人工林区和交通方便的地方的梢头部分和大枝丫大多被收集并综合利用于林产品加工，其余多为小枝和树叶，因此可收集为生物质能资源的仅约占采伐剩余物的 20%，约为 0.26 亿 t。

我国木材加工剩余物总量约为 0.29 亿 t，大多用于生产纤维板、制浆造纸等，只有少量用作燃料，可以 100% 进行利用。

在我国，灌木林作为重要的林木资源，大多生长在森林分布线以上的地区，以及自然条件恶劣、生态脆弱的地区，例如西部沙漠地区和青藏高原部分地区，这些地区的灌木林资源承担着主要的生态保护功能，其利用受到严格的限制，而且交通不便，利用难度很大。灌木林的平茬复壮的相隔年限为 1 ～ 4 年，按平均 2.5 年计算，每年可获得生物量 0.42 亿 t，除部分灌木条用于编织和造纸外，估计有 60% 可作为生物质能资源进行利用，约为 0.25 亿 t。

考虑到经济林和竹林的修剪枝丫量、林下灌丛，以及城市绿化树木、绿篱修剪等方面，据估算这部分修剪可获得的生物量约为 1 亿 t。但因资源分散、体积较大、运输成本高、利用率低，只能部分收集，约占 15%，即 0.15 亿 t 作为资源利用。

从以上数据可以得出，我国目前木质生物质能资源的年可获得量约为 1.61 亿 t，折合 9 200 万 t 标准煤，具体见表 4-2。

表 4-2　木质生物质能资源年可获得量

来源	资源量 / 万 t	可获得量 / 万 t	折标量 / 万 t（标准煤）
薪炭林	6 600	6 600	3 771
林业采伐剩余物	13 100	2 600	1 486
木材加工剩余物	2 900	2 900	1 657
灌木林平茬复壮	4 200	2 500	1 429
其他	10 000	1 500	857
合计	36 800	16 100	9 200

2. 油料生物质能资源

油料生物质能资源主要为木本油料树种，其果实可以用来生产生物柴油。目前，我国的经济林面积为 2 140 万 hm^2，其中木本油料树种总面积为 804.2 万 hm^2，每年油料树种的果实产量 224.5 万 t。

木本油料林的主要树种油桐、乌桕、油茶、漆树、麻风树为南方省区的主要经济树种；核桃分布范围较广，在南方和北方都有分布；油橄榄适生范围在陕西、云南等地。下面为六个生物柴油原料林基地培育树种的分布情况。

麻风树（小桐子）：在我国四川、云南、贵州等地均有野生或人工栽培品种，其适生区还包括广西、广东、福建、海南和重庆，其中以云南和四川最多，是干热河谷地区非常适宜的造林树种。

黄连木：野生分布范围很广，北至河北、山东，南至广东、广西，东到台湾省，西南至四川、云南，都有野生或栽培品种，其中以河北、河南、山西、陕西等省最多。

光皮树：主要分布在长江流域至西南各地的石灰岩区，在黄河及其以南流域也有分布，湖南、湖北、江西为主要产区。

文冠果：是我国北方地区广泛分布的良好的荒山绿化、水土保持树种，也是北方重要的油料树种。其主要产区为内蒙古、陕西、山西、河北、新疆等省区。

油桐：在我国的栽培历史很久，分布范围广，包括甘肃、陕西、云南、贵州、四川、河南、湖北、湖南、广东、广西、安徽、江苏、浙江、福建、江西等省区，其中以长江流域的四川、贵州、湖南、湖北、江西及广西、广东、福建等省最为集中。

乌桕：主要分布于长江以南的10多个省区，以浙江、湖北、湖南、四川、贵州分布最为集中。

4.1.3 畜禽粪便

畜禽粪便是畜禽排泄物的总称，是其他形态生物质（主要是指粮食、农作物秸秆和牧草等）的转化形式，包括畜禽排出的粪便、尿及其与垫草的混合物。通常根据不同畜禽的存栏数、品种、体重、粪便排泄量等因素，可以估算出畜禽粪便资源的实物量。

根据我国养殖业的发展状况，畜禽粪便资源主要分布在四川、河南、山东、河北等省，其中四川省的资源量最高，达到4.5亿t，可生产沼气270亿m^3；河南省可生产沼气200亿m^3。另外，山东、河北、广东、广西、湖南、湖北、云南等省区的畜禽粪便资源可生产的沼气量都在100亿m^3以上。

我国的畜禽粪便主要来自圈养的牛、猪和鸡三类畜禽。根据不同月龄的牛、猪和鸡的日排粪量以及存栏数和粪便收集系数，估计粪便实物量为14.7亿t，可开发量为9.4亿t，折合约0.33亿t标准煤。

4.1.4 城市生活垃圾和生活污水

城市生活垃圾的生成量与该城市的规模、能源构成、人均收入、气候、生活习惯等因素有关。近20年来，我国的经济高速发展，城市规模不断扩大，城市数量和人口迅速增长，到1998年底，我国已有建制城市668个，其中直辖市4个、副省级市15个、地级市202个、县级市447个，200万人口以上的超大城市13个，100万～200万人的特大城市24个，50万～100万人的大城市48个，20万～50万人的中等城市205个，20万人以下的小城市378个。1997年垃圾清运量为10 982万t，1998年为11 302万t。

根据我国的实际情况，城市居民的平均垃圾生成量为每人每年200～220kg。目前，我国城镇人口平均每年将产生城市生活垃圾约11 242万～12 367万t。目前，大量的农村人口到城市工作与生活，因此，保守计算，2010年垃圾生成量已经超过15 000万t。

城市生活垃圾中含有大量的有机物，可以作为一种能源资源，我国城市生活垃圾的热值约为 3 767 ～ 6 278kJ/kg（3 700 ～ 6 200kJ/kg）。垃圾热值受很多因素影响，首先与居民生活水平相关，表 4-3 为同一城市不同地区的垃圾成分及热值变化。

表 4-3　同一城市不同地区的垃圾成分及热值变化

地区	城市垃圾组分（质量分数）/（干基，%）										湿基热值 /(kJ/kg)	
	金属	玻璃	塑料	纸类	织物	草木	厨余	灰渣	砖瓦	水分	高位	低位
普通住宅区	1.96	12.8	14.6	15.1	2.86	11.2	32.82	1.92	6.74	53.9	3 869	2 036
高级住宅区	8.75	18.4	15.6	35.1	4.16	1.48	16.2	-	0.22	33.2	7 100	5 682
学院区	7.18	24.2	11.7	16.6	4.64	12.49	11.7	10.7	0.79	36.2	4 934	3 462
商业区	6.69	12.5	19.5	39.61	6.24	12.5	2.65	-	0.31	346	8 136	6 598
大饭店	4.79	25.1	18.2	44.4	2.43	0.20	4.67	-	0.30	10.3	10 337	9 120
医院	1.25	26.1	14.1	38.9	3.55	1.04	13.35	1.71	-	39.4	5 436	3 923
公园	6.56	9.52	12.4	12.2	1.63	15.8	5.52	23.57	12.8	26.0	5 996	4 698

表 4-3 中数据显示，普通住宅区和高级住宅区的垃圾热值相差 1 倍以上，变化最为明显的成分是纸类废弃物和水分，居民经济条件较好的高级住宅区垃圾中的纸类废弃物明显高于居民经济条件稍差的普通住宅区，而水分则大大低于普通住宅区。

其次，能源结构对垃圾的热值影响较大，燃气普及率高的城市由于垃圾中煤渣的比例减少，所以热值明显增加。此外，垃圾清运和处理的管理体制、年降雨量等因素也对垃圾热值有较大的影响。根据对北京、上海、天津、广州、深圳、大连、沈阳、马鞍山、杭州、鞍山 10 个城市的调查，垃圾平均热值为 5 100kJ/kg（1 220kcal/kg）。

表 4-4　各城市垃圾的热值、堆密度、含水率

城市	热值 /（kJ/kg）	堆密度 /（kg/m³）	含水率 /%
北京	6 413	220	58.81
天津	6 413	330	60.02
上海	4 389	290	58.85
沈阳	5 080	450	63.89
大连	6 420	323	70.5
杭州	6 029	430	57.28
深圳	4 605	-	55
广州	4 418	250	50.12
马鞍山	2 836	370	49.1
鞍山	4 400	400	44

由于上述被调查的城市大部分属大中型城市和经济较发达的城市，调查数据高于全国水平，若全国水平按以上 10 个城市的平均值的 90%计，垃圾热值为 4 590kJ/kg（1 096kcal/kg）。根据 2010 年我国城市建设统计年鉴，截止到 2009 年底，全国 654 个城市生活垃圾清运量为 1.57 亿 t，可折合 2 357 万 t 标准煤。

根据国家统计局 2011 年公布的数据，2010 年，我国生活污水总量为 379 亿 t。

4.1.5　工业有机废渣和有机废水

我国的农副产品及食品加工业可产生大量有机废弃物，例如粮食、食品等在生产中都会产生大量的有机废渣和废水。工业废弃物的利用途径有堆肥、焚烧以及厌氧发酵等处理方式，有机废水的处理方式主要为厌氧发酵生产沼气。据估计，我国农产品加工产生的有机废弃物可生产 500 亿 m³ 沼气，相当于 3 500 万 t 标准煤的能量。随着城市化进程和居民生活水平的提高，城市有机垃圾资源量可望快速增加。

我国的工业有机废水主要来自轻工业和非轻工业两个行业。其中轻工业主要包括酒精、制糖、啤酒、黄酒、白酒、淀粉、味精、饮料和造纸等行业，每年排放有机废水 17.6 亿 t、废渣 0.4 亿 t。非轻工业行业主要包括制药、屠宰、石化、天然橡胶和糠醛等 10 多个行业，每年排放有机废水 26.1 亿 t、废渣为 9 亿 t。我国年工业有机废水总量达 43.7 亿 t。

综上所述，我国生物质资源总量折合 6.11 亿 t 标准煤，具体见表 4-5。

表 4-5　我国生物质资源合计

生物质资源种类	可获得数量 / 亿 t	折标量 / 亿 t（标准煤）
农作物秸秆	7.87	3.93
林业生物质	1.61	0.92
畜禽粪便	9.4	0.33
生活垃圾	1.5	0.23
工业有机废水	43.7	0.7
合计	64.08	6.11

4.2　生物质能资源利用情况

4.2.1　农作物秸秆及农作物加工剩余物利用情况

农作物秸秆和农作物加工剩余物可用作肥料、饲料、生活燃料、食用菌基料以及造纸等工业原料，用途十分广泛。但是，随着农村经济的快速发展和农民收入的提高，秸秆的传统利用方式正在发生转变。调查结果表明，秸秆作为肥料的使用量约为 1.02 亿 t，占可收集资源量的 14.83%；秸秆作为饲料的使用量约为 2.11 亿 t，占可收集资源量的 30.66%；秸秆作为燃料的使用量（含秸秆新型能源化利用，其中生物质发电 3 000 万 t，生物质成型燃料 320 万 t）约为 1.29 亿 t，占可收集资源量的 18.75%；秸秆作为种植食用菌基料的使用量约为 1 500 万 t，占可收集资源量的 2.18%；秸秆作为造纸等工业原料的使用量约为 1 600 万 t，占可收集资源量的 2.33%；秸秆废弃及焚烧量约为 2.15 亿 t，占可收集资源量的 31.25%。

4.2.2　林木生物质能资源利用现状

在我国，林木生物质能资源的主要利用方式就是木质燃烧和利用油料树种种子生产生物质燃油。建造薪炭林的目的就是提供薪柴，虽然随着人们生活水平的提高，以及替代性燃料的日益丰富等原因，越来越减轻了人们的生活用能源对薪炭林的依赖，但是在广大农村、尤其是山区，薪柴仍然是农民生活中不可缺少的主要燃料。林业生产剩余物中，在一些交通便利的地区，枝丫和树根被收集起来用作燃料，但是在一些交通不便利的地区，林业采伐剩余物基本上被丢置在采伐迹地上，由当地人自发收集用作生活燃料。由于我国木材加工制造业的迅速发展，木材需求量远远超过了供应量，林业加工剩余物中的板条、板皮、边角废料、刨花等基本上用于再加工，例如生产刨花板、纤维板、纸等，锯末中的一部分再加工利用，另一部分作为工厂的燃料就地利用。由于国内木材资源的短缺，林木抚育间伐、修枝和灌木平茬的产出物大部分用于木材制造业和造纸业，用来生产刨花板、纤维板、木浆等；树根和细的枝丫中的一部分由当地居民收集用作生活用能，另一部分则被丢置在林地上。目前，我国对木本油料树种果实的加工利用还不足 1/4，大多数资源处于荒废状态，只有油茶、核桃等少量油料树种资源得到了广泛利用。由于加工利用的限制，人们对这些树种的经营管理也比较粗放，这使得这些树种果实产量并未达到应有的水平。根据以上分析，保守估计，我国目前林木生物质能资源的木质燃烧利用量约为 2 000 万 t，油料树种的果实利用量约为 50 万 t。

4.2.3 畜禽粪便

目前，除少部分作为肥料和生产沼气外，我国的畜禽粪便大部分未经处理直接排放到环境中，这不仅会带来地表水、地下水的污染和大气污染，而且畜禽粪便中所含的病原体也对农民健康构成了严重威胁。畜禽养殖产生的污染已经成为我国农村水源污染的主要来源，造成的污染已相当于全国工业污染的总量。在一些地区，畜禽粪便污染已超过居民生活、农业和餐饮业对环境的影响，是造成许多重要水源地、江、河、湖严重污染的主要原因之一。从畜禽粪便的土地负荷来看，我国总体的土地负荷警戒值已经体现出一定的环境压力水平。因此，治理畜禽养殖污染刻不容缓。据我国农业部统计，截止到 2010 年底，我国农村户用沼气达 4 000 万户，占适宜农户总数的 33.3%。我国农业废弃物沼气工程达 72 741 处，年产沼气约 10.54 亿 m³。其中：大型沼气工程 4 641 处，年产沼气约 6.13 亿 m³；中型沼气工程 22 800 处，年产沼气约 2.77 亿 m³；小型沼气工程 45 300 处，年产沼气 1.64 亿 m³。户用沼气池和大中型沼气工程的年沼气利用总量约为 140 亿 m³，应用畜禽粪便约 2.85 亿 t，折合 1 000 万 t 标准煤。

4.2.4 城市生活垃圾

2010 年，全国城镇垃圾无害化处理率为 63.5%，部分城市如北京、天津和上海等的无害化处理率已接近 100%。

城市生活垃圾的处理方法主要是卫生填埋、堆肥和焚烧三种方式，见表 4-6。最能体现国家环境保护部关于垃圾处理“减量化、无害化、资源化”要求的垃圾焚烧处理法，全国处理单元数有 104 个，日处理能力为 8.5 万 t，占垃圾无害化处理能力的 21.92%，处理量占垃圾生成量的 20%左右。

表 4-6 2010 年全国垃圾无害化处理量

处理方式	处理单元数 / 个	能力 / （万 t/ 天）	处理量 / （万 t/ 年）
无害化处理	628	38.76	12 317.8
其中：卫生填埋	498	29.0	9 598.3
堆肥	11	0.55	180.8
焚烧	104	8.5	2 316.7
其他	15	0.71	222

综上所述，我国对生物质资源的利用还处于初级阶段，大量资源尚未得到有效利用。

4.3 资源开发潜力

新增生物质能资源主要来自三个方面：一是各类有机废弃物的增长量，二是主要通过改造现有低产农、林品种增加的资源量，三是利用部分可利用但尚未利用的边际土地种植抗逆性能源作物所增加的资源量。

4.3.1 新增各类有机废弃物资源潜力

新增有机废弃物是指前述有机废弃物随农业、林业和社会经济发展而逐步增加的资源量。据我国农业部门相关预测，我国主要农作物秸秆和养殖场畜禽粪便在 2015 年产量将分别达到 9 亿 t 和 32 亿 t，分别按热值和沼气利用潜力进行计算，届时这两类有机废弃物资源潜力分别可折合 4.5 亿 t 标准煤和 2.3 亿 t 标准煤。

随着我国人口、农业和养殖业的发展，初步估计我国农作物秸秆和畜禽粪便产量将按照人口增长趋势在 2030 年左右逐步增加到最高水平，分别达到 10 亿 t 和 40 亿 t，各折合 5 亿 t 标准煤和 2.9 亿 t 标准煤。另外，林业剩余物、工业有机垃圾和生活有机垃圾这三类有机废弃物资源量(目前总计为1.33亿t标准煤)将随着森林保有面积和社会经济发展而逐步增加，以年增长2%计算，到2020年、2030年和2050年分别将逐步达到1.8亿t标准煤、2.2亿t标准煤和3.2亿t标准煤。

依上所述，预计我国有机废弃物在2020年、2030年和2050年的总资源潜力分别约为9亿t标准煤、10亿t标准煤和11亿t标准煤，以50%实际可用率计算，则2020年、2030年和2050年的可用有机废弃物资源量估计分别为4.5亿t标准煤、5亿t标准煤和5.5亿t标准煤，分别比目前新增1.7亿t标准煤、2.2亿t标准煤和2.7亿t标准煤。

4.3.2 现有低产林地生物质资源增产潜力

现有林地生物质资源增产潜力主要是指，在“不与粮争地、争水源”的前提下，通过改造约5 176万hm^2现有低产林地（包括灌木林、薪炭林和油料林），通过品种改良、更新和轮伐等措施增加生物质能资源。按每公顷增产生物质能折合2t标准煤计算，该部分土地在远期具有新增约1.37亿t标准煤的生物质能的潜力。考虑到改造进度，预计2020年、2030年和2050年新增资源潜力分别可逐步达到3 000万t标准煤、7 000万t标准煤和1.37亿t标准煤。

4.3.3 新开发边际土地种植能源植物的增长潜力

据农业部的调查，我国共有各类宜能边际（农业）土地3 420万hm^2，宜能荒地约2 680万hm^2。在不影响主体农业、林业、牧业生产的前提下，开发利用这类边际性土地既有利于挖掘珍贵的土地资源，又不必与农业、林业、牧业争地。通过培育种植具有比传统农作物更强适应性和抗逆性的能源植物，据专家乐观估计，其具有生产2亿t标准煤生物质能资源量的潜力。考虑到开发进度，估计2020年、2030年的新开发边际土地的生物质能资源生产潜力约3 000万t标准煤、1亿t标准煤。

综上所述，我国目前现有生物质资源折合约5.4亿t标准煤，可用生物质能资源量约2.9亿t标准煤。随着有机废弃物的增加和低产/边际土地的开发，估计2050年我国生物质资源理论值最高可达14亿t标准煤，可供清洁能源化利用的生物质能资源潜力最高可达9.0亿t标准煤。其中，除了现有2.9亿t标准煤有机废弃物外，新增各类有机废弃物资源潜力约2.7亿t标准煤，现有低产林地增产潜力约1.37亿t标准煤，新开发边际土地的生物质能资源生产潜力约2亿t标准煤，见表4-7。

表 4-7　我国生物质能资源潜力估算

［单位：亿 t（标准煤）］

项目	2006 年	2010 年	2020 年	2030 年	2050 年
现有可用生物质能资源潜力	2.9	2.9	2.9	2.9	2.9
新增生物质能资源潜力	0	0.7	2.3	3.9	6.1
新增各类有机废弃物	0	0.6	1.7	2.2	2.7
现有低产林地增产量	0	0.05	0.3	0.7	1.37
新开发边际土地产量	0	0.05	0.3	1.0	2.0
生物质能资源潜力合计	2.9	3.6	5.2	6.8	9.0

资料来源：中国工程院，2009。

4.4　资源开发预测

在我国可再生能源中长期发展规划中，对生物质能的开发利用被提高到很重要的位置，重点发展生物质发电、沼气、生物质固体成型燃料和生物液体燃料。到 2020 年，生物质发电总装机容量达到 3 000 万 kW，生物质固体成型燃料年利用量达到 5 000 万 t，沼气年利用量达到 440 亿 m^3，生物燃料乙醇年利用量达到 1 000 万 t，生物柴油年利用量达到 200 万 t。下面，从近期（2012 年）和中期（2015—2020 年）两方面，对我国生物质资源开发作出预测。

4.4.1　近期开发预测

从产业整体状况分析，我国生物质发电及生物质燃料目前仍处在政策引导扶持期。生物质发电行业的标杆企业在技术、成本方面已经具有明显优势，投产的生物质发电项目的盈利能力已经得到初步验证。到 2012 年，生物质发电相关政策进一步明晰，生物质混燃发电（主要是垃圾焚烧发电）产业将会扩大发展。到 2012 年年底，生物质发电装机容量达 800 万 kW，折标准煤约 1 300 万 t，较 2011 年增长 15%。

沼气建设管理方面，以高值利用为目标，充分利用粪便、秸秆等多种原料，建设特大型沼气工程，建立可持续的商业化运作模式，实现效益拉动；统筹沼气工程环境治理、能源利用、肥料生产等多重目标，实现可持续发展。到 2012 年年底，农村户用沼气达到 4 600 万户，农业废弃物沼气工程超过 10 万处。

生物质成型燃料领域将制定推动替代城市燃煤锅炉的措施，推广使用低排放的生物质成型燃料。到 2012 年底，生物质成型燃料产量达到 450 万 t。

生物液体燃料仍需重视基础研发工作，为先进生物液体燃料的产业化、市场化奠定基础，另外还要加强现有生物柴油、燃料乙醇的市场准入标准的制定和监管，推动生物液体燃料的应用。到 2012 年底，燃料乙醇产量达到 220 万 t，生物柴油稳定在 50 万 t。

未来，随着生物质发电项目数量逐渐增多，单个项目盈利能力的增强，以及多方面资金的支持，燃生物质电厂及生物质成型燃料产业的盈利能力有望持续提升。

2012 年，采用集中工业化处理模式，兆瓦级大型沼气工程的热电联产供将是沼气利用的发展趋势；另外净化沼气作为车用燃气具有极大的开发应用潜力。

在生物质成型燃料领域，将重点关注成型机组运行稳定性的增强，形成配套生产线设备的统一规格与标准，重点发展万吨级以上的项目，形成低能耗高质量产品和规模化生产的新兴产业。

生物液体燃料仍需进一步降低生产成本，特别是原料处理和生物酶转化的成本，提高与化石燃料的价格竞争力。2012 年第二代生物燃料由千吨级中试规模向万吨级商业化规模转变。生物柴油产业仍需要培育生物柴油能源林，进一步扩大生物柴油销售市场。

4.4.2 中远期开发预测

未来，我国生物质能产业将继续向多元化发展，各种生物质能利用的规模将继续稳步扩大，生物质能资源综合利用水平持续提高，经济和资源环境效益进一步改善。

随着生物质发电相关政策的进一步明晰，生物质混燃发电（主要是垃圾焚烧发电）产业将会扩大发展，垃圾发电率将显著提高，有效缓解垃圾处理的环境问题。农林生物质发电的规模也会随着装备技术的成熟和投资成本的下降稳步增长。

我国生物质发电应当因地制宜，因资源数量和种类而异，优先考虑小型、分散式的发展模式。这种发展方式有利于减少利益链条，做到治富于民。生物质发电的成本主要取决于生物质原料的价格，由于生物质分散和季节性强，因此生物质收集、运输和储存成本较高，所以生物质发电必须做好经济效益和农民替代用能的合理性分析。综合考虑资源特性和生物质发电技术经济特点，在生物质资源相对集中地区优先发展中型生物质直燃／混燃发电和生物质热电联产项目，在生物质资源相对分散区域（例如广大农业区）灵活发展中小型生物质发电或与煤混合燃烧发电项目，在大中城市发展城市有机垃圾直燃发电或垃圾填埋产生的沼气发电项目。

气化发电方面，根据国内内燃发电机企业的研发进度判断，预计近期500kW机组发电效率可达到国际先进水平；单机规模为1 000kW及以上的低热值燃气内燃发电机组有望研究成功，到2014年实现产业化。

垃圾填埋气发电技术目前尚缺乏适用于小规模沼气发电装置并网的专用设备和标准，预计到2015年，并网问题得到解决后其技术成熟度将高于垃圾焚烧发电，2020年将达到技术成熟阶段。预计到2015年，垃圾焚烧技术的应用规模将超过垃圾填埋气发电技术的使用。

沼气在我国农村地区，主要以户用沼气的形式为居民提供清洁生活燃料。当前急需解决的是沼气工程装备的标准化，为沼气产业的规模化发展奠定基础。随着社会经济水平的不断提高和畜禽养殖的集中化，大中型畜禽养殖场等沼气工程采用集中工业化处理模式，兆瓦级大型沼气工程的热电联产供将是未来农村沼气的利用和发展方向。另外，净化沼气作为车用燃气具有极大的开发及应用潜力。大型沼气工程将实现废弃有机垃圾的全回收利用，由此将带来巨大的社会效益和环境效益。

在生物质固体成型燃料领域，今后应尽快提高技术装备水平，发展集约化农林生物质固体成型燃料的生产模式，降低生产成本，开拓应用市场，使其在适宜地区有一定规模的发展。随着城市节能减排力度的加大和农村清洁能源利用水平的提高，对生物质固体成型燃料的需求将日趋增大。生物质固体成型燃料作为替代城市供热锅炉燃煤和农村生活用能的主要原料，在资源富集地区具备市场发展空间。

生物液体燃料将采用以甜高粱、木薯、甘薯等糖类和淀粉类作物为原料的技术路线，其具有单位土地面积产量较高、生产成本较低、化石能源替代效益高于玉米燃料乙醇的优点，被认为是我国近期可行的发展方向。尽管木薯等原料不是主要的粮食作物，但也在工业、医药、养殖等领域广泛应用。若大范围地利用它们制取液体燃料，势必需要和既有用途进行竞争，从而导致资源总量上的短缺。另一方面，大量的原料种植土地的开发也存在很多限制因素，原料问题可能仍会制约燃料乙醇的发展。目前一批新兴生物液体燃料技术正处于研发中试阶段，可望在未来逐步实现工业化、商业化应用。这些燃料主要是以纤维素生物质为原料的第二代生物液体燃料，例如纤维素乙醇、生物质合成燃料和裂解油，以及能源藻类生物柴油、微生物制氢等第三代生物燃料。利用木质纤维素制取燃料乙醇不存在与民争粮的问题，也有一定的资源基础，这将是未来大规模发展的主要方向。

综上所述，预计到2020年，我国生物质能发电装机将达到3 000万kW，生物燃气年利用量将达到500亿m^3，生物质固体成型燃料年利用量将达到5 000万t。非粮生物液体燃料年利用量将达1 200万t，实现了新一代液体燃料的商业化推广，生物质能利用量将超过1亿t标准煤。

参考文献

[1]. 王仲颖，任东明，高虎，等．中国可再生能源产业发展报告：2012[M]. 北京：化学工业出版社．

下篇

生物质能产业指导

第 5 章 生物质能产业发展战略指导

生物质能具有重要的战略地位，市场空间巨大，我国已经在《“十二五”可再生能源发展规划指导意见》和《可再生能源中长期规划》中明确提出了生物质能发展目标，对重点工程和产业布局指明了方向。伴随着未来我国经济的稳定增长，能源需求不断增加，在化石能源资源量的限制和环境约束的情况下，生物质能发展空间巨大；多元化利用技术进步将带动产业快速发展，生物交通燃料等将成为新的增长点。

5.1 生物质能在可再生能源利用中的优先性地位

2010 年，我国可再生能源利用总量为 2.99 亿 t 标准煤，除水电外，其他可再生能源利用总量为 5 890 万 t 标准煤，其中生物质能利用总量为 2 130 万 t 标准煤，占非水可再生能源的 35%，与风电（1 973 万 t 标准煤）和太阳能（1 967 万 t 标准煤）形成三足鼎立的局面，生物质能已成为可再生能源利用的重要组成部分。从长远看，生物质能受制于资源的约束，产业规模将远小于风电和太阳能利用。但是，生物质资源的独特性，使生物质能的地位显得十分独特和重要，世界各国都对生物质能的发展给予了高度的重视。

5.1.1 生物质能符合分布式能源供应模式

生物质能资源具有分散性和季节性两大特点，符合分布式能源供应模式。而分布式能源供应模式具有效率高、输送损耗小、投资低、运行成本低等优点，是未来能源供应系统的变革方向。大力发展生物质能将为探索我国分布式能源供应模式提供良好的条件，生物质能也必将成为我国分布式能源供应体系的重要组成部分。

5.1.2 生物质能具备替代液体燃料的独特作用

我国是一个能源资源较为短缺的国家，尤其是液体燃料供应不足。2010 年，石油对外依存度已经达到 53.7%。生物质能应用方式多种多样，可用作发电、供气、液体燃料、固体燃料等，是众多可再生能源和新能源中唯一能替代石油液体燃料的可再生能源品种。从改善我国能源结构，增加稀缺能源品种供应的角度考虑，应该优先发展生物质能产业。

5.1.3 对生物质能的利用具有刚性需求

生物质能的原料有很大部分为剩余物和垃圾，主要有农作物秸秆和农产品加工剩余物、林业生产和木材加工剩余物、城市生活垃圾和生活污水、工业有机废渣和有机废水。如果没有节能减排的需求，可以不利用太阳能、风能，但不能不处理以废弃物为主的生物质能，因此，对生物质能的利用具有刚性需求。采用先进的能源化处理手段利用生物质能，相对于秸秆和垃圾的直接露天焚烧，优化了处理方式。所以，在进行风能、太阳能和生物质能三大类可再生能源的利用规划时，应该优先安排生物质能的利用。

5.1.4 生物质能的开发利用开辟农民增收渠道

生物质能的开发利用可有效延长农业产业链，为农村开拓新的产业，增加农民收入，实现工业反哺农业。据测算，一台 2.5 万 kW 生物质直燃发电机组，按年利用 6 000h 计算，年发电量可达 1.3 亿 kW·h，新增产值近亿元，秸秆的收集、运输、加工等环节为当地农民增加就业岗位 1 000 余个。这对解决农村富余劳动力就业，提高地方财政收入，带动地方相关产业和第三产业的发展，繁荣农村经济，提升我国农业竞争力，都具有非常重要的作用。

5.2 我国生物质能国家战略目标

根据《生物产业发展“十二五”规划编制——生物能源产业专题研究》，“十二五”时期生物能源发展的总目标是：扩大生物能源的应用规模，显著提高生物能源在能源结构中的比重，促进可再生能源与传统能源体系的融合；全面提高生物质能技术创新能力，建立完善的产业体系，形成具有国际竞争力的战略性新兴产业；加快农村地区生物质资源的开发，建设新型农村能源供应体系。

到 2015 年，生物质发电装机容量达到 1 300 万 kW，生物质固体成型燃料年利用量达到 2 000 万 t，沼气年利用量达到 300 亿 m^3，生物燃料乙醇年利用量达到 300 万 t，生物柴油年利用量达到 150 万 t，实现生物质能在电力、供气、交通等领域的商业化和规模化利用，各类生物质能的总利用量超过 5 000 万 t 标准煤。

“十二五”时期，生物能源的装备制造产值将超过 600 亿元，比“十一五”末翻一番，力争实现生物质能关键技术装备的国产化率达到 80%。据对国内外生物质能利用技术研究与开发现状的分析，结合我国现有技术和实际情况，“十二五”期间我国生物质能利用将在以下方面开展技术创新：高效直接燃烧技术与设备、集约化综合开发利用、新技术开发、城市生活垃圾的开发利用、能源植物的开发。目前，我国生物质能方面的专利（除沼气专利）约有196项，其中，发明专利41项、实用新型专利15项。生物质能发电技术相关专利共有51项，生物燃料方面的专利有20多项，沼气技术专利多达700多项。“十二五”期间，我国的生物能源技术创新水平将进一步提升，在专利发明方面将会实现更大的突破，预计2015年的总专利数将达到2 000项。

5.3 重点工程

《生物产业发展“十二五”规划编制——生物能源产业专题研究》提出，“十二五”期间，生物质能利用方面重点开展以下工程：生物质原料收集装备、高效生物质直燃发电锅炉、生物质-煤混合燃烧发电计量装置、高效大功率低热值燃气内燃发电机组、纤维素乙醇示范工程、甜高粱乙醇示范工程、藻类生物柴油重点工程。

5.3.1 生物质原料收集装备

生物质原料收集是所有生物质能源化利用面临的共同问题。原料收集装备包括农作物秸秆以及林业剩余物的收割（采伐）、捡拾、打包、粉碎、运输等装备。目前，生物质能源化利用的原料收集主要依靠人工和小型机械，运输则主要依靠通用运输工具，效率低下，远远不能满足生物质能规模化利用的需求，已经成为生物质能源化利用的一大技术障碍。

高效、规模化的生物质原料收集装备研发的主要内容有以下几个方面：

（1）水稻、小麦、玉米等黄色秸秆的收割、捡拾、打包一体机。

（2）棉花秸秆的拔除、捡拾、粉碎一体机。

（3）适用于山坡地、沙地的灌木的采伐机、捡拾机和粉碎机。

（4）适用于圆柱形、方形秸秆包的专用运输车辆。

（5）适用于粉碎秸秆及林业剩余物的专用运输车辆。

5.3.2 高效生物质直燃发电锅炉

目前我国生物质直燃发电锅炉是引进自原丹麦BWE公司并国产化的高温高压水冷振动炉排生物质直燃发电锅炉，主要由国能生物发电有限公司使用。国内自主研发的炉型中，除了无锡华光锅炉股份有限公司研发的水冷振动炉排锅炉为次高温次高压锅炉外，其他如循环流化床锅炉、链条炉排炉等国内研发的炉型均为中温中压锅炉，热效率比高温高压炉型低5%左右。此外，循环流化床锅炉的腐蚀和冲刷问题尚未得到根本的解决。

生物质直燃发电锅炉是生物质直燃发电系统中最重要的装备，锅炉岛的投资约占项目总投资的40%。高效直燃发电锅炉的研发，不仅可以提高燃生物质电厂的效率，同时还可以推动生物能源产业的装备制造技术升级。

5.3.3 生物质-煤混合燃烧发电计量装置

生物质－煤混合燃烧发电方式效率高、消纳能力强、燃料价格稳定、适应农业季节性生产，是目前生物质能规模化利用最为经济的方式，也是目前发达国家生物质发电的主流技术。但是我国由于计量问题始终没有解决，所以无法获得生物质发电的电价补贴，阻碍了生物质－煤混合燃烧发电的应用，目前全国仅有山东十里泉电厂使用该技术，电价由山东省给予补贴。

生物质－煤混合燃烧发电计量装置的研发与使用，将对我国生物质发电产业起到重要的作用，将会极大地推动生物质－煤混合燃烧发电技术的推广应用，加速生物质发电产业规模的扩张。该计量装置需要有以下功能。

（1）具有自动识别功能，即可以自动识别通过的物料是生物质燃料还是化石燃料。

（2）具有自动称重功能，即可以自动对通过的物料称重，并显示通过物料的瞬时流量和累计流量。

（3）具有自动记忆功能，即可以自动记录任意时段通过的物料的累计流量。

（4）具有防更改功能，即除了相关的管理部门，使用企业无法更改数据。

（5）具有加密接口，即掌握密钥的相关管理部门才可以读取计量数据。

（6）具有数据远程传输的功能，即在有条件的场合，可以将数据直接传送到相关管理部门。

5.3.4 高效大功率低热值燃气内燃发电机组

生物质气化是一种适合我国农业生产分散、人均耕地占有面积小的特点的生物质能利用方式。首先，将农林剩余物转化为低热值的可燃气体，可以为当地农民提供生活用燃气；其次，剩余燃气可以采用内燃发电机组并网发电。目前我国的低热值内燃发电机组与发达国家的技术差距较大：一是功率小，目前最大单机功率仅为500kW，国际主流机组均在兆瓦级以上；二是效率低，发电效率约比国外同类产品低6%～8%。

生物质内燃发电机组的研发可以提高生物质气化发电的效率，促进生物质气化发电产业规模化发展，而生物质气化发电产业的发展将为生物质燃气内燃机组开辟巨大的市场。国家能源局、财政部、农业部将在“十二五”期间，建设200个“绿色能源示范县”，其中生物质气化发电是财政资金重点支持的内容之一，预计在“十二五”期间，生物质气化发电总装机容量将达到400万kW，按每台1 000kW计，需要4 000台燃气内燃发电机组，销售总额将达到120亿元。

5.3.5 生物质燃料乙醇

我国将以推进规模化的非粮燃料乙醇示范项目为重点，加强燃料乙醇整体项目设计能力，特别是提高蒸馏工艺和污水处理工艺的国内设计水平。纤维素乙醇示范项目主要研究产能在 1 万 t/ 年以上的纤维素乙醇生产技术，集中科研力量突破纤维素预处理工艺、发酵生产工艺的技术和成本瓶颈，研发具有自主知识产权的高效低成本纤维素降解酶系，实现关键技术原料和核心装备的国产化，形成工艺设计和装备制造的国产化。

对于甜高粱乙醇，我国重点是对规模在 3 万 t/ 年以上的项目进行开发，加强对原料保鲜技术的研究，提高原料选育、预处理技术水平，形成系统稳定的规模化生产线，建成年产 10 万 t 级甜高粱乙醇示范工程。另外，重点突破甜高粱原料的综合全利用生产工艺，即除对甜高粱中糖分的转化利用外，还要实现对纤维质原料的转化利用及副产品的开发，使其实现最大限度的有效利用。

5.3.6 生物质柴油

在生物质柴油方面，我国主要建立废弃油脂收集体系，加快培育生物柴油能源林建设，在确保原料能够持续稳定供应的基础上，加强生物柴油转化工艺的研发，特别是更为高效节能的生物酶转化与传统化学方法转化的结合，以及先进的气化合成等新工艺的应用等，提升生物柴油生产能力和效率，加快生物柴油进入燃油销售市场的步伐。

微藻生物柴油重点工程包括三部分：一是原料的选育与培养，即采用基因工程等分子生物学技术进行高出油率的藻种筛选与改良；二是对生产工艺的优化，即进行大规模海藻培养技术的优化，研发新兴光反应器、培养液的循环利用技术、节能好的采收技术、油脂提取分离技术，优先利用开放式培养技术，建立大规模示范模式；三是产品的综合利用与开发，即开发高附加值产品，优化并开发活性物质及其综合利用技术。

5.4 战略布局

5.4.1 生物质发电

在粮棉主产区，优化布局建设以农作物秸秆、粮食加工剩余物和蔗渣等为燃料的生物质直燃发电项目，结合县域供暖或工业园区用热需要，优先建设生物质热电联产项目。在重点林区，结合林业生态建设，利用采伐剩余物、造材剩余物、加工剩余物和抚育间伐资源，有序发展林业生物质直燃发电。推动城市垃圾焚烧和填埋气发电，以及造纸、酿酒、印染、皮革等工业有机废水治理和城市生活污水处理沼气发电。加快发展畜禽养殖废弃物处理沼气发电，推进生物质分布式小型气化发电项目的建设。

5.4.2 生物质供气

充分利用农村秸秆、生活垃圾以及畜禽养殖废弃物，在发展户用沼气的同时，大力推动大型沼气工程供气和村级生物质气化集中供气，鼓励剩余沼气资源发电。积极推动农村生物质供气专业化投资建设管理，提高可持续发展能力。促进生物质气化技术进步，提高设备效率和燃气性能，推动兆瓦级内燃机组技术进步和国产化，完善供气管网和服务体系建设。“十二五”末，建成 3 000 个生物质气化集中供气工程，户用沼气达到 6 000 万户，大型畜禽养殖场沼气工程达到 6 000 处。

5.4.3 生物质固体成型燃料

在农林生物质资源分散度高、规模收集难度大的地区，鼓励因地制宜推广生物质固体成型燃料，供应民用炊事取暖锅炉和城镇小型锅炉，替代燃煤消费。建成村镇生产、储运和覆盖城乡的生物质固体成型燃料产业化、商业化体系。

5.4.4 生物液体燃料

合理开发盐碱地、荒草地、山坡地等边际性土地，建设非粮生物质资源供应和加工转化基地，稳步发展生物液体燃料。在内蒙古、新疆、黑龙江、山东、江苏等地发展以甜高粱茎秆为主要原料的燃料乙醇产业，在广西、四川、云南、海南等地发展以薯类为原料的燃料乙醇产业。回收利用餐饮和工业废弃油脂，在西南地区发展以麻风树、油桐等油料植物为原料的生物柴油产业。积极开展新一代生物液体燃料的技术研发和示范工程，开展以农作物秸秆为原料的纤维素乙醇示范工程，争取实现纤维素酶等关键原料、生产装备和工艺、生产成本的突破，形成万吨级规模生产能力。开展新一代以藻类为原料的生物柴油技术研发工程，在沿海地区建成千吨级藻类柴油中试装置。

5.5 生物质能发展展望

生物质能作为唯一可存储的可再生能源，具有分布广、储量大的特点，并且具有“碳中性”特征，加强对生物质能的开发利用，有助于节能减排，是实现低碳经济的重要途径。我国国土面积广大，从北温带到热带，生物质能的原料种类和数量都很丰富，每年可产能相当于约 9 亿 t 标准煤。生物质原料的能量密度低，较为分散，适合中小规模的分布式发展，而我国是个农业大国，大力开发生物质能，有利于改善农村用能结构，提高农民生活水平，减少环境污染，对我国农村经济以及社会经济的整体发展十分有利。

当前我国正处于经济快速发展时期，具有极大的市场开发潜力和投资潜力，在化石能源紧缺和气候变化的国际背景下，我国已提出具有挑战性的非化石能源发展目标和节能减排目标，另外在相当一段时期，核能安全性还有待进一步确定，种种因素均为生物质能产业的发展提供了良机。

5.5.1 能源需求带动巨大发展空间

随着经济的飞速发展，我国的能源消费总量不断攀升。从 2001 年的 15 亿 t 标准煤增长到 2010 年的 32.5 亿 t 标准煤。统计数据表明，2001—2009 年，我国每年化石能源的消费比重均在 90% 以上（见表 5-1），而生物质能等新能源的利用率相对较低。我国能源消费构成的特点主要体现在：煤炭的生产和消费比重偏高，近 10 年煤炭年产量占能源总产量的比重基本保持在 70% 左右。石油的生产量低，消费量高，供需缺口需依赖进口石油满足。与煤炭资源相反，石油在能源总产量的比重逐年递减。生物质能等新能源的利用率不足 10%，而我国地域辽阔，生物质等能源蕴藏丰富，开发潜力巨大。从能源需求端来说，生物质能的利用方式可主要分为三类：电能、热能和交通燃料。从当前我国能源消费状况分析，生物质能的需求量将长期处于供不应求的状态。到 2015 年，生物质能源化利用工程总投资将达到 400 亿元 / 年，其中装备生产年收入达到 200 亿元以上。

表 5-1 2001—2009 年我国能源消费总量及构成

年份 / 年	能源消费总量 / 万 t（标准煤）	占能源消费总量的比重 /%			
		煤炭	石油	天然气	新能源
2001	150 406	68.3	21.8	2.4	7.5
2002	159 431	68.0	22.3	2.4	7.3
2003	183 792	69.8	21.2	2.5	6.5
2004	213 456	69.5	21.3	2.5	6.7
2005	235 997	70.8	19.8	2.6	6.8
2006	258 676	71.1	19.3	2.9	6.7
2007	280 508	71.1	18.8	3.3	6.8
2008	291 448	70.3	18.3	3.7	7.7
2009	306 647	70.4	17.9	3.9	7.8

数据来源：《中国统计年鉴 2010》

5.5.2 技术进步推动产业模式多元化

由于生物质能技术的多元化及产业化发展梯次差别明显，所以可针对不同技术的成熟度和产业发展梯次，采用不同的支持力度和支持模式，夯实技术基础和产业基础。其中：兆瓦级高效生物质燃气内燃发电机组、大型沼气厌氧发酵成套设备、高温高压生物质直燃发电锅炉、大型生物质气化与净化成套设备、生物质固体成型燃料加工及使用设备等产业化将是重要的研发和投资领域；加快提高生物质原料收集、加工、能源化利用专用装备自动化程度将是先进技术发展的方向；着力研发新一代生物液体燃料的技术，消除产业瓶颈和降低成本将是生物质液化利用产业快速发展的突破口。

为达到提高生物能源产业整体效益、推动产业发展的目的，应对现有的装备技术进行优化升级。首先应开展核心技术的研发，包括重大核心装置的研制及工程化应用和验证，然后进行示范工程建设进而进行商业化示范推广，促进生物质能的技术进步，完善管理体制和技术服务体系，加快推进生物质能产业化进程，推动各种生物质能利用技术，形成从原料供应、产品加工到市场开拓和相关服务体系的完整产业链。

5.5.3 生物燃料将成为新的增长点

生物质能可转化为生物交通燃料，并且具有广泛的原料资源和多种生产技术路线及产品。根据生物液体燃料的生产技术，生物质资源可分为木质纤维素、淀粉和糖、油脂等。

从国际上看，以甘蔗、玉米、薯类等为原料的燃料乙醇生产技术具有长期的工业化应用经验；以油脂为原料的生物柴油生产技术也有十几年的应用历史，技术比较成熟，产品与现有车用燃料（汽油 / 柴油）及发动机具有良好兼容性，已经实现了商业化、大规模的生产应用，主要通过掺混汽油和柴油用作车用燃料，通常称为传统生物液体燃料（或第一代生物液体燃料）。传统生物液体燃料生产成本的 80% 为原料成本，因而其成本和经济竞争力在很大程度上取决于原料种类、生产区域和气候条件。

近年来，随着粮食安全、技术发展和资源限制，生物液体燃料的原料开始从粮食作物转向各类非粮原料，利用农作物废弃物（玉米和小麦的秸秆、玉米芯、甘蔗渣等）、林木剩余物（木屑等）、专用高产能源植物（柳枝稷、甜高粱等）、富油微藻等原料发展第二代生物燃料。这些生物液体燃料技术虽然尚未成熟，但由于比传统的燃料乙醇和生物柴油具有更广阔的资源基础和更优良的燃料性能，近年来已成为生物液体燃料产业发展的新热点和长期战略方向，通常被称为先进生物燃料。在第二代生物液体燃料技术中，发展较快、发展前景广阔的主要是纤维素乙醇、生物费托合成燃料以及综合各种技术的生物质精炼厂。

第 6 章　生物质能行业准入的基本条件

由于生物质能不仅对保障我国能源安全、环境保护和节能减排作出贡献，而且对解决我国的“三农”问题和农民的增收问题、农村的工业化问题有重要的促进、拉动作用，因此在目前战略性新兴产业的政策框架下，生物质能一定会在整个新能源产业中处于非常重要的战略地位。在可再生能源领域中，尽管生物质能产业的发展早于风电和太阳能，但从 2008 年前后的大规模投资到目前的趋于平稳，短短几年之内，我国的生物质能行业就经历了大起大落，很多企业的盈利状况也不甚良好。如何更好地引导企业进入生物质能行业，帮助企业降低投资风险，寻找投资机会，是在整个战略性新兴产业规划和政策框架下亟待解决的重要课题。

6.1　生物质直燃发电（含混燃）

生物质直燃发电是目前比较成熟的技术，此类技术在国内外均有成功运行的案例，并且已经实现了商业化、市场化运作。秸秆直燃发电的发电环节与传统燃煤火力发电类似，主要不同点在于原料来源、原料预处理和秸秆锅炉。稳定的原料收集来源、原料预处理工艺和设备，以及适合我国国情和资源现状的生物质燃烧锅炉，是保证锅炉的换热效率、寿命和稳定运行的技术关键，也是行业准入的核心条件。

6.1.1　资源供给

资源保障是生物质直燃电厂的核心准入条件。生物质直燃发电技术适合的规模在 1 万～ 3 万 kW，每年所需的秸秆资源量为 25 万～ 45 万 t。如果在项目开工建设前，无法准确评估资源的保障能力，项目将会面临极大的风险。目前，以我国在运行的 2.5 万 kW 燃生物质电厂为例，其保障合理投资回报的资源量为 20 万 t 以上，这样的资源规模能够保障电厂的年运行小时数达到 7 000h 以上。

需要指出的是，由于我国的生物质收集，特别是秸秆收集需要和广大农民以及农村的经纪人打交道，现有项目均存在秸秆收集压力较大、收集成本较高的问题，秸秆资源和收集渠道是制约我国直燃发电项目进一步发展的重要条件。此外，由于资源的限制，单一电厂的装机规模很难超过 3 万 kW，限制了发电企业的规模效应，也制约着直燃发电的经济性。

对于资源和原料的收集，发电厂必须保证在电厂可以承受的价格范围内每年收集到不少于 25 万 t 的秸秆或其他生物质发电原料。此外，原料收集适用于以农场为生产单位的地区，单笔收购交易的规模较大，可以降低收集成本。同时，项目开发商应该考虑项目的选址和区域，直燃发电更适用于复种指数小的地区，在一年种植两季的地区，由于夏收夏种时间很短，因此没有足够的时间收集夏粮的秸秆。

此外，根据国家发展和改革委员会 2010 年 8 月 18 日下发的《国家发展改革委关于生物质发电项目建设管理的通知》（发改能源 [2010]1803 号），燃生物质发电厂应分布在粮食主产区秸秆丰富的地区，且每个县或 100km 半径范围内不得重复布置燃生物质发电厂。项目开发商需要对此规定严格执行，这既能保障自身的投资收益，也能避免后续监管和电网接入出现的各种问题。

6.1.2 技术条件

整体而言，目前我国的秸秆直燃发电技术已经比较成熟，国内装机容量已达 200 万 kW 以上。发电部分的技术与传统燃煤火电技术一致，而且由于所需装机规模较小，技术门槛不高，目前，技术方面的主要挑战和准入门槛在于原料预处理技术和秸秆焚烧的锅炉技术。

对于秸秆资源的收集和原料预处理技术，由于我国的秸秆品质和回收模式与国外显著不同，因此很难直接引进国际的技术和设备。采用国产设备事实上降低了这一环节的技术门槛和成本。根据秸秆来源的不同（稻秆、麦秆、玉米秆、棉秆、树枝木片），开发商也需要因地制宜地采用不同的收集和预处理技术。

对于焚烧锅炉技术，我国最初引进的国外炉排炉技术，造价较高，在目前的资源价格和电价水平下，利润空间有限。目前，包括国能生物质发电公司在内的部分企业采用的是从原丹麦 BWE 公司引进的炉排炉技术，并且通过国内锅炉企业对技术进行消化和吸收，成功实现了技术的国产化，显著降低了成本。因此，开发商在进入直燃发电领域时，选择合适的设备类型和适当的设备供应商十分关键。

目前，我国的另一类锅炉技术是循环流化床技术，这类技术主要由国内的研究和设计机构掌握技术核心。整体而言，国产循环流化床技术在经济性方面更有优势，在采购、施工等各个环节也更为便利。但是，国内拥有自主知识产权且具有稳定的设计、制造、建设和施工技术的循环流化床企业和设计院还不多，特别是高质量和运行稳定的循环流化床技术仍由少数专业企业和设计院所掌握。效率更高的大规模（3 万 kW）高温超高压的循环流化床技术正逐步成为未来的一个发展方向。

此外，开发商在选择设备时，应该特别关注设备的防腐、防烧结的能力和清理炉膛、炉壁的难易程度。针对不同的秸秆资源，开发商在设备选型上也应该有所侧重和不同。

6.1.3 资金保障

在投资方面，目前国内燃生物质电厂每千瓦建设成本在 1 万元左右，是常规燃煤火电厂每千瓦造价的 2 倍以上。但是，通过减少设备进口、提高国产化率、加强技术监督和管理等，仍有降低造价的潜力。以中节能（宿迁）示范项目为例，通过努力提高国产化率，完善技术和装备水平，每千瓦造价可降到 7 000 元以下。

目前采用国产循环流化床技术的 2.4 万 kW 燃生物质电厂投资在 2 亿元左右，相同规模的采用炉排炉技术的电厂和新建更大规模（3 万 kW）电厂的投资都在 2.4 亿元以上。企业的自有资金需要占到投资额的 20% ～ 30%。

此外，投资者还需要考虑财务成本和额外的并网成本。特别重要的是，由于秸秆收集期较为集中，通常在一年两季集中的收割季节集中收购秸秆，所以开发商还需要考虑一定量的流动资金。在目前的水平下，直燃电厂全年收购秸秆的资金总量约为 6 000 万元，而在秸秆收集的主要季节（夏收和秋收后），通常需要准备 3 000 万元以上的流动资金。整体而言，一个运行良好的秸秆直燃发电厂，毛利润可以达到 20% 左右的水平。

以装机容量为 3 万 kW 的农林剩余物直燃发电厂为例，如果生物质资源量能够得到保障，设备运行也保持稳定，年利用小时数能够达到 7 000h，而且内部管理水平较高，成本控制较好，企业净利润水平可维持在 1 300 万元 / 年以上。这一利润水平不包括 CDM（清洁发展机制）项目的减排收益。秸秆发电的 CDM 项目一般均能够在联合国成功注册，但是后期的审核和核查需要一定的投入（设备和人工共需要 100 万元左右）并有 1 ～ 2 年的滞后期。一个运行良好的秸秆发电厂的年均 CDM 收益约为 400 万元，在现有的机制下可以获得发电后七年的减排收益。

6.1.4 人才需求

在人才方面，电厂的管理和运营人才可以从传统的火电企业获得。但是，在原料的收集、储存和运输等方面，企业必须储备足够数量的既了解当地情况，又熟悉商业运作和管理的人才。这类人才需要在当地有一定的渠道，理解当地的文化和商业特性，能够使原料以合理的价格被收集。在目前的情况下，一个运行良好的直燃电厂需要约 30 人的电厂管理团队和 100 人以上的秸秆收集团队，而如果企业采用自行收集秸秆的模式，在秸秆收获季节，还需要聘请大量的临时工作人员到各处收集秸秆。

此外，对于规模迅速扩大的企业（例如以生物质直燃发电为主业之一的凯迪电力，上市后电厂规模从 5 座左右迅速扩大到 20 座以上在建项目的水平），人才的积累和储备就成为制约企业发展的重要因素。与之相适应的是企业的组织协同能力，集约化的人、财、物管理能力，过程控制能力，质量和安全控制能力，可持续的人才培养与持续输送能力。作为一个商业化运作的产业，这些也都成为企业在管理和控制领域所必须拥有的能力。

6.1.5 市场培养

在市场方面，整体而言，生物质发电及生物质燃料目前仍处在政策引导扶持期。生物质发电行业的标杆企业和在技术、成本方面已经具有明显优势且已投产的生物质发电项目的盈利能力已经得到初步验证。

但是，发电并网仍然是项目成功的核心。通常情况下，电厂理想的选择是距离升压变电站较近或者能够直接并入输电网络（通常为 110kV 以上的输电网络），从而减少场内电网和并网建设的投资。目前，根据《可再生能源法》和相关国家政策，原则上生物质直燃发电项目提交入网申请后都应该能够获得核准，但是在实际操作中也存在一定的不确定性和实效性。因此，获得电网企业的入网核准和地方政府的审批，是项目投资的关键条件。

目前，电网公司对于生物质直燃电厂的接纳程度比较高，发电上网不存在显著的瓶颈。但是，电厂需要合理安排其生产和销售，特别是要保障资源供给，从而能够满足电网对电力的调度和调峰。

6.2 大中型沼气工程

6.2.1 资源供给

规模效应是大中型沼气工程经济性的核心要素，只有当畜禽养殖场达到一定规模时，采用沼气工程技术处理粪便才是适宜的。因此，资源量对于保障大中型沼气工程的运行意义十分重要。

目前，对于资源量的确认可以参考国家环境保护部和国家质量监督检验检疫总局于 2001 年 12 月 28 日发布的《畜禽养殖业污染物排放标准》中对畜禽养殖场的分级和农业部对大中型养殖场、奶牛场和肉牛场、蛋鸡场和肉鸡场的规模界定。表 6-1 和表 6-2 分别列出了集约化畜禽养殖场的适用规模和大中型沼气工程畜禽养殖场规模的界定。

表 6-1　集约化畜禽养殖场的适用规模（存栏数）

规模分级	猪场规模（25kg 以上）/头	鸡场规模 / 千只		牛场规模 / 头	
		蛋鸡	肉鸡	成年奶牛	肉牛
I 级	＞ 3 000	＞ 100	＞ 200	＞ 200	＞ 400
II 级	500 ～ 3 000	15 ～ 100	30 ～ 200	100 ～ 200	200 ～ 400

表 6-2　大中型沼气工程畜禽养殖场规模的界定

类型	猪场规模（出栏）/ 头	蛋鸡场规模（存栏）/ 万只	肉鸡场规模（存栏）/ 万只	奶牛场规模（出栏）/ 头	肉牛场规模（出栏）/ 头
中型	3 000 ～ 10 000	5 ～ 20	10 ～ 40	200 ～ 600	500 ～ 1 200
大型	＞ 10 000	＞ 20	＞ 40	＞ 600	＞ 1 200

目前，只有在 II 级以上的集约化禽畜养殖场才比较适合建设沼气工程。根据目前的技术条件、投资和补贴水平，大型以上的沼气工程在现有的上网电价和其他补贴基础上才能取得比较良好的收益。表 6-3 展示了养殖规模和大中型沼气工程规模的对应关系。

表 6-3　养殖规模和大中型沼气工程规模的对应关系

猪场规模（年出栏）/ 头	日处理粪污 / t	厌氧罐体积 /m^3	沼气工程规模 /（m^3/ 日）	沼渣、沼液消纳配套面积 / 亩
1 000	10	100	100	80（农田、鱼塘、果园总计）
3 000	30	300	250	250（农田、鱼塘、果园总计）
5 000	50	500	400	400（农田、鱼塘、果园总计

6.2.2　技术条件

目前，大中型沼气工程的技术难点主要集中在厌氧发酵罐及其配套的搅拌系统、储气罐和发电机等方面。2 000kW 沼气发电工程的沼气罐总容积需要达到 10 000m^3 以上，通常需要建设 2 ～ 3 个沼气发酵罐。对于厌氧发酵罐和搅拌系统，目前国内的工程设计和施工企业已经能够独立完成，但是技术的稳定性还有待提高，特别是对于北方地区，需要保证温度，确保在冬季也能够产气，这对设计和施工工艺都是一个较高的要求。

在储气罐方面，目前比较先进的是引自德国的双膜储气柜和产气、储气一体的沼气发酵装置，国内从事相关设备生产、供应和施工的企业较多，但是真正拥有规模化、批量化生产并提供优质的现场安装、调试和售后服务的企业并不多，开发商需要慎重选择。

在发电机组方面，比较主流和高效的机型为 GE 公司生产的颜巴赫沼气发电机组。国内企业如胜动集团等也提供甲烷气体发电机组，在成本上有较为明显的优势，但是在效率和稳定性上还存在差距。目前，较为理想的沼气发电机组综合能效应达到 40% 以上。另外，还需要考虑 8% 左右的厂用电率。

此外，单个技术和设备并不能保证项目的成功，技术的整合和系统集成是沼气工程项目成功和后期良好运行的关键。选择有实际项目经验的设计、施工和建设单位，对于项目成功至关重要。

6.2.3 资金保障

小型沼气工程项目的配套面积及投资见表 6-4。

表 6-4 生态型沼气工程投资

猪场规模（年出栏）/ 头	沼气工程规模 /（m^3/ 日）	工程投资 / 万元
1 000	100	15
3 000	250	30
5 000	400	50

对于日产沼气量为 500 ～ 1 000 m^3 的沼气工程项目，总投资约为 100 万～ 300 万元。和设备比较简陋的中型畜禽养殖场相比，沼气工程的投资可能要超过养殖场的投资。作为微利产业的养殖业，业主难以承受初始投资较大的沼气工程。

对于沼气发电工程，我国大中型沼气工程的规模为 2 000 ～ 3 000kW，按照目前的技术工艺，选择进口的机械搅拌装置、双层模式储气罐和进口的沼气发电机组，2 000kW 工程的投资在 6 000 万元以上。这一投资受土地成本的影响很大，如果土地成本上升，投资总额还将进一步上升。另外，投资也需要考虑并网成本，这取决于项目选址和距离电网的距离。

在投资收益方面，2 000kW 的沼气工程通常需要配套 10 000 m^3 以上的储气罐，工程的年产气量（需要气体量）需要在 600 万 m^3 以上，发电量可以达到 1 200

万 kW·h。目前，我国给予 0.25 元/（kW·h）的上网补贴。上网电价可以达到 0.65 元/（kW·h）（各地标杆电价不同，导致最终上网电价也不尽相同）。发电收益约在 600 万元以上。此外，在目前的条件下，沼气发电还可以获得 300 万元左右的 CDM 收益，余热供暖、供气及沼液、沼渣的综合利用，还可以带来一定的额外收益。

6.2.4 人才需求

我国的沼气工程产业发展历史已经超过 20 年，大中型沼气工程自 2007 年开始有了较快的发展，但是总体水平较低，规模化的项目较少。因此，大规模沼气工程的设备、设计、施工和系统集成的技术人才仍十分缺乏。在现阶段，项目建设资金基本为政府投入的资金，没有稳定的商业资本投入渠道，导致这一行业优秀的技术和商业化人才稀缺，特别是有系统集成经验和实际操作经验的高级技术人才十分匮乏。这也是开发企业进入这一领域所必须考虑的问题。

6.3 生物质固体成型燃料技术

生物质固体成型燃料技术是指利用机械力对生物质原料(主要是农林剩余物，例如农作物秸秆、木屑等）进行压缩，使原料的堆密度大大增加，并可使不同种类原料获得较为统一的燃烧特性。

6.3.1 资源供给

生物质固体成型燃料的主要资源包括农作物的秸秆和稻壳、玉米芯等加工剩余物，林业剩余物如采伐、造材剩余物和加工剩余物，林木抚育间伐和修枝产生的枝条和小径木，灌木林平茬复壮剩余物，经济林、竹林枝丫修剪以及林下灌丛、苗圃去干、城市绿化修剪等产生的废弃物。

理论上，我国可用于生产生物质固体成型燃料的资源十分丰富，农作物秸秆及农作物加工剩余物总量约为 7.87 亿 t，木质生物质能资源的年可获得量约为 1.61 亿 t，共折合约 4.85 亿 t 标准煤。

但是，生物质固体成型燃料的生物质能资源与秸秆直燃发电的资源基本重合，在目前的市场环境下，直燃发电对资源的攫取能力更强，因此，在投资生物质固体成型燃料项目时需要审慎考虑周边的资源，特别是这些资源是否已经被其他生物质能利用形式所利用。此外，生物质固体成型燃料也有运输半径的问题，通常情况下，原料收集的运输半径不应超过 15km，如果运输半径过大，项目的经济性就开始存在问题。

6.3.2 技术条件

生物质固体成型燃料的技术和工艺较为简单，原料经过粉碎，送入压缩成型机中成型即可，主要设备即为压缩成型机。目前，生物质压缩成型机主要有三种形式，分别为螺旋压缩式、平模式和环模式。

目前，国外生物质固体成型燃料技术及设备的研发已经趋于成熟，相关标准体系也比较完善，形成了从原料收集、预处理到燃料生产、配送、应用整个产业链的成熟体系和模式。

企业在进入这一领域的时候需要根据市场的需求来选择不同的设备类型，不同类型设备的产品形状和用途也有所不同，对资源的适应水平也不同。此外，能耗水平也是选择机器时需要重点考虑的问题。目前，平模式和环模式成型机的电耗较低，约为 40 ～ 60（kW•h）/t，螺旋压缩式成型机的电耗最高，可达到 100（kW•h）/t。在产量方面，螺旋压缩式成型机的产量最小，单机产量仅为 100 ～ 150kg/h，环模滚压式成型机的产量可达 1 000 ～ 2 000kg/h。在产品品质方面，螺旋压缩成型产品密度最大，其他方式较小。

目前，生物质固体成型燃料领域的规模化生产还存在很大问题，设备并未形成标准化的能力，工程建设不规范，易损件的寿命和稳定性也较难保证。加之我国的生物质资源的变化较大，品质不高，并且还有大量泥沙，这些都对生物质固体成型燃料的生产设备提出了较高的要求。这些在技术选择时需要注意的内容，是进入这一领域的企业必须考虑的问题。

6.3.3 资金供给

目前，生物质固体成型燃料项目的投资不大，200 万～ 300 万元的投资就可以完成一个年产 1 万 t 的生物质固体成型燃料项目的建设。但是，在国家补贴方面，还是对项目的投资规模作出了要求，根据财政部 2008 年出台的《秸秆能源化利用补助资金管理暂行办法》，申请国家财政补贴的项目必须满足注册资本金在 1 000 万元以上、年消耗秸秆量在 1 万 t 以上两项条件。企业在进入这一行业时，需要仔细考虑国家的补贴门槛，尽量投资规模化经营的大型项目。

6.4 生物质气化

生物质气化是指以生物质为原料，以空气、水蒸气等为气化介质，在高温条件下通过热化学反应将生物质转化为可燃气体。生物质气化产生的主要可燃成分是一氧化碳、氢气等，称为生物质燃气。生物质气化与燃烧最明显的不同之处是，生物质气化的产物是可燃气体，而燃烧的产物是烟气或蒸汽。

6.4.1 资源保障

在资源量方面，生物质气化与直燃发电的资源量基本重合。生物质气化项目对资源量的需求较直燃发电较少，一年 5 万～ 10 万 t 的秸秆资源就足以支撑项目的运行。因此，资源需求方面生物质气化更加具有灵活性，适合因地制宜地发展。但是，生物质气化也面临与直燃发电类似的资源收购价格问题。气化系统主要使用稻壳等农林废弃物作为原料，收购价格较高，造成发电经济效益下降。

我国农业是以农户为生产单位的，因此，生物质发电的规模不宜过大，否则将增加原料收集的难度和成本；但也不宜过小，过小则不利于发电并网。根据调查，当生物质原料收集总量不超过 10 万 t/ 年时，收集成本和难度不大；但超过 10 万 t/ 年后，收集成本急剧上升，难度也大大增加。所以生物质发电年消耗原料的总量应控制在 10 万 t 以下，相应的发电总装机容量在 1 万 kW 以下。但项目的规模也不宜过小，过小则会增加电网接入系统的成本，所以，发电厂的总装机容量不宜小于 5 000kW，相应的原料消耗为 5 万 t/ 年。

目前，生物质气化项目在资源利用上仍存在瓶颈，已建成的生物质循环流化床气化发电厂都是以稻壳或木粉为原料的，尚未真正解决大田秸秆利用的问题。

6.4.2 技术条件

在技术方面，生物质气化的方式主要有循环流化床气化和固定床气化两种。循环流化床生物质气化发电技术已经基本成熟，国内已经建成 5 000kW 的示范电厂，但是，技术的难点在于燃气中的飞灰以及水洗焦油的处理。

目前国内的生物质固定床气化技术采用先成型后气化的技术路线，这使得系统对原料的适应性增加，可利用的原料种类增加，有利于稳定价格；其次由于规模适中，原料收集半径仅为 5 ～ 10km，原料的运输工具均为农用车，运输车辆和人力费用大大降低；再次，由于压缩成型燃料的堆密度与煤炭相当，提高了运输车辆的有效装载，降低了运输成本；最后，由于采用了固体成型工艺，减少了原料的霉烂损耗，提高了气化炉的效率。整体而言，固定床气化技术具有较大的优势，企业在进入这一领域时需要审慎考虑技术选择问题。

此外，生物质气化技术的另一门槛是内燃发电机组。由于生物质气化的燃气热值较低，所以内燃发电机组需要特殊设计。由于发达国家内燃发电机组一般不采用低热值燃气，因此，基本没有适用于低热值燃气的内燃发电机组产品。国内低热值内燃发电机组的主要生产企业有胜利油田胜利动力机械集团有限公司、淄博柴油机厂、济南柴油机厂、潍坊柴油机厂、无锡柴油机厂、南通宝驹动力机械厂等，另外还有许多小型厂家，主要对用柴油发电机组进行改装，单机功率较低，质量有待提高。

6.4.3 资金保障

在资金方面，目前示范的 5 000kW 气化发电项目，采用三台气化炉的设置，投资约为 4 000 万元。随着项目的成熟和规模化推广，投资成本有望进一步下降。但是，项目投资也需要考虑并网的成本和原料收集的流动资金储备。

在投资收益方面，生物质气化特别是固定床的气化项目，已经处于经济规模运行下。目前研发的固定床生物质气化炉的直径为 3m，已与目前最大的煤炭固定床气化炉相同。对此技术而言，单位投资和单位燃气运行成本是最低的，相应的项目经济效益较高。

6.5 城市生活垃圾沼气（填埋）工程

6.5.1 资源供给

随着我国城市规模的不断扩大，生活垃圾填埋场本身的选址就日渐困难，建设成本昂贵，为小型垃圾填埋场配备沼气工程就更加缺乏经济性。因此，垃圾填埋气的资源稀缺性逐步提高。企业需要加强对资源的控制，尽量选择日处理垃圾能力在 800t 以上的大中型垃圾填埋场进行投资。

行业准入的另一个壁垒是我国填埋场气体的收集率较低。目前，我国生活垃圾分类收集水平差，水分含量高，大部分填埋场技术设备水平不高，造成填埋场沼气利用率一般难以超过 20%，而发达国家一般达到 60%。

6.5.2 技术条件

项目的规模是这类项目的一个主要进入条件，小规模卫生填埋场（垃圾产生量在 200t/ 日以下，相当县级规模）在经济方面不太合理，填埋所产沼气难以得到利用（产气量小，发电上网难）。因此，企业需要选择规模化、产气率高、设施规范的项目进行技术开发。

另一个主要技术门槛是整套设施的控制系统，包括自动调节气体输入流量、压力、输出功率、跟踪上网等。特别是，CDM 对这类项目的投资回报影响很大，而完善的控制和检测系统，是 CDM 项目成功的关键。

6.5.3 资金保障

目前，装机规模在 5 000kW 左右的填埋气项目，一期工程投资约为 1 000 万元以上，除内燃发电机组外，一大部分的投资需要投入到气体收集系统中，包括气井和抽气管道。场内升压设备也十分重要（通常情况下发电机输出电压为 400V，经变压器升压为 10 kV 后上网）。

6.6 生物液体燃料

6.6.1 资源供给

可以用来生产和制取液体燃料的生物质能资源都是生物液体燃料资源，主要包括农林产品、农林剩余物、城市生活废弃油脂、能源植物和微生物（工程微藻）等。依据成分和性质，生物液体燃料的资源主要包括糖类、淀粉类、纤维素类和脂类等。

按照我国生物液体燃料的非粮化发展要求，可用于发展生物液体燃料的资源主要包括废弃糖类和动植物油脂，木薯、甜高粱、麻风树等能源植物和农林剩余物等纤维素类资源。已经大规模种植的部分非食用的糖类和淀粉类农作物（例如木薯等）及甜高粱、麻风树等能源植物的规模化开发利用需要边际土地的开发，农林剩余物等纤维素类资源的开发还有待转化技术的进一步完善和优化。

近年来，我国木薯种植面积约为 60 万 hm^2，年产量约为 1 100 万 t，主要用作食用、饲用、淀粉加工以及工业原料开发等；甘薯种植面积约为 500 万 hm^2，年产量约为 1 亿 t，主要用作留种、饲料、食用、淀粉加工等用途；高粱种植面积约为 57 万 hm^2，产量为 254.6 万 t，主要用作主食、酿酒、饲料加工和陈醋生产等。

目前，我国制糖期糖蜜总产量约为 350 万 t，其中甘蔗糖蜜为 300 万 t，甜菜糖蜜为 50 万 t，主要应用于农业饲料、酒精、味精、活性干酵母、酱油等领域，基本没有可以作为能源化利用的剩余资源。全国每年可利用的废弃油脂资源量约为 200 万 t。木本油料树种总面积达 804.2 万 hm^2，每年油料树种的果实产量约为 220 万 t，但目前加工利用的资源还不足 1/4，大多数资源处于荒废状态。

非食用糖类和淀粉类农作物和废弃油脂资源已经作为原料进入生物液体燃料的工业化生产（如木薯、甘薯等），但总的来看，现有的这些资源不能满足大规模化生产生物液体燃料的原料供应，生物液体燃料的发展需要利用边际土地种植能源植物和利用良种良法提高单产来保障原料资源的供应。

目前，第一代以粮食为原料的生物液体燃料面临着十分严格的资源限制，出于粮食安全的考虑，国家将对粮食乙醇进行最为严格的管理和准入限制。进入第一代生物液体燃料的资源门槛十分明显。

以非粮生物质资源为基础的第二代生物液体燃料也存在一定的资源门槛。开发商需要根据不同地域的特征和自有的技术储备，合理开发盐碱地、荒草地、山坡地等边际性土地，建设非粮生物质资源供应和加工转化基地，从而确保自身的生物液体燃料项目稳定的资源供给。

在国内，内蒙古、新疆、黑龙江、山东、江苏等地适合发展以甜高粱茎秆为主要原料的燃料乙醇，广西、四川、云南、海南等地适合发展以薯类为原料的燃料乙醇。西南地区适合发展以麻风树、油桐等油料植物为原料的生物柴油。

此外，在生物柴油方面，回收利用餐饮和工业废弃油脂的理论资源量十分巨大，能够支撑生物柴油产业的快速发展。由于现有体制机制存在不足，在实际回收过程中还存在较多的困难，规模化收集的交易成本较高。

6.6.2 技术条件

目前，第一代生物液体燃料的技术较为成熟，但是由于资源的限制，技术的发展空间有限。甜高粱茎秆乙醇和纤维素乙醇还不成熟，商业化应用还存在技术障碍。目前，投资商进入这一领域的技术壁垒主要在于掌握新一代生物液体燃料的核心技术以及能够掌握技术的示范和规模化能力，实现技术的量产。

具体来说，在以农作物秸秆为原料的纤维素乙醇方面，企业必须有能力实现纤维素酶等关键原料、生产装备和工艺、生产成本的突破，并有形成万吨级规模生产能力的软件、硬件和工程实力。

在新一代的生物液体燃料方面，例如新一代以藻类为原料的生物柴油技术研发等方面，企业必须掌握核心的技术和工艺，能够在沿海地区建成千吨级藻类柴油中试装置。这是进入这一行业的基本门槛。

在生物柴油方面，技术的主要门槛在于优良的催化剂以及规模化的收集和生产工艺。目前，我国有大小生物柴油生产企业（作坊）数百家，但绝大部分都是主要从事废油生物柴油生产或刚刚成立的中小企业。受生产项目规模、废油资源收集利用量、油料植物种植基地建设进度的限制，目前只有少数生物柴油企业实现规模化持续生产。

在生产工艺方面，目前欧美各国生物柴油工业化生产工艺主要是均相的酸、碱催化酯交换反应，其工艺已趋于成熟。但均相催化酯交换反应仍有一些显著缺点，例如工艺复杂、成本能耗高、废催化剂难以与产物分离、在处理废催化剂的过程中会造成环境污染等。另外，非均相催化剂可以较好地解决催化剂与产物分离的问题，并且可以减少废催化剂对环境的污染，是较好的一个发展方向，但到目前为止还没有特别好的工业用非均相催化剂，因此其工业化应用还有待进一步研究。再有，酶法对油脂的选择性小，既可以处理普通的植物油脂，也可以直接处理废弃油脂如地沟油、泔水油等。目前，酶法合成生物柴油虽然可以达到较高的生产率，但其生产成本过高，难以进行大量的工业化应用，很多技术还尚未成熟，需要进一步研究。

6.6.3　资金保障

生物液体燃料是一类资本密集型的产业，对资金的要求十分严格。目前，木薯乙醇的投资成本约为 3 700 万元 / 万 t。而若想达到中等规模的工业化生产，木薯乙醇的规模需要达到 5 万 t 以上，即单个项目的投资都在 1.8 亿元以上。甜高粱乙醇的投资成本约为 6 800 万元 / 万 t，纤维素乙醇的投资成本约为 5 300 万元 / 万 t，废油生物柴油的投资成本约为 3 700 万元 / 万 t，麻风树生物柴油的投资成本约为 3 700 万元 / 万 t。

除了初始投资成本外，生物液体燃料的运行对资金的要求也十分显著，主要包括原料采购的成本、关键催化剂和酶的成本等。对于一个年产 5 万 t 规模的生物液体燃料项目，运行资金需要在 3 000 万元 / 年以上。

参考文献

[1].石元春. 中国可再生能源发展战略研究：生物质能卷[M].北京：中国电力出版社，2008.

[2].王仲颖，赵勇强，张正敏. 中国生物液体燃料发展战略与政策[M].北京：化学工业出版社，2010.

第 7 章　我国生物质能技术评价

我国幅员辽阔，生物质资源种类繁多，生物质能产品市场千变万化，因此没有哪一种技术可以适用于全国所有地区，生物质能利用一定是一个多元化的技术体系，每种技术都可以并只能适用于一定的区域。因此，对生物质能技术评价要着眼于该技术的优点和缺点，并根据该技术的特点确定其适用范围。

7.1　生物质直燃发电技术

目前，我国生物质直燃发电技术（含混燃）是生物质发电技术的主流，这里主要对生物质直燃发电技术进行评价。

7.1.1　工艺路线简介

直燃发电是指全部采用生物质原料，并将生物质原料放入专用生物质直燃蒸汽锅炉中燃烧，产生蒸汽，驱动汽轮机，带动发电机发电。生物质直燃发电与燃烧常规化石燃料发电的不同点主要在于原料预处理和生物质燃烧锅炉，原料的预处理和专门的生物质燃烧锅炉是保证锅炉的换热效率、寿命和稳定运行的技术关键。图 7-1 为秸秆发电工艺流程示意图，图 7-2 展示了生物质直燃发电厂全景。

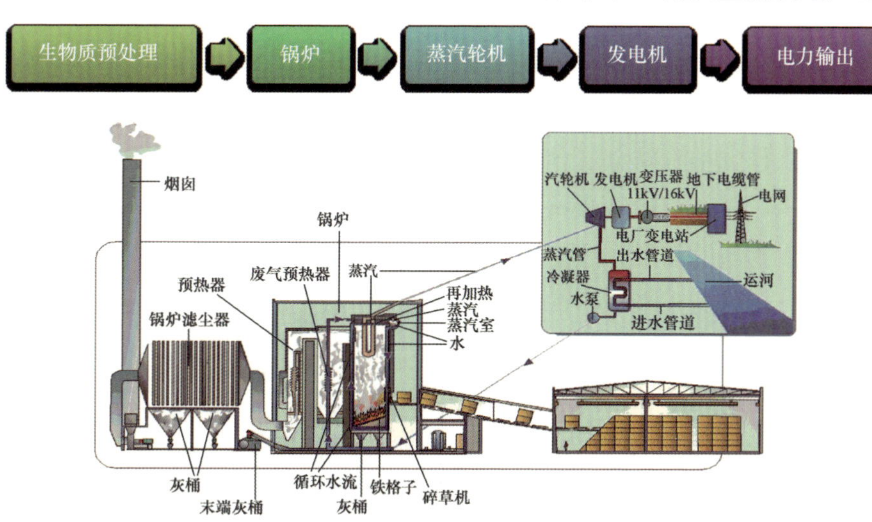

图 7-1　秸秆发电工艺流程示意图

图 7-2 生物质直燃发电厂全景

7.1.2 发展概况

我国的生物质直燃发电刚刚起步，2006 年 12 月，国能单县生物发电厂正式投产，这是我国第一个生物质直燃发电项目，采用原丹麦 BWE 公司的技术，国内生产，总投资 3.37 亿元，总装机容量达 2.5 万 kW。到 2009 年年底，全国生物质直燃发电总装机容量已经超过 120 万 kW。

农作物秸秆品种、形态、成分各异。成分分析显示，生物质原料与煤相比，通常水分高，挥发分高、灰分低，热值也比较低，生物质的燃烧特性与煤有所不同。特别是农作物秸秆碱金属含量比煤高，导致灰熔点低，在燃烧过程中锅炉容易积灰和结渣；飞灰中的碱金属和烟气中的氯，还会腐蚀受热面。碱金属和氯的含量与农林生物质的品种、土壤、肥料和耕种习惯等因素有关，各地并不尽相同。其中：稻秆、麦秆、玉米秆等黄色秸秆和稻壳中碱金属的含量比较高，燃烧结渣和腐蚀的风险比较大；棉秆、树枝木片的碱金属的含量通常比黄色秸秆的含量要小得多，结渣和腐蚀的风险比较小。

目前，国能生物发电有限公司已经收购了丹麦 BWE 公司，秸秆直燃电站锅炉技术的知识产权已经归国能生物发电有限公司，生产的 130t/h 高温高压秸秆直燃发电锅炉，已经在该公司的近 20 个生产厂使用。

我国专门燃烧秸秆的锅炉的设计制造已经起步。其中，无锡华光锅炉股份公司在2005年已经开始自行研制燃烧秸秆的电站锅炉，生产的75t/h中温中压水冷振动炉排锅炉已经在国内安装了20台（套）以上，工作基本正常。第一台次高温次高压的110t/h燃烧秸秆的电站锅炉也已在如东秸秆发电厂成功运行。

7.1.3 生物质直燃发电技术评价及适用范围

生物质直燃发电技术的主要优点如下：

（1）技术成熟，此类技术在国内外均有成功运行的案例，国内总装机容量已达200万kW以上。

（2）秸秆经粉碎直接入炉，不需要成型。

（3）适合大规模生产。

生物质直燃发电技术的主要缺点如下：

（1）该技术适合的规模在2万～5万kW，每年所需的秸秆资源量为25万～45万t，秸秆收集压力较大，收集成本较高。

（2）由于锅炉－汽轮机－发电机工艺适合于大规模生产，最大的系统已经达到100万kW，而我国生物质直燃发电又受到原料的限制，项目的装机容量仅为2.5万～3万kW，不能在经济规模下运行，所以单位投资和运行成本都较高。

生物质直燃发电技术的适用范围如下：

（1）建设一个2 500kW的秸秆直燃发电厂，必须保证在电厂可以承受的价格范围内每年收集到不少于25万t秸秆或其他生物质发电原料。

（2）适用于以农场为生产单位的地区，单笔收购交易的规模较大，可以降低收集成本。

（3）适用于复种指数小的地区。在一年种植两季的地区，由于夏收夏种时间很短，因此没有足够的时间收集夏粮的秸秆。

（4）电厂应接入10kV以上变电站。

7.2 生物质气化技术

7.2.1 工艺路线简介

生物质气化是指以生物质为原料，以空气、水蒸气等为气化介质，在高温条件下通过热化学反应将生物质转化为可燃气体。生物质气化产生的主要可燃成分是一氧化碳、氢气等，称为生物质燃气。

生物质气化与燃烧最明显的不同之处是，生物质气化的产物是可燃气体，而燃烧的产物是烟气或蒸汽，表 7-1 列出了气化与燃烧的不同。

表 7-1　气化与燃烧的原理比较

生物质气化	生物质直接燃烧
设备为气化炉	设备为锅炉
产品为燃气	产品为热量（蒸汽）
炉内发生化学反应时单质碳过剩	炉内发生化学反应时氧气过剩
主要化学反应为 $2C+O_2=2CO$ $C+H_2O\underset{高温}{=}CO+H_2$	主要化学反应为 $C+O_2=CO_2$
废弃物为灰渣	废弃物为烟气和灰渣

生物质气化系统除气化外，还包括燃气净化、压送、发电或供气等环节。由于从气化炉输出的燃气中含有焦油和飞灰等杂质，所以必须经过燃气净化装置，燃气中的飞灰可以采用旋风分离和冷却水喷淋等方式去除，燃气中的焦油则必须采用电捕焦油技术方能基本脱除。目前，有些生物质气化工程采用冷却水喷淋的方式脱除焦油，是不能达到农业部生物质燃气质量标准的（燃气中焦油含量低于 10mg/ m³），而焦油含量的高低是关系到系统下游设备能否正常运行的关键。经过净化后的生物质燃气可以作为工业炉窑的燃料，或民用炊事燃气，或通过内燃发电机组或燃气轮机发电机组发电。

生物质气化的方式主要有循环流化床气化和固定床气化两种，工艺路线分别如图 7-3 和图 7-4 所示。

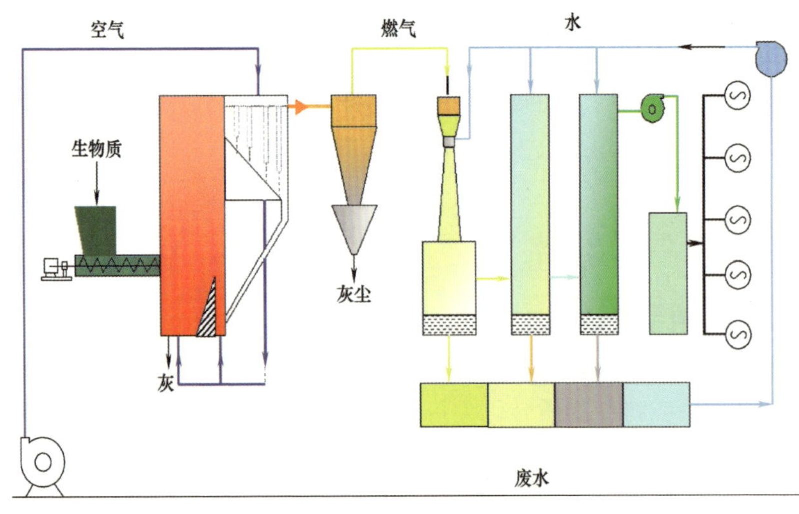

图 7-3　循环流化床气化工艺路线示意图

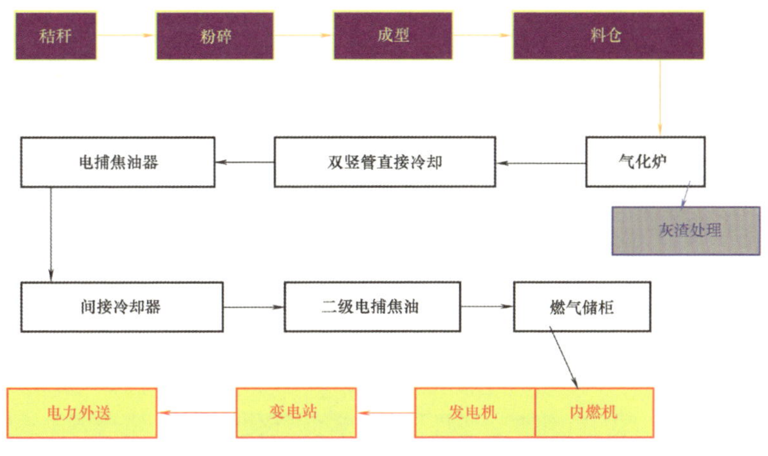

图 7-4 固定床气化发电工艺流程示意图

7.2.2 发展概况

1. 生物质循环流化床气化发电

“九五”期间，中国科学院广州能源研究所研制的循环流化床生物质气化发电技术，分别在福建莆田建成了国内首个 1 000kW 生物质谷壳气化发电系统，在海南三亚木材厂建成了国内首个生物质木屑气化发电厂。2005 年该研究所承担了科技部“863 项目”，在江苏兴化建成了总装机容量 5 000kW 的生物质气化发电厂，主要原料是稻壳和棉秆。

由中国科学院广州能源所研发的生物质循环流化床气化技术，生物质经过气化后，通过水洗去除燃气中的焦油和灰尘，净化后的燃气用于发电。但由于循环流化床气化炉生产的燃气中飞灰含量较高，水洗焦油时将形成灰 - 焦油 - 水的三相混合物，很难加以利用，也很难处理，这是该系统尚未完全解决的技术问题。同时，该系统主要以稻壳作为原料，收购价格较高，造成发电经济效益下降。图 7-5 展示了江苏兴化循环流化床生物质气化发电厂。

图 7-5 江苏兴化循环流化床生物质气化发电厂

2. 生物质固定床气化发电

2007 年由华东理工大学、沈阳煤气热力设计研究院和高邮市林源科技开发公司共同组成了“生物质固定床气化发电成套技术”的研发团队。其中关键设备——“生物质固定床气化炉”的研发得到了由我国政府、世界银行、全球环境基金合作开展的中国可再生能源规模化发展项目（CRESP）的资金支持。2009 年，研发项目通过了验收。2010 年初，在高邮市建成了“5 000kW 生物质固定床气化发电”示范工程。

示范项目总装机容量达 5 000kW，固定床气化炉直径为 3m，是目前固定床气化炉中内径最大的气化炉，项目安装 3 台气化炉（两开一备），确保燃气供应，单炉产气量达 5 000 ～ 6 000 m^3/h，气化效率为 72% ～ 75%，燃气热值为 1 500 ～ 1 700kcal/ m^3，项目总投资 4 000 万元。图 7-6 和图 7-7 分别展示了气化车间及燃气净化区和生物质气化发电车间。

图 7-6　气化车间及燃气净化区

图 7-7　生物质气化发电车间

7.2.3 生物质循环流化床气化技术评价

生物质循环流化床气化技术的主要优点如下：

（1）规模适应能力强，电厂规模大小均可。

（2）不需要成型即可气化。

生物质循环流化床气化技术的主要缺点如下：

（1）燃气中飞灰含量太高，导致焦油中含有大量灰渣，焦油只能废弃。

（2）焦油污水处理量和处理难度增加。

（3）灰渣中碳含量高，转换效率降低。

（4）已建成的生物质循环流化床气化发电厂都是以稻壳或木粉为原料，尚未真正解决大田秸秆利用的问题。

（5）生物质燃气热值较低，需设计专用的灶具。

7.2.4 生物质固定床气化技术评价和适用范围

生物质固定床气化技术的主要优点如下：

（1）系统为模块式，总体规模配置灵活。

（2）原料收集半径小，成本低，适合我国国情。

（3）彻底解决了生物质气化的焦油二次污染问题。

（4）系统可外供燃气，有利于新农村建设和小城镇建设。

（5）投资和运行成本低，可以实现商业化运行。

（6）总投资规模小，有利于民营企业介入。

（7）项目建设规范，有利于标准的制定。

生物质固定床气化技术的主要缺点如下：

（1）气化前需要先成型，前处理较为复杂。

（2）系统若单纯作为生活燃气，无法实现商业化运行。

（3）生物质燃气热值较低，需设计专用的灶具。

生物质固定床气化技术的适用范围如下：

（1）秸秆或林业剩余物资源较为丰富的地区。

（2）距离小城镇较近，以便供应燃气（适用规模 1 000 ～ 10 000 户）。

（3）用气居民区地势平坦，便于铺设管网。

（4）配套发电系统装机容量不小于 5 000kW。

（5）距离 10 ～ 35kV 电网节点较近。

（6）厂区与最近的民房间有不小于 50m 的开阔地。

7.3 生物质干馏技术

7.3.1 工艺路线简介

生物质干馏技术是将生物质原料在隔绝空气的环境中加热，使原料中富含的挥发分析出，成为焦炭、焦油、木醋液和燃气。干馏有内热式和外热式两种。

外热式生物质干馏的原料置于炭化室中加热，炭化室中没有氧化剂（空气）通入，原料热分解所需的热量完全来自燃烧室。原料经加热后，挥发分气化后从炉顶排出，即为生物质燃气，此时燃气中含有焦油蒸气和木醋液蒸气，经冷却后析出，成为生物质焦油和木醋液。净化后的燃气一部分回到干馏炉中作为燃料，其余作为燃料外供。当原料中的挥发分完全析出后，需停止加热，将干馏室中的生物质焦炭取出，并加入新的原料，所以外热式干馏炉的生产是间歇式的。图 7-8 为外热式生物质干馏工艺流程示意图。

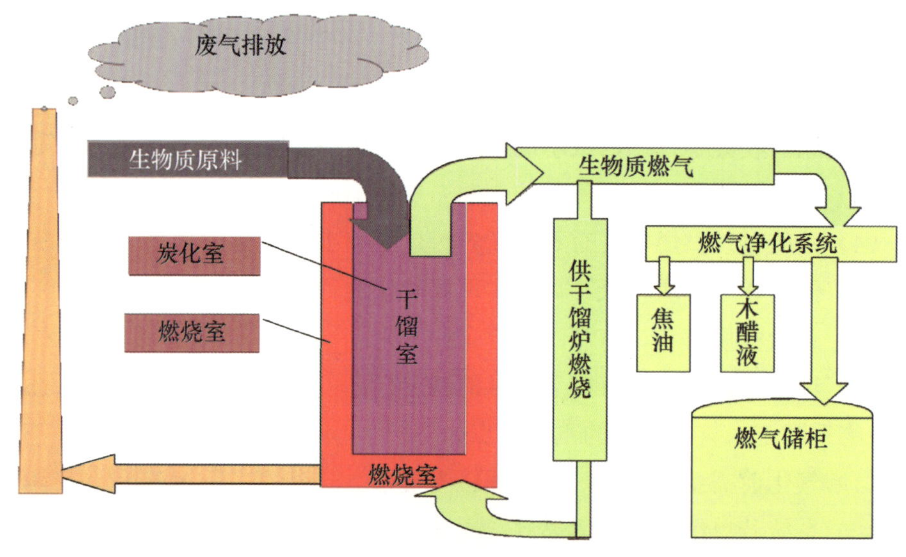

图 7-8　外热式生物质干馏工艺流程示意图

内热式生物质干馏是指将氧化剂（空气）通入炭化室，将生物质原料燃烧一部分，燃烧产生的热量供给挥发分分解。此方法同样可以得到生物质焦炭、焦油、木醋液和燃气四种产品，但是由于空气中氮不参与反应，将混入燃气输出，所以生物质燃气热值较低。由于内热式干馏炉可以控制氧化区的移动，所以内热式干馏炉可以做成连续式的，提高了工作效率，有利于稳定运行。图 7-9 为内热式生物质干馏工艺流程示意图。图 7-10 和图 7-11 分别展示了内热式生物质干馏炉和生物质干馏燃气净化系统。

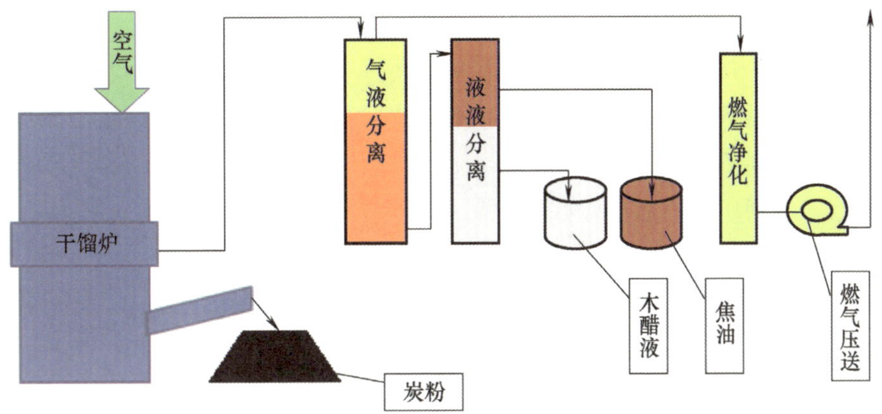

图 7-9　内热式生物质干馏工艺流程示意图

图 7-10　内热式生物质干馏炉

图 7-11　生物质干馏燃气净化系统

7.3.2 外热式生物质干馏技术评价及适用范围

外热式生物质干馏技术的主要优点如下：

（1）可以将生物质原料分为气、液、固多种产品，有利于后续的深加工。

（2）生物质燃气热值较高。

（3）生物质焦炭质量较好。

外热式生物质干馏技术的主要缺点如下：

（1）系统只能间歇式运行，燃气质量不稳定。

（2）受原料供应的限制，此类技术无法达到经济规模。

（3）燃气中大分子烃类物质含量高，净化工艺复杂。

（4）污水处理较为困难。

外热式生物质干馏技术的适用范围如下：

（1）有足够的生物质资源。

（2）距离燃气供应用户不超过 2km。

（3）生物焦炭有稳定的销路。

7.3.3 内热式生物质干馏技术评价及适用范围

内热式生物质干馏技术的主要优点如下：

（1）可以将生物质原料分为气、液、固多种产品，有利于后续的深加工。

（2）系统可以连续运行，燃气质量稳定。

（3）此类技术可达到经济规模运行，效益较好。

内热式生物质干馏技术的主要缺点如下：

（1）生物质燃气热值较低，需设计专用的灶具。

（2）生物质焦炭为粉末状，灰分高，质量较差。

（3）尚未实现工业化设计。

内热式生物质干馏技术的适用范围如下：

（1）有足够的生物质资源。

（2）距离燃气供应用户不超过 2km。

（3）生物焦炭有较好的利用方式。

（4）生物焦油和木醋液有妥善的消纳方式。

7.4 大中型沼气工程

沼气技术主要分为沼气工程和户用沼气两大类，其中户用沼气历史较长，已经形成了较为完整的项目管理和运行机制，因此，本书不再讨论。

7.4.1 工艺路线简介

大中型沼气工程指沼气池单体容积在 50 m^3 以上，或总体沼气池容积在 100 m^3 以上，日产沼气在 50 m^3 以上，具有原料预处理、沼气、沼渣、沼液综合利用配套系统的系统工程。

畜禽粪便原料经过 PH 值调节、除沙等预处理后，进入厌氧发酵罐，厌氧发酵罐中的微生物将原料转化为沼气，生成的沼气经过脱硫后进入燃气储柜。沼气主要的有效成分为甲烷，热值为 5 000 ～ 5 500kcal/ m^3。沼气可以作为生活用燃气，也可以通过内燃发电机组发电并网，沼液和沼渣是很好的有机肥料。

沼气制取的原料主要是畜禽粪便，目前国内开始试验使用农作物秸秆等生物质原料制取沼气，并取得了一定的成果。沼气制取过程中微生物主要消耗了原料中的碳和氢，而原料中的氮消耗较少，因此沼液中氮含量较高。使用农作物秸秆为原料制取沼气的问题是，原料中虽然碳、氢含量很高，但是氮含量很低，不足以维持微生物的生长。秸秆制沼气的原理是，将较高氮含量的畜禽粪便沼液作为秸秆沼气制取中所需的氮源，为微生物提供营养。由于秸秆中的碳、氢含量远远高于畜禽粪便，同时水分大大低于畜禽粪便，因此畜禽粪便产生的沼液回流不仅为秸秆沼气的制取提供了氮，也提供了所需要水分，而且减少了沼液的生成量，一举三得。由于秸秆中碳、氢含量高，所以秸秆的沼气产率也远高于畜禽粪便，一般畜禽粪便的沼气日产量约为 45 ～ 80 m^3，而秸秆沼气的日产量可达 200 ～ 300 m^3。

大中型沼气工程不仅包括必需的沼气制取设备，同时还要包括配套的燃气净化、污水处理、沼渣利用等设施，最重要的是必须配有沼气利用的设施。例如：若为村镇居民集中供气，则需配有燃气调压储存、压送、输配管网、消防与安全检测设施等；若发电并网，则需配有发电机组和并网设施。

7.4.2 发展概况

我国大中型沼气工程自 2007 年开始有了较快的发展，但是总体水平还较低：一是项目规模较小，所建成的项目中大部分的厌氧发酵罐池容在 1 000 m^3 以下；二是大部分项目的沼气利用不完全，沼气放空的现象大量存在；三是沼液、沼渣利用粗放，没有完善的沼液、沼渣处理设备；四是工程建设极不规范，设备质量差、运行寿命短、配套混乱；五是经济效益差，项目缺乏自我发展的能力，无法实现市场化运行；六是项目均由养殖场自行投资建设，缺乏技术改造和完善的机会和能力；七是项目建设资金基本为政府资金投入，没有稳定的商业资本投入渠道，产业发展缺乏动力。

到目前为止，全国共建成配套沼气并网发电的工程仅有三个，分别为蒙牛集团蒙牛沼气发电厂（装机容量为 1 000kW）、北京德青源沼气发电厂（装机容量为 2 000kW）和山东民和牧业有限公司沼气发电工程（装机容量为 3 000kW）。

7.4.3 大中型沼气工程的技术评价和适用范围

大中型沼气工程的技术优点如下：

（1）沼气热值较高，可以作为优质炊事燃料。

（2）系统可以连续运行，燃气质量稳定。

（3）具有良好的环保效益。

大中型沼气工程的技术缺点如下：

（1）沼液、沼渣作为有机肥料，长期储存和运输问题尚未妥善解决。

（2）发电上网规模难以扩大。

（3）配套离网发电的中小型沼气发电工程尚未实现工业化设计。

（4）尚未有专业的投资、运营企业参与。

大中型沼气工程的适用范围如下：

（1）有足够的资源。

（2）距离燃气供应用户不超过 3km。

（3）周边有足够的农田或林地消纳沼液、沼渣。

7.5 生物质固体成型燃料技术

7.5.1 工艺路线简介

生物质固体成型燃料技术是利用机械力对生物质原料（主要是农林剩余物，例如农作物秸秆、木屑等）进行压缩，使原料的堆密度大大增加，并可使不同种类原料获得较为统一的燃烧特性。生物质固体成型燃料技术可以使松散的生物质原料变得更加易于运输和储存，还可以提高生物质原料的燃烧效率。

生物质固体成型燃料的生产工艺较为简单，原料经过粉碎，送入固体成型机中成型即可，主要设备即为生物质固体成型机，如图 7-12 所示。

图 7-12 生物质固体成型机

7.5.2 发展概况

近三年来，生物质固体成型燃料设备的研发和应用得到了较快的发展，生物质固体成型设备和工程建设已经不存在不可逾越的技术障碍，但是在项目建设的规范化方面尚需要认真对待。目前，生物质固体成型燃料生产企业很多，但缺乏具有示范意义的工程。2009 年，全国生物质固体成型燃料的总产量为 200 万～250 万 t，产品销售对象有三类：

（1）由政府补贴的惠农项目产生的需求。一些政府在本地区农村推广使用生物质固体成型燃料（例如北京市），由每个农户购买燃用生物质固体成型燃料的炉具，并对购买炉具的用户给予补贴，甚至免费提供，然后由农民自行购买燃料。此类销售量每年约为 10 万 t。

（2）为小型生物质锅炉提供燃料。一些企业在生产生物质固体成型燃料设备的基础上，自行研发了燃生物质锅炉，其主要是 4t/h 以下的蒸汽锅炉和

700kW/h 的热水锅炉，主要作为宾馆、饭店、洗浴中心等场所的自备锅炉。由于一些城市对环境的要求越来越严格，燃煤的自备锅炉受到极大的限制或被禁止使用，改用燃油则大大增加了成本，改用燃气则往往受到供气管网的限制而无法实现。而燃生物质固体成型燃料锅炉由于排放低且符合国家发展可再生能源的政策，所以成为低成本的解决方案。这部分的生物质固体燃料需求有 150 万 t。

（3）生产生物质机制炭的原料。机制炭由生物质固体成型燃料经干馏而得，约 3t 的生物质固体成型燃料可生产出 1t 机制炭。随着人民生活水平的提高，餐饮业用于烧烤和涮锅的生物质机制炭消耗大量增加，同时日本、韩国也有此类产品的需求，我国每年出口的机制炭超过 10 万 t。这部分的生物质固体燃料需求有 60 万～ 70 万 t。

7.5.3 生物质压缩成型机特点及问题

生物质压缩成型机主要有三种形式，分别为螺旋压缩式、平模式和环模式，三种形式的成型机各有特点。

（1）电力消耗：一般在 40 ～ 100kW•h/t 之间。其中螺旋压缩成型的电耗最高，平模和环模成型电耗较低。

（2）投资：单台螺旋压缩成型机投资最低，环模滚压成型机投资最大。但单位产量的投资则螺旋压缩成型机较大。

（3）产量：螺旋压缩成型产量最小，单机产量仅为 100 ～ 150kg/h，环模滚压成型产量可达 1 000 ～ 2 000kg/h。

（4）质量：螺旋压缩成型产品密度最大，其他方式较小。

规模化生产存在的主要问题如下：

（1）易损件寿命太短。

（2）工程建设极不规范。

7.6 生物液体燃料技术

7.6.1 工艺路线简介

生物液体燃料是生物质原料经过物理、化学或者生物转化生产的液体燃料，是生物燃料的一种，包括燃料乙醇、生物柴油、液态生物氢、甲醇、生物丁醇、纤维素乙醇、合成生物燃油等。生物液体燃料和常用石化燃料在能量密度、生产能耗、碳含量比率、碳释放量、碳排放减少量等方面都有明显的区别。综合来看，生物液体燃料尽管在能量密度方面稍逊色于石化燃料，但是二者在生产能耗方面相差无几，而且生物液体燃料在碳减排方面的贡献是石化燃料所无法相比的。再加上生物液体燃料的可再生性，生物液体燃料被认为是石化燃料的最佳替代产品。考虑到替代交通运输业使用的各种石化燃料，以燃料乙醇和生物柴油为代表的生物液体燃料是目前主要的利用和发展方向。

1. 燃料乙醇

燃料乙醇是生物质原料经转化后产生的生物液体燃料。淀粉类、糖类和纤维类原料均可生产燃料乙醇。糖类原料可直接生产，淀粉类和纤维类原料则需经过水解、糖化等加工过程进行转化。燃料乙醇都是通过发酵法生产的，即将糖类物质通过微生物的作用分解成乙醇和二氧化碳，也可用纤维素类物质水解生成糖后再发酵产生乙醇。乙醇的生产技术按用于发酵制取燃料乙醇的原料分为三种：糖类原料生产乙醇技术、淀粉类原料生产燃料乙醇技术和纤维类原料生产燃料乙醇技术，后两种要先通过水解得到可发酵糖。图 7-13 为淀粉类和糖类原料制取燃料乙醇的原理。图 7-14 和图 7-15 分别介绍了淀粉类原料、糖类原料制取燃料乙醇的工艺流程。图 7-16 为可制取燃料乙醇的早熟 1 号甜高粱。

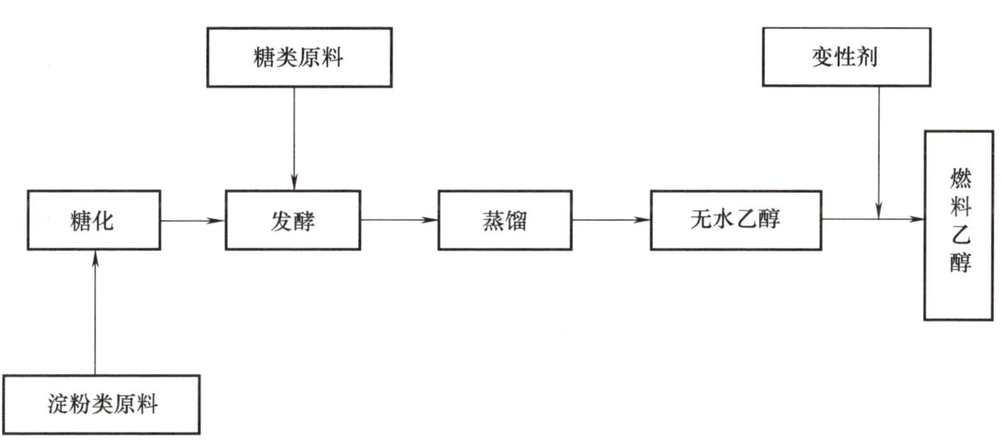

图 7-13 淀粉类和糖类原料制取燃料乙醇的原理

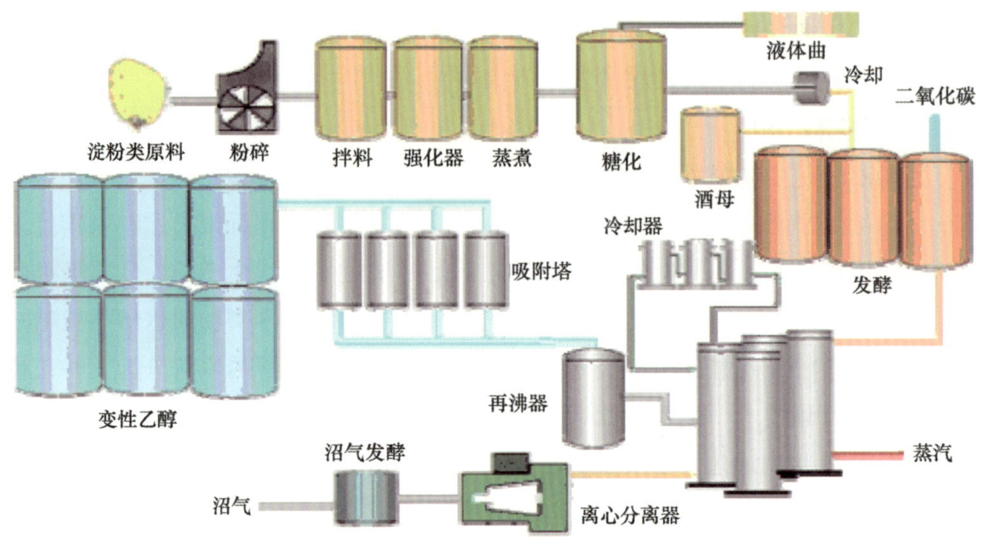

图 7-14　淀粉类原料制取燃料乙醇的工艺流程

注：此图来源于中国石化。

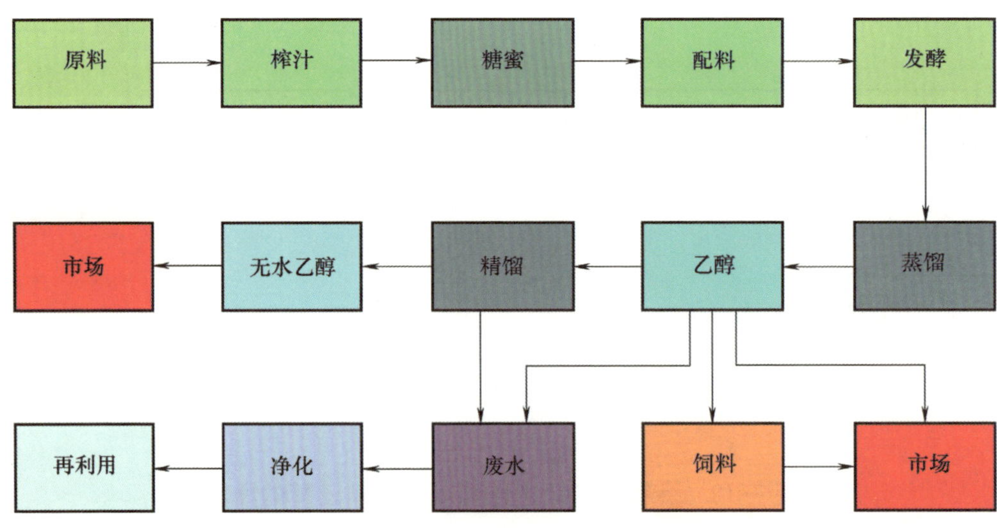

图 7-15　糖类原料制取燃料乙醇的工艺流程

图 7-16 可制取燃料乙醇的早熟 1 号甜高粱

2. 生物柴油

生物柴油是以油料作物、木本油料植物果实、水生油料植物、动物油脂和废餐饮油为原料制作的液体燃料，它是通过分解以不饱和的油酸为主要成分的油脂而获得的一种高脂酸甲烷。生物质酯化技术是利用动植物油脂与甲醇或乙醇等低碳醇反应生成生物柴油的技术，其产生的生物柴油的主要成分为脂肪酸甲酯（FAME）。生物柴油的生产原料可用各种废弃的动植物油，例如地沟油、工业废油等，也可以用含油量高的油料植物，例如油菜籽、大豆、麻风树、黄连木等。图 7-17 为生物柴油生产工艺原理。图 7-18 为年产 200t 的麻风树果实制取生物柴油中试装置。

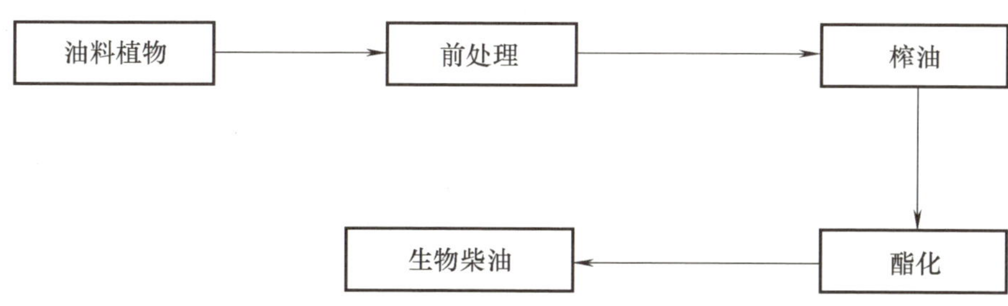

图 7-17 生物柴油生产工艺原理

图 7-18　年产 200t 的麻风树果实制取生物柴油中试装置

7.6.2　生物液体燃料技术成熟度评价

目前国内外生物液体燃料技术的发展状况大体上可分为以下五类：

（1）技术成熟、已实现商业化生产的技术，例如巴西的甘蔗燃料乙醇。

（2）技术成熟、已实现产业化的技术，例如美国的玉米燃料乙醇和欧洲的生物柴油。

（3）技术基本成熟，资源供应有一定潜力，但未实现产业化的技术，例如木薯燃料乙醇、甘薯乙醇、甜高粱燃料乙醇、麻风树等生物柴油等。

（4）技术原理可行，技术趋于成熟，原料来源广泛，商业化前景良好的技术，例如纤维素燃料乙醇等。

（5）技术原理可行，技术尚不成熟，需要继续研究开发的技术，例如生物合成燃料等。

显然，（1）和（2）中的两类燃料技术已成熟，具备了规模化推广应用的条件；（5）中的燃料技术基本上属于科学研究的范畴，需要加大研发力度，开展更多更深入的科技攻关和研究；（3）和（4）中的两类燃料技术基本成熟，或趋于成熟，并且原料来源广泛，市场前景很好，应成为发展的重点。

第 8 章 生物质能领域风险分析

虽然所有投资均存在风险，但生物质能是一个新兴产业，产业政策尚不完善，投资项目选择经验不足，运行管理也缺乏经验，投资存在较多的不确定性，因此，如何防范风险以减少投资失误的问题尤为突出，本章将通过一些案例简要分析生物质能领域投资的主要风险因素，并提出风险防范的建议。

8.1 政策风险

鉴于生物质能产业发展仍处于发展初期，所以产业政策尚未到位，在今后很长一段时期内，政策存在着不确定性。我国规模化生物质能利用起步较晚，例如：第一个生物质直燃发电项目于 2006 年 11 月底方正式并网发电；2005 年以陈化粮为原料的燃料乙醇产量达到 102 万 t，但到目前为止燃料乙醇的总产量仅为 186 万 t；生物柴油的产量为 50 万 t，原料全部来自废弃的动植物油脂，以油料作物为原料的生物柴油生产目前尚未起步。

8.1.1 政策变化

我国可再生能源的基本法《可再生能源法》于 2006 年 1 月 1 日正式实施，所有生物质能利用的配套政策均给予该基本法有力的支持。生物质能利用是一个新兴产业，相关政策有一个不断修改和完善的过程。

生物质发电电价政策是政策不确定性变化的典型案例，2006 年生物质发电电价为在本省带脱硫燃煤发电标杆电价的基础上加 0.25 元 /（kW·h），但在此价格水平下，当时建成的生物质直燃发电厂出现全面亏损，严重制约了产业发展。为此，国家发展和改革委员会价格司组织了多次调研和讨论，于 2007 年 10 月出台了为生物质直燃发电增加 0.1 元 /（kW·h）的临时电价补贴政策。该政策执行一段时期后，又发现了生物质发电主要建设在中、东部地区，客观上造成了可再生能源电价附加分配西部补贴中、东部地区的事实，与国家财政转移支付的大方向背道而驰。经过调研和研究，2010 年 7 月，国家出台了所有生物质发电上网电价统一为 0.75 元 /（kW·h）的固定电价政策。

8.1.2 政策演变对投资的风险

对一个新兴产业而言，政策的导向和变化将对产业的发展产生重大影响，因此，对此产业的投资就需要积极关注政策的动向。总体而言，在较长的一段时期内，生物质能利用产业的政策支持力度呈上升趋势，但并不能排除出现调控的可能。

还是生物质发电，由于近年来生物质发电项目的建设缺乏合理的规划，项目与项目之间争抢资源，导致资源价格不断攀升，严重影响了项目的经济效益，甚至造成亏损。为了制止上述情况，国家能源局于 2010 年 7 月出台了《国家发展改革委关于生物质发电项目建设管理的通知》，文件明确规定了在半径 100km 的范围内不得建设第二个生物质发电项目，同时规定，“对拟建的生物质发电项目，要制订年度工作计划，报国家能源局审核同意后核准建设，对自行核准的项目，将不予纳入国家可再生能源补贴基金的范围。”政策出台后，生物质发电项目建设步伐减缓。

以上情况存在两类与投资风险相关的情况：一是项目建设选址不当，资源不足，价格上升，造成投资效益低下；二是一些企业在规定出台前选择了投资生物质发电项目，并开展了前期工作，但在项目核准前遇到了国家能源局规范产业的政策，2011 年，国家能源局审核同意的项目为零，所以前期投资搁置，投资计划搁浅，造成了投资损失。

8.1.3 政策风险规避

政策风险最有效的规避手段就是充分了解和理解政策，同时要站在第三者的角度，客观地分析产业发展的趋势和政策走向。如果从投资者的角度分析，由于与利益密切相关，分析结果难免产生偏颇。

例如，从投资者的角度分析，生物质发电产业可以利用农林剩余物作为原料生产电力，在提供了能源产品的同时，还可获得减少温室气体排放和减少秸秆焚烧等环境效益，也能为农村劳动力提供就业机会，增加农民收入，是利国、利民的好事，国家目前也制定了财税激励政策，因此得到的结论是，农林剩余物的产生是长期的，所以生物质发电也将长期得到发展。

但从国家能源供求体系的角度考虑则不然。我国所有能源品种中，最为短缺的是液体燃料，而生物质能是唯一能够提供液体燃料的资源种类。目前，生物液体燃料的生产尚未实现商业化，所以生物质资源被大规模地用于发电。预计 2020 ～ 2030 年，生物液体燃料技术已经成熟并可实现商业化运行，届时，必将出台政策，鼓励生物质资源流向液体燃料生产，而生物质发电将受到一定的限制。

所以，得出的结论是：生物质发电项目的投资应该在生物液体燃料技术实现商业化运行前 15 ～ 20 年进行。

由以上分析可见，政策的变化并不是毫无征兆的，这些变化后的政策一定是针对产业发展存在的问题制定的，长期关注产业发展动向，分析产业发展方向，就可以对政策的变化作出预判，并得以规避政策变化的风险。

8.2 资源供应风险

生物质能利用项目建设最关键的问题是资源供应问题，因此对生物质能利用项目而言，资源供应的风险一定存在，主要表现在两个方面：一是实际资源量小于估算的资源量，导致项目因资源供应不足而降低开工率；二是资源收集困难，导致资源价格上涨，影响项目的经济效益。

8.2.1 生物质能资源来源保障度低

生物质利用项目在确定投资建设前，都需要对周边的生物质能资源作详细的调查，但生物质能资源，特别是农林剩余物和畜禽粪便资源都存在着较大的不确定性。这些资源来源于农业和畜牧业生产，但并不是农业和畜牧业生产的目标产品，所以生物质能资源的供应虽然依赖农牧业生产，但在确定农牧业生产的品种、规模、布局时并不会考虑生物质能利用项目的资源保障问题，因此农牧业生产的结构调整，将对生物质能利用项目的资源供应产生较大的影响。

8.2.2 资源风险实例

一个典型的案例是某生物质发电企业的资源调查显示，当地棉花种植面积达 40 万亩，棉秆没有有效的处理手段，项目建成后可以获得约 16 万 t 棉秆作为发电原料，约占全厂原料总量的 70%。项目建成两年后，当地农村推广种植经济效益更好的山药，种植面积达 10 万亩，而山药种植需要棉秆为其作支撑，种植 1 亩山药需消耗 2 亩棉花所产的棉秆。该企业棉秆原料每年减少了 8 万 t，约占原料消耗总量的 35%，严重影响了企业的正常生产。

8.2.3 资源供应风险规避

生物质能项目资源供应风险的规避主要有以下两个方面：

一方面控制项目规模，确定合理的资源收集半径。所谓合理的收集半径，是要符合两个条件的：一是收集半径内的资源到厂价格低于项目可接受的收购价格，单纯地调查资源总量是没有实际意义的，需要调查的是项目可接受的资源收购价格下，可以收集到的资源量；二是收集半径内的资源赋存大于项目资源需求总量，只有保证在收集半径范围内的资源供大于求，才能有效地控制收购价格。

另一方面要作好项目前期的资源调查。资源调查不仅仅是了解资源总量，还是要全面地分析资源在不同价格水平下的可获得性。

8.2.4 资源调查

资源调查的最终目的是分析并预测在生物质能利用项目市场化运行能够承受的价格下，可以收购到厂的资源量。要综合考量资源储量和潜力、其他用途对资源的需求、当地经济发展状况、农民收入水平、气候和交通等条件。

1. 资源条件

资源条件调查的目的是，了解当地资源储量和可用于能源利用的资源量。其主要内容有资源的品种分布和用途（还田、饲料、燃料、工业原料比例，即能源利用可获得系数）、收集损失、作物复种指数以及人均耕地面积等。

2. 当地气候条件

当地气候条件调查的目的是分析原料在储存时腐烂霉变的可能性，并估算储存损失。其内容主要有当地无霜期、有无采暖需求及采暖期时长、年平均温度、年降雨量及平均相对湿度等。

3. 运输条件

运输条件调查的目的是分析资源运输条件并估算运输成本。其主要内容有农田分布和集中度、道路状况、水面运输的障碍和利用水面运输的可行性、有无道路收费及收费水平等。

4. 用能相关情况

用能相关情况调查目的是了解所生产的能源产品的市场消纳能力和潜力。其主要内容有人均能源消费量和能源价格、当地居民用能习惯、居住地的地形地貌是否适宜铺设燃气管网等。

5. 人文环境

人文环境的调查目的是了解当地农民对参与绿色能源县项目建设的积极性以及对用能改善的意愿。其主要内容有当地农村区域经济发展状况、农民经济收入、工业发展状况、地方政府和农民的商品意识、当地环境容量等。

8.3 市场风险

市场化是今后生物质能利用项目的发展趋势，因此不可避免地存在市场风险。虽然生物质能利用是一个朝阳产业，今后很长时期内，其市场容量和接受程度都呈高速上升态势，但并不意味着这类项目没有市场风险。

8.3.1　市场风险典型案例

目前在大多数地区，生物质固体成型燃料用于工业锅炉的价格在 850 元 /t 左右。2010 年 11 月 12 日，广州举办了第 16 届亚运会，为了保证当地空气质量，广州市采取了市区内禁止使用燃煤锅炉的措施，燃煤锅炉可以改用天然气作为燃料，但当时广州的天然气基本靠进口解决，工业用气价格高达 6 元 / m^3，使企业燃料成本剧增。由于生物质固体成型燃料属于清洁能源，允许使用，所以其在广州市大行其道，价格高达 1 400 元 /t，但相同热值的生物质固体成型燃料价格比天然气价格还低 50%。亚运会之后，部分城乡结合部的锅炉恢复了煤炭的使用，市场需求回落，生物质固体成型燃料的价格也降到 1050 元 /t。

某生物质固体成型燃料生产企业根据广州亚运会期间的市场需求分析，认为广东市场潜力很大，遂投入资金将产能扩大到 20 万 t/ 年，拟在广东省全面销售。但是在推广过程中，广东省环保部门出台了政策，要求生物质固体成型燃料锅炉排放按照天然气锅炉标准执行，并要求生物质固体成型燃料只能在天然气管网未覆盖的地区使用，使该企业的市场销售计划崩溃。

随着生物质能产业的发展，市场潜力将逐步被发掘出来，市场容量将不断扩大，对投资商而言，机会也不断增加。但是不可避免的是，这个行业参与企业也将越来越多，参与企业的实力也将越来越强，市场竞争也将越来越激烈。

8.3.2　市场风险规避

要想规避市场风险首先要端正观念。目前，有部分企业认为：生物质能利用产业是国家倡导的新兴产业，国家应该支持，不能让企业亏损，如果亏损，国家就要补贴。这是极其错误的观点。首先，国家对新兴产业的财税优惠政策是针对全行业的，而不是针对某一种技术的，如果所采用的技术路线导致经济效益低下，则需首先考虑技术路线的合理性，而不是财税优惠政策的力度。其次，国家政策出台的依据是以全行业的平均水平为基础的，而不是针对某个企业的，不同企业即使采用相同技术生产同样的产品，也将因资源收集成本、企业管理水平的不同而导致经济效益的差异，所以，企业不能认为进入了国家鼓励的产业就一定能够获得盈利，即使得到国家政策的支持，也需要作好投资前的调查分析，作出正确的投资决策，项目建成后也需认真做好企业内部管理、降低生产成本、扩大销售市场等工作，而不能依赖各级政府的财税优惠政策。

虽然生物质能源化利用属于国家政策补贴的范畴，但其根本属性是一个市场化的投资项目，凡是投资就存在风险，既然进入了市场，就要有面对市场风险的勇气和准备。生物质能源化利用产业的发展方向是坚持走市场化的道路，这一点已经不容置疑，所以，进入该领域的企业必须面对市场风险，各级政府的财税优惠政策只是企业盈利的补充，而不是盈利的全部，财税优惠不可能也没有能力保证进入新兴产业的企业一定实现盈利，对此，投资者一定要有明确的认识。

市场风险规避的基本思路是要充分、全面地了解市场现状，适应市场，从而扩大销售，占领市场；在此基础上，还要认真分析市场潜力，必要时要引导消费，从而开辟新的市场。

市场风险规避的具体手段主要有以下七点：

（1）充分做好市场调查工作，确定市场容量大、潜力大、生命周期长的产品作为投资方向。

（2）项目建设要选择技术较为先进、单位投资小、运行成本低的工艺路线和建设方案。

（3）加强管理，降低运行成本，增强市场竞争力。

（4）密切关注市场动向，把握市场变化趋势，及时调整产品结构，确保能够快速满足市场需求。

（5）尽量与公用事业相结合，例如提供民用燃气等。

（6）尽量与公共基础设施建设相结合，例如建设生物质燃气管网作为当地燃气供应体系。

（7）尽量将生物质能源化利用产品纳入化石能源供应体系，例如将沼气提纯后并入天然气管网等。

附　件

附件 A　中华人民共和国可再生能源法

（2005 年 2 月 28 日第十届全国人民代表大会常务委员会第十四次会议通过）

第一章　总　　则

第一条　为了促进可再生能源的开发利用，增加能源供应，改善能源结构，保障能源安全，保护环境，实现经济社会的可持续发展，制定本法。

第二条　本法所称可再生能源，是指风能、太阳能、水能、生物质能、地热能、海洋能等非化石能源。

水力发电对本法的适用，由国务院能源主管部门规定，报国务院批准。

通过低效率炉灶直接燃烧方式利用秸秆、薪柴、粪便等，不适用本法。

第三条　本法适用于中华人民共和国领域和管辖的其他海域。

第四条　国家将可再生能源的开发利用列为能源发展的优先领域，通过制定可再生能源开发利用总量目标和采取相应措施，推动可再生能源市场的建立和发展。

国家鼓励各种所有制经济主体参与可再生能源的开发利用，依法保护可再生能源开发利用者的合法权益。

第五条　国务院能源主管部门对全国可再生能源的开发利用实施统一管理。国务院有关部门在各自的职责范围内负责有关的可再生能源开发利用管理工作。

县级以上地方人民政府管理能源工作的部门负责本行政区域内可再生能源开发利用的管理工作。县级以上地方人民政府有关部门在各自的职责范围内负责有关的可再生能源开发利用管理工作。

第二章　资源调查与发展规划

第六条　国务院能源主管部门负责组织和协调全国可再生能源资源的调查，

并会同国务院有关部门组织制定资源调查的技术规范。

国务院有关部门在各自的职责范围内负责相关可再生能源资源的调查，调查结果报国务院能源主管部门汇总。

可再生能源资源的调查结果应当公布；但是，国家规定需要保密的内容除外。

第七条　国务院能源主管部门根据全国能源需求与可再生能源资源实际状况，制定全国可再生能源开发利用中长期总量目标，报国务院批准后执行，并予公布。

国务院能源主管部门根据前款规定的总量目标和省、自治区、直辖市经济发展与可再生能源资源实际状况，会同省、自治区、直辖市人民政府确定各行政区域可再生能源开发利用中长期目标，并予公布。

第八条　国务院能源主管部门根据全国可再生能源开发利用中长期总量目标，会同国务院有关部门，编制全国可再生能源开发利用规划，报国务院批准后实施。

省、自治区、直辖市人民政府管理能源工作的部门根据本行政区域可再生能源开发利用中长期目标，会同本级人民政府有关部门编制本行政区域可再生能源开发利用规划，报本级人民政府批准后实施。

经批准的规划应当公布；但是，国家规定需要保密的内容除外。

经批准的规划需要修改的，须经原批准机关批准。

第九条　编制可再生能源开发利用规划，应当征求有关单位、专家和公众的意见，进行科学论证。

第三章　产业指导与技术支持

第十条　国务院能源主管部门根据全国可再生能源开发利用规划，制定、公布可再生能源产业发展指导目录。

第十一条　国务院标准化行政主管部门应当制定、公布国家可再生能源电力的并网技术标准和其他需要在全国范围内统一技术要求的有关可再生能源技术和产品的国家标准。

对前款规定的国家标准中未作规定的技术要求，国务院有关部门可以制定相关的行业标准，并报国务院标准化行政主管部门备案。

第十二条　国家将可再生能源开发利用的科学技术研究和产业化发展列为科技发展与高技术产业发展的优先领域，纳入国家科技发展规划和高技术产业发展规划，并安排资金支持可再生能源开发利用的科学技术研究、应用示范和产业化发展，促进可再生能源开发利用的技术进步，降低可再生能源产品的生产成本，提高产品质量。

国务院教育行政部门应当将可再生能源知识和技术纳入普通教育、职业教育课程。

第四章　推广与应用

第十三条　国家鼓励和支持可再生能源并网发电。

建设可再生能源并网发电项目，应当依照法律和国务院的规定取得行政许可或者报送备案。

建设应当取得行政许可的可再生能源并网发电项目，有多人申请同一项目许可的，应当依法通过招标确定被许可人。

第十四条　电网企业应当与依法取得行政许可或者报送备案的可再生能源发电企业签订并网协议，全额收购其电网覆盖范围内可再生能源并网发电项目的上网电量，并为可再生能源发电提供上网服务。

第十五条　国家扶持在电网未覆盖的地区建设可再生能源独立电力系统，为当地生产和生活提供电力服务。

第十六条　国家鼓励清洁、高效地开发利用生物质燃料，鼓励发展能源作物。

利用生物质资源生产的燃气和热力，符合城市燃气管网、热力管网的入网技术标准的，经营燃气管网、热力管网的企业应当接收其入网。

国家鼓励生产和利用生物液体燃料。石油销售企业应当按照国务院能源主管部门或者省级人民政府的规定，将符合国家标准的生物液体燃料纳入其燃料销售体系。

第十七条　国家鼓励单位和个人安装和使用太阳能热水系统、太阳能供热采暖和制冷系统、太阳能光伏发电系统等太阳能利用系统。

国务院建设行政主管部门会同国务院有关部门制定太阳能利用系统与建筑结合的技术经济政策和技术规范。

房地产开发企业应当根据前款规定的技术规范，在建筑物的设计和施工中，为太阳能利用提供必备条件。

对已建成的建筑物，住户可以在不影响其质量与安全的前提下安装符合技术规范和产品标准的太阳能利用系统；但是，当事人另有约定的除外。

第十八条 国家鼓励和支持农村地区的可再生能源开发利用。

县级以上地方人民政府管理能源工作的部门会同有关部门，根据当地经济社会发展、生态保护和卫生综合治理需要等实际情况，制定农村地区可再生能源发展规划，因地制宜地推广应用沼气等生物质资源转化、户用太阳能、小型风能、小型水能等技术。

县级以上人民政府应当对农村地区的可再生能源利用项目提供财政支持。

第五章 价格管理与费用分摊

第十九条 可再生能源发电项目的上网电价，由国务院价格主管部门根据不同类型可再生能源发电的特点和不同地区的情况，按照有利于促进可再生能源开发利用和经济合理的原则确定，并根据可再生能源开发利用技术的发展适时调整。上网电价应当公布。

依照本法第十三条第三款规定实行招标的可再生能源发电项目的上网电价，按照中标确定的价格执行；但是，不得高于依照前款规定确定的同类可再生能源发电项目的上网电价水平。

第二十条 电网企业依照本法第十九条规定确定的上网电价收购可再生能源电量所发生的费用，高于按照常规能源发电平均上网电价计算所发生费用之间的差额，附加在销售电价中分摊。具体办法由国务院价格主管部门制定。

第二十一条 电网企业为收购可再生能源电量而支付的合理的接网费用以及其他合理的相关费用，可以计入电网企业输电成本，并从销售电价中回收。

第二十二条 国家投资或者补贴建设的公共可再生能源独立电力系统的销售电价，执行同一地区分类销售电价，其合理的运行和管理费用超出销售电价的部分，依照本法第二十条规定的办法分摊。

第二十三条 进入城市管网的可再生能源热力和燃气的价格，按照有利于促进可再生能源开发利用和经济合理的原则，根据价格管理权限确定。

第六章 经济激励与监督措施

第二十四条 国家财政设立可再生能源发展专项资金，用于支持以下活动：

（一）可再生能源开发利用的科学技术研究、标准制定和示范工程。

（二）农村、牧区生活用能的可再生能源利用项目。

（三）偏远地区和海岛可再生能源独立电力系统建设。

（四）可再生能源的资源勘查、评价和相关信息系统建设。

（五）促进可再生能源开发利用设备的本地化生产。

第二十五条　对列入国家可再生能源产业发展指导目录、符合信贷条件的可再生能源开发利用项目，金融机构可以提供有财政贴息的优惠贷款。

第二十六条　国家对列入可再生能源产业发展指导目录的项目给予税收优惠。具体办法由国务院规定。

第二十七条　电力企业应当真实、完整地记载和保存可再生能源发电的有关资料，并接受电力监管机构的检查和监督。

电力监管机构进行检查时，应当依照规定的程序进行，并为被检查单位保守商业秘密和其他秘密。

第七章　法律责任

第二十八条　国务院能源主管部门和县级以上地方人民政府管理能源工作的部门和其他有关部门在可再生能源开发利用监督管理工作中，违反本法规定，有下列行为之一的，由本级人民政府或者上级人民政府有关部门责令改正，对负有责任的主管人员和其他直接责任人员依法给予行政处分；构成犯罪的，依法追究刑事责任：

（一）不依法作出行政许可决定的。

（二）发现违法行为不予查处的。

（三）有不依法履行监督管理职责的其他行为的。

第二十九条　违反本法第十四条规定，电网企业未全额收购可再生能源电量，造成可再生能源发电企业经济损失的，应当承担赔偿责任，并由国家电力监管机构责令限期改正；拒不改正的，处以可再生能源发电企业经济损失额一倍以下的罚款。

第三十条　违反本法第十六条第二款规定，经营燃气管网、热力管网的企业不准许符合入网技术标准的燃气、热力入网，造成燃气、热力生产企业经济损失的，应当承担赔偿责任，并由省级人民政府管理能源工作的部门责令限期改正；拒不改正的，处以燃气、热力生产企业经济损失额一倍以下的罚款。

第三十一条　违反本法第十六条第三款规定，石油销售企业未按照规定将符合国家标准的生物液体燃料纳入其燃料销售体系，造成生物液体燃料生产企业经济损失的，应当承担赔偿责任，并由国务院能源主管部门或者省级人民政府管理能源工作的部门责令限期改正；拒不改正的，处以生物液体燃料生产企业经济损失额一倍以下的罚款。

第八章　附　　则

第三十二条　本法中下列用语的含义：

（一）生物质能，是指利用自然界的植物、粪便以及城乡有机废物转化成的能源。

（二）可再生能源独立电力系统，是指不与电网连接的单独运行的可再生能源电力系统。

（三）能源作物，是指经专门种植，用以提供能源原料的草本和木本植物。

（四）生物液体燃料，是指利用生物质资源生产的甲醇、乙醇和生物柴油等液体燃料。

第三十三条　本法自 2006 年 1 月 1 日起施行。

附件B　中华人民共和国可再生能源法（修正案）

（2005年2月28日第十届全国人民代表大会常务委员会第十四次会议通过。根据2009年12月26日第十一届全国人民代表大会常务委员会第十二次会议《关于修改〈中华人民共和国可再生能源法〉的决定》修正）

第一章　总　　则

第一条　为了促进可再生能源的开发利用，增加能源供应，改善能源结构，保障能源安全，保护环境，实现经济社会的可持续发展，制定本法。

第二条　本法所称可再生能源，是指风能、太阳能、水能、生物质能、地热能、海洋能等非化石能源。

水力发电对本法的适用，由国务院能源主管部门规定，报国务院批准。

通过低效率炉灶直接燃烧方式利用秸秆、薪柴、粪便等，不适用本法。

第三条　本法适用于中华人民共和国领域和管辖的其他海域。

第四条　国家将可再生能源的开发利用列为能源发展的优先领域，通过制定可再生能源开发利用总量目标和采取相应措施，推动可再生能源市场的建立和发展。

国家鼓励各种所有制经济主体参与可再生能源的开发利用，依法保护可再生能源开发利用者的合法权益。

第五条　国务院能源主管部门对全国可再生能源的开发利用实施统一管理。国务院有关部门在各自的职责范围内负责有关的可再生能源开发利用管理工作。

县级以上地方人民政府管理能源工作的部门负责本行政区域内可再生能源开发利用的管理工作。县级以上地方人民政府有关部门在各自的职责范围内负责有关的可再生能源开发利用管理工作。

第二章 资源调查与发展规划

第六条 国务院能源主管部门负责组织和协调全国可再生能源资源的调查，并会同国务院有关部门组织制定资源调查的技术规范。

国务院有关部门在各自的职责范围内负责相关可再生能源资源的调查，调查结果报国务院能源主管部门汇总。

可再生能源资源的调查结果应当公布；但是，国家规定需要保密的内容除外。

第七条 国务院能源主管部门根据全国能源需求与可再生能源资源实际状况，制定全国可再生能源开发利用中长期总量目标，报国务院批准后执行，并予公布。

国务院能源主管部门根据前款规定的总量目标和省、自治区、直辖市经济发展与可再生能源资源实际状况，会同省、自治区、直辖市人民政府确定各行政区域可再生能源开发利用中长期目标，并予公布。

第八条 国务院能源主管部门会同国务院有关部门，根据全国可再生能源开发利用中长期总量目标和可再生能源技术发展状况，编制全国可再生能源开发利用规划，报国务院批准后实施。

国务院有关部门应当制定有利于促进全国可再生能源开发利用中长期总量目标实现的相关规划。

省、自治区、直辖市人民政府管理能源工作的部门会同本级人民政府有关部门，依据全国可再生能源开发利用规划和本行政区域可再生能源开发利用中长期目标，编制本行政区域可再生能源开发利用规划，经本级人民政府批准后，报国务院能源主管部门和国家电力监管机构备案，并组织实施。

经批准的规划应当公布；但是，国家规定需要保密的内容除外。

经批准的规划需要修改的，须经原批准机关批准。

第九条 编制可再生能源开发利用规划，应当遵循因地制宜、统筹兼顾、合理布局、有序发展的原则，对风能、太阳能、水能、生物质能、地热能、海洋能等可再生能源的开发利用作出统筹安排。规划内容应当包括发展目标、主要任务、区域布局、重点项目、实施进度、配套电网建设、服务体系和保障措施等。

组织编制机关应当征求有关单位、专家和公众的意见，进行科学论证。

第三章　产业指导与技术支持

第十条　国务院能源主管部门根据全国可再生能源开发利用规划，制定、公布可再生能源产业发展指导目录。

第十一条　国务院标准化行政主管部门应当制定、公布国家可再生能源电力的并网技术标准和其他需要在全国范围内统一技术要求的有关可再生能源技术和产品的国家标准。

对前款规定的国家标准中未作规定的技术要求，国务院有关部门可以制定相关的行业标准，并报国务院标准化行政主管部门备案。

第十二条　国家将可再生能源开发利用的科学技术研究和产业化发展列为科技发展与高技术产业发展的优先领域，纳入国家科技发展规划和高技术产业发展规划，并安排资金支持可再生能源开发利用的科学技术研究、应用示范和产业化发展，促进可再生能源开发利用的技术进步，降低可再生能源产品的生产成本，提高产品质量。

国务院教育行政部门应当将可再生能源知识和技术纳入普通教育、职业教育课程。

第四章　推广与应用

第十三条　国家鼓励和支持可再生能源并网发电。

建设可再生能源并网发电项目，应当依照法律和国务院的规定取得行政许可或者报送备案。

建设应当取得行政许可的可再生能源并网发电项目，有多人申请同一项目许可的，应当依法通过招标确定被许可人。

第十四条　国家实行可再生能源发电全额保障性收购制度。

国务院能源主管部门会同国家电力监管机构和国务院财政部门，按照全国可再生能源开发利用规划，确定在规划期内应当达到的可再生能源发电量占全部发电量的比重，制定电网企业优先调度和全额收购可再生能源发电的具体办法，并由国务院能源主管部门会同国家电力监管机构在年度中督促落实。

电网企业应当与按照可再生能源开发利用规划建设，依法取得行政许可或者报送备案的可再生能源发电企业签订并网协议，全额收购其电网覆盖范围内符合并网技术标准的可再生能源并网发电项目的上网电量。发电企业有义务配合电网企业保障电网安全。

电网企业应当加强电网建设，扩大可再生能源电力配置范围，发展和应用智能电网、储能等技术，完善电网运行管理，提高吸纳可再生能源电力的能力，为可再生能源发电提供上网服务。

第十五条　国家扶持在电网未覆盖的地区建设可再生能源独立电力系统，为当地生产和生活提供电力服务。

第十六条　国家鼓励清洁、高效地开发利用生物质燃料，鼓励发展能源作物。

利用生物质资源生产的燃气和热力，符合城市燃气管网、热力管网的入网技术标准的，经营燃气管网、热力管网的企业应当接收其入网。

国家鼓励生产和利用生物液体燃料。石油销售企业应当按照国务院能源主管部门或者省级人民政府的规定，将符合国家标准的生物液体燃料纳入其燃料销售体系。

第十七条　国家鼓励单位和个人安装和使用太阳能热水系统、太阳能供热采暖和制冷系统、太阳能光伏发电系统等太阳能利用系统。

国务院建设行政主管部门会同国务院有关部门制定太阳能利用系统与建筑结合的技术经济政策和技术规范。

房地产开发企业应当根据前款规定的技术规范，在建筑物的设计和施工中，为太阳能利用提供必备条件。

对已建成的建筑物，住户可以在不影响其质量与安全的前提下安装符合技术规范和产品标准的太阳能利用系统；但是，当事人另有约定的除外。

第十八条　国家鼓励和支持农村地区的可再生能源开发利用。

县级以上地方人民政府管理能源工作的部门会同有关部门，根据当地经济社会发展、生态保护和卫生综合治理需要等实际情况，制定农村地区可再生能源发展规划，因地制宜地推广应用沼气等生物质资源转化、户用太阳能、小型风能、小型水能等技术。

县级以上人民政府应当对农村地区的可再生能源利用项目提供财政支持。

第五章　价格管理与费用补偿

第十九条　可再生能源发电项目的上网电价，由国务院价格主管部门根据不同类型可再生能源发电的特点和不同地区的情况，按照有利于促进可再生能源开发利用和经济合理的原则确定，并根据可再生能源开发利用技术的发展适时调整。

上网电价应当公布。

依照本法第十三条第三款规定实行招标的可再生能源发电项目的上网电价，按照中标确定的价格执行；但是，不得高于依照前款规定确定的同类可再生能源发电项目的上网电价水平。

第二十条　电网企业依照本法第十九条规定确定的上网电价收购可再生能源电量所发生的费用，高于按照常规能源发电平均上网电价计算所发生费用之间的差额，由在全国范围对销售电量征收可再生能源电价附加补偿。

第二十一条　电网企业为收购可再生能源电量而支付的合理的接网费用以及其他合理的相关费用，可以计入电网企业输电成本，并从销售电价中回收。

第二十二条　国家投资或者补贴建设的公共可再生能源独立电力系统的销售电价，执行同一地区分类销售电价，其合理的运行和管理费用超出销售电价的部分，依照本法第二十条的规定补偿。

第二十三条　进入城市管网的可再生能源热力和燃气的价格，按照有利于促进可再生能源开发利用和经济合理的原则，根据价格管理权限确定。

第六章　经济激励与监督措施

第二十四条　国家财政设立可再生能源发展基金，资金来源包括国家财政年度安排的专项资金和依法征收的可再生能源电价附加收入等。

可再生能源发展基金用于补偿本法第二十条、第二十二条规定的差额费用，并用于支持以下事项：

（一）可再生能源开发利用的科学技术研究、标准制定和示范工程。

（二）农村、牧区的可再生能源利用项目。

（三）偏远地区和海岛可再生能源独立电力系统建设。

（四）可再生能源的资源勘查、评价和相关信息系统建设。

（五）促进可再生能源开发利用设备的本地化生产。

本法第二十一条规定的接网费用以及其他相关费用，电网企业不能通过销售电价回收的，可以申请可再生能源发展基金补助。

可再生能源发展基金征收使用管理的具体办法，由国务院财政部门会同国务院能源、价格主管部门制定。

第二十五条　对列入国家可再生能源产业发展指导目录、符合信贷条件的可再生能源开发利用项目，金融机构可以提供有财政贴息的优惠贷款。

第二十六条　国家对列入可再生能源产业发展指导目录的项目给予税收优惠。具体办法由国务院规定。

第二十七条　电力企业应当真实、完整地记载和保存可再生能源发电的有关资料，并接受电力监管机构的检查和监督。

电力监管机构进行检查时，应当依照规定的程序进行，并为被检查单位保守商业秘密和其他秘密。

第七章　法律责任

第二十八条　国务院能源主管部门和县级以上地方人民政府管理能源工作的部门和其他有关部门在可再生能源开发利用监督管理工作中，违反本法规定，有下列行为之一的，由本级人民政府或者上级人民政府有关部门责令改正，对负有责任的主管人员和其他直接责任人员依法给予行政处分；构成犯罪的，依法追究刑事责任：

（一）不依法作出行政许可决定的。

（二）发现违法行为不予查处的。

（三）有不依法履行监督管理职责的其他行为的。

第二十九条　违反本法第十四条规定，电网企业未按照规定完成收购可再生能源电量，造成可再生能源发电企业经济损失的，应当承担赔偿责任，并由国家电力监管机构责令限期改正；拒不改正的，处以可再生能源发电企业经济损失额一倍以下的罚款。

第三十条　违反本法第十六条第二款规定，经营燃气管网、热力管网的企业不准许符合入网技术标准的燃气、热力入网，造成燃气、热力生产企业经济损失的，应当承担赔偿责任，并由省级人民政府管理能源工作的部门责令限期改正；拒不改正的，处以燃气、热力生产企业经济损失额一倍以下的罚款。

第三十一条　违反本法第十六条第三款规定，石油销售企业未按照规定将符合国家标准的生物液体燃料纳入其燃料销售体系，造成生物液体燃料生产企业经济损失的，应当承担赔偿责任，并由国务院能源主管部门或者省级人民政府管理能源工作的部门责令限期改正；拒不改正的，处以生物液体燃料生产企业经济损失额一倍以下的罚款。

第八章　附　　则

第三十二条　本法中下列用语的含义：

（一）生物质能，是指利用自然界的植物、粪便以及城乡有机废物转化成的能源。

（二）可再生能源独立电力系统，是指不与电网连接的单独运行的可再生能源电力系统。

（三）能源作物，是指经专门种植，用以提供能源原料的草本和木本植物。

（四）生物液体燃料，是指利用生物质资源生产的甲醇、乙醇和生物柴油等液体燃料。

第三十三条　本法自 2006 年 1 月 1 日起施行。

附件 C　财政部关于印发《可再生能源发展专项资金管理暂行办法》的通知

财建 [2007] 371 号

发展改革委、国土资源部、建设部、海洋局，各省、自治区、直辖市、计划单列市财政厅（局）：

为进一步缓解能源供应压力，促进可再生能源的开发利用，根据《中华人民共和国可再生能源法》的要求，中央财政设立了可再生能源发展专项资金。为了规范可再生能源发展专项资金的管理，我们制定了《可再生能源发展专项资金管理暂行办法》。现予印发，请遵照执行。

二〇〇六年五月三十日

可再生能源发展专项资金管理暂行办法

第一章　总　　则

第一条　为了加强对可再生能源发展专项资金的管理，提高资金使用效益，根据《中华人民共和国可再生能源法》和《中华人民共和国预算法》等相关法律、法规，制定本办法。

第二条　本办法所称“可再生能源”是指《中华人民共和国可再生能源法》规定的风能、太阳能、水能、生物质能、地热能、海洋能等非化石能源。

本办法所称“可再生能源发展专项资金”（以下简称发展专项资金）是指由国务院财政部门依法设立的，用于支持可再生能源开发利用的专项资金。

发展专项资金通过中央财政预算安排。

第三条　发展专项资金用于资助以下活动：

（一）可再生能源开发利用的科学技术研究、标准制定和示范工程。

（二）农村、牧区生活用能的可再生能源利用项目。

（三）偏远地区和海岛可再生能源独立电力系统建设。

（四）可再生能源的资源勘查、评价和相关信息系统建设。

（五）促进可再生能源开发利用设备的本地化生产。

第四条　发展专项资金安排应遵循的原则：

（一）突出重点、兼顾一般。

（二）鼓励竞争、择优扶持。

（三）公开、公平、公正。

第二章　扶持重点

第五条　发展专项资金重点扶持潜力大、前景好的石油替代、建筑物供热、采暖和制冷，以及发电等可再生能源的开发利用。

第六条　石油替代可再生能源开发利用，重点是扶持发展生物乙醇燃料、生物柴油等。

生物乙醇燃料是指用甘蔗、木薯、甜高粱等制取的燃料乙醇。

生物柴油是指用油料作物、油料林木果实、油料水生植物等为原料制取的液体燃料。

第七条　建筑物供热、采暖和制冷可再生能源开发利用，重点支持太阳能、地热能等在建筑物中的推广应用。

第八条　可再生能源发电重点扶持风能、太阳能、海洋能等发电的推广应用。

第九条　国务院财政部门根据全国可再生能源开发利用规划制定的其他扶持重点。

第三章　申报及审批

第十条　根据国民经济和社会发展需要以及全国可再生能源开发利用规划，国务院可再生能源归口管理部门（以下简称国务院归口管理部门）负责会同国务院财政部门组织专家编制、发布年度专项资金申报指南。

第十一条　申请使用发展专项资金的单位或者个人，根据国家年度专项资金申报指南，向所在地可再生能源归口管理部门（以下简称地方归口管理部门）和地方财政部门分别进行申报。

可再生能源开发利用的科学技术研究项目，需要申请国家资金扶持的，通过“863”、“973”等国家科技计划（基金）渠道申请；农村沼气等农业领域的可再生能源开发利用项目，现已有资金渠道的，通过现行渠道申请支持。上述两类项目，不得在发展专项资金中重复申请。

第十二条　地方归口管理部门负责会同同级地方财政部门逐级向国务院归口管理部门和国务院财政部门进行申报。

第十三条　国务院归口管理部门会同国务院财政部门，根据申报情况，委托相关机构对申报材料进行评估或者组织专家进行评审。

对使用发展专项资金进行重点支持的项目，凡符合招标条件的，须实行公开招标。招标工作由国务院归口管理部门会同国务院政府部门参照国家招标管理的有关规定组织实施。

第十四条　根据专家评审意见、招标结果，国务院归口管理部门负责提出资金安排建议，报送国务院财政部门审批。

国务院财政部门根据可再生能源发展规划和发展专项资金年度预算安排额度审核、批复资金预算。

第十五条　各级财政部门按照规定程序办理发展专项资金划拨手续，及时、足额将专项资金拨付给项目承担单位或者个人。

第十六条　在执行过程中因特殊原因需要变更或者撤销的，项目承担单位或者个人按照申报程序报批。

第四章　财务管理

第十七条　发展专项资金的使用方式包括：无偿资助和贷款优惠。

（一）无偿资助方式

无偿资助方式主要用于盈利性弱、公益性强的项目。除标准制定等需由国家全额资助外，项目承担单位或者个人须提供与无偿资助资金等金额以上的自有配套资金。

（二）贷款贴息方式

贷款贴息方式主要用于列入国家可再生能源产业发展指导目录、符合信贷条件的可再生能源开发利用项目。在银行贷款到位，项目承担单位或者个人已支付利息的前提下，才可以安排贴息资金。

贴息资金根据实际到位银行贷款、合同约定利息率以及实际支付利息数额确定，贴息年限为 1 ～ 3 年，年贴息率最高不超过 3%。

第十八条　项目承担单位或者个人获得国家拨付的发展专项资金后，应当按国家有关规定进行财务处理。

第十九条　获得无偿资助的单位和个人，在以下范围内开支发展专项资金：

（一）人工费

人工费是指直接从事项目工作人员的工资性费用。

项目工作人员所在单位有财政事业费拨款的，人工费由所在单位按照国家有关规定从事业费中足额支付给项目工作人员，并不得在项目经费中重复列支。

（二）设备费

设备费是指购置项目实施所必需的专用设备、仪器等的费用。

设备费已由其他资金安排购置或者现有设备仪器能够满足项目工作需要的，不得在项目经费中重复列支。

（三）能源材料费

能源材料费是指项目实施过程中直接耗用的原材料、燃料及动力、低值易耗品等支出。

（四）租赁费

租赁费是指租赁项目实施所必需的场地、设备、仪器等的费用。

（五）鉴定验收费

鉴定验收费是指项目实施过程中所必需的试验、鉴定、验收费用。

（六）项目实施过程中其他必要的费用支出

以上各项费用，国家有开支标准的，按照国家有关规定执行。

第五章　考核与监督

第二十条　国务院财政部门和国务院归口管理部门对发展专项资金的使用情况进行不定期检查。

第二十一条　项目承担单位或者个人按照国家有关规定将发展专项资金具体执行情况逐级上报国务院归口管理部门。

国务院归口管理部门对发展专项资金使用情况进行审核，编报年度发展专项资金决算，并在每年 3 月底前将上年度决算报国务院财政部门审批。

第二十二条　发展专项资金专款专用，任何单位或者个人不得截留、挪用。

对以虚报、冒领等手段骗取、截留、挪用发展专项资金的，除按国家有关规定给予行政处罚外，必须将已经拨付的发展专项资金全额收回上缴中央财政。

第六章　附　　则

第二十三条　国务院归口管理部门依据本办法会同国务院财政部门制定有关具体管理办法。

第二十四条　本办法由国务院财政部门负责解释。

第二十五条　本办法自2006年5月30日起实施。

附件 D　财政部关于印发《秸秆能源化利用补助资金管理暂行办法》的通知

财建 [2008] 735 号

各省、自治区、直辖市、计划单列市财政厅（局），新疆生产建设兵团财务局：

为加快推进秸秆能源化利用，培育秸秆能源产品应用市场，根据《中华人民共和国可再生能源法》、《国务院办公厅关于加快推进农作物秸秆综合利用的意见》（国办发 [2008]105 号）、《财政部关于印发〈可再生能源发展专项资金管理暂行办法〉的通知》（财建 [2006]237 号），中央财政将安排资金支持秸秆产业化发展。为加强财政资金管理，提高资金使用效益，我们制定了《秸秆能源化利用补助资金管理暂行办法》，现印发给你们，请遵照执行。

二〇〇八年十月三十日

秸秆能源化利用补助资金管理暂行办法

第一章　总　　则

第一条　根据《中华人民共和国可再生能源法》、《国务院办公厅关于加快推进农作物秸秆综合利用的意见》（国办发 [2008]105 号）、《可再生能源发展专项资金管理暂行办法》（财建 [2006]237 号），中央财政安排补助资金支持秸秆能源化利用。为规范资金管理，提高使用效益，特制定本办法。

第二条　本办法所指秸秆包括水稻、小麦、玉米、豆类、油料、棉花、薯类等农作物秸秆以及农产品初加工过程中产生的剩余物。

第三条　补助资金实行公开、透明原则，接受社会各方面监督。

第二章 支持对象和方式

第四条 支持对象为从事秸秆成型燃料、秸秆气化、秸秆干馏等秸秆能源化生产的企业。

对企业秸秆能源化利用项目中属于并网发电的部分，按国家发展改革委《可再生能源发电价格和费用分摊管理试行办法》（发改价格［2006］7 号）规定享受扶持政策，不再给予专项补助。

第五条 补助资金主要采取综合性补助方式，支持企业收集秸秆、生产秸秆能源产品并向市场推广。

第三章 支持条件

第六条 申请补助资金的企业应满足以下条件：

（一） 企业注册资本金在 1 000 万元以上。

（二） 企业秸秆能源化利用符合本地区秸秆综合利用规划。

（三） 企业年消耗秸秆量在 1 万吨以上（含 1 万吨）。

（四） 企业秸秆能源产品已实现销售并拥有稳定的用户。

第四章 补助标准

第七条 对符合支持条件的企业，根据企业每年实际销售秸秆能源产品的种类、数量折算消耗的秸秆种类和数量，中央财政按一定标准给予综合性补助。

第五章 资金申报和下达

第八条 企业在申报时，应按要求填报秸秆能源化利用财政补助资金申请报告及申请表，并提供以下材料：

（一）秸秆收购情况，包括：收购秸秆的品种、数量、价格及水分含量等有关凭证。

（二）秸秆能源产品产销情况，包括：各类产品产量、销量及销售价格等，并提供销售发票等凭证。

（三）秸秆能源产品质量及检测报告。

（四）与用户签订的秸秆能源产品长期供应协议。

（五）单位产品能耗、环保、安全等有关材料。

第九条　申报企业按属地原则将资金申请报告及相关材料报所在地财政部门，省级财政部门组织检查、核实并汇总后，于每年 3 月 31 日前报财政部。

第十条　财政部组织相关专家对申报材料进行审查，核定补助金额，并按规定下达预算、拨付补助资金。

第六章　监督管理

第十一条　财政部委托财政投资评审机构等单位对企业申报材料进行实地抽查，对弄虚作假、虚报冒领财政补助资金的企业，将扣回补助资金，并取消企业申请财政补助资金的资格；对申报材料问题较多、监督检查不力的地区，将暂停该地区申请财政补助资金的资格。

第十二条　补助资金必须专款专用，任何单位不得以任何理由、任何形式截留、挪用。对违反规定的，按照《财政违法行为处罚处分条例》（国务院令第 427 号）规定处理。

第七章　附　　则

第十三条　本办法由财政部负责解释。

第十四条　本办法自印发之日起施行。

附件E　国家发改委关于印发《可再生能源发电有关管理规定》的通知

发改能源［2006］13号

各省、自治区、直辖市及计划单列市、新疆生产建设兵团发展改革委、经委（经贸委）、物价局，中国人民银行，电监会，国家电网公司、南方电网公司，中国华能集团公司、中国大唐集团公司、中国华电集团公司、中国国电集团公司、中国电力投资集团公司、中国长江三峡工程开发总公司、神华集团有限责任公司、国家开发投资公司，国家开发银行、中国工商银行、中国建设银行、中国银行、中国农业银行、中国民生银行：

为了贯彻落实《中华人民共和国可再生能源法》，规范可再生能源发电项目管理，促进我国可再生能源发电产业的更快发展，特制定《可再生能源发电有关管理规定》，现印发你们，请按照执行。

中华人民共和国国家发展和改革委员会

二〇〇六年一月五日

可再生能源发电有关管理规定

第一章　总　　则

第一条　为了促进可再生能源发电产业的发展，依据《中华人民共和国可再生能源法》和《中华人民共和国电力法》，特制定本规定。

第二条　本规定所称的可再生能源发电包括：水力发电、风力发电、生物质发电（包括农林废弃物直接燃烧和气化发电、垃圾焚烧和垃圾填埋气发电、沼气发电）、太阳能发电、地热能发电以及海洋能发电等。

第三条　依照法律和国务院规定取得行政许可的可再生能源并网发电项目和

电网尚未覆盖地区的可再生能源独立发电项目适用本规定。

第四条　可再生能源发电项目实行中央和地方分级管理。

国家发展和改革委员会负责全国可再生能源发电项目的规划、政策制定和需国家核准或审批项目的管理。省级人民政府能源主管部门负责本辖区内属地方权限范围内的可再生能源发电项目的管理工作。

可再生能源发电规划应纳入同级电力规划。

第二章　项 目 管 理

第五条　可再生能源开发利用要坚持按规划建设的原则。可再生能源发电规划的制定要充分考虑资源特点、市场需求和生态环境保护等因素，要注重发挥资源优势和规模效益。项目建设要符合省级以上发展规划和建设布局的总体要求，做到合理有序开发。

第六条　主要河流上建设的水电项目和 25 万千瓦及以上水电项目，5 万千瓦及以上风力发电项目，由国家发展和改革委员会核准或审批。其他项目由省级人民政府投资主管部门核准或审批，并报国家发展和改革委员会备案。需要国家政策和资金支持的生物质发电、地热能发电、海洋能发电和太阳能发电项目向国家发展和改革委员会申报。

第七条　可再生能源发电项目的上网电价，由国务院价格主管部门根据不同类型可再生能源发电的特点和不同地区的情况，按照有利于促进可再生能源开发利用和经济合理的原则确定，并根据可再生能源开发利用技术的发展适时调整和公布。

实行招标的可再生能源发电项目的上网电价，按照中标确定的价格执行；电网企业收购和销售非水电可再生能源电量增加的费用在全国范围内由电力用户分摊，具体办法另行制定。

第八条　国家发展和改革委员会负责制定可再生能源发电统计管理办法。省级人民政府能源主管部门负责可再生能源发电的统计管理和汇总，并于每年 2 月 10 日前上报国家发展和改革委员会。

第九条　国家电力监管委员会负责可再生能源发电企业的运营监管工作，协调发电企业和电网企业的关系，对可再生能源发电、上网和结算进行监管。

第三章　电网企业责任

第十条　省级（含）以上电网企业应根据省级（含）以上人民政府制定的可再生能源发电中长期规划，制定可再生能源发电配套电网设施建设规划，并纳入国家和省级电网发展规划，报省级人民政府与国家发展和改革委员会批准后实施。

第十一条　电网企业应当根据规划要求，积极开展电网设计和研究论证工作，根据可再生能源发电项目建设进度和需要，进行电网建设与改造，确保可再生能源发电全额上网。

第十二条　可再生能源并网发电项目的接入系统，由电网企业建设和管理。

对直接接入输电网的水力发电、风力发电、生物质发电等大中型可再生能源发电项目，其接入系统由电网企业投资，产权分界点为电站（场）升压站外第一杆（架）。

对直接接入配电网的太阳能发电、沼气发电等小型可再生能源发电项目，其接入系统原则上由电网企业投资建设。发电企业（个人）经与电网企业协商，也可以投资建设。

第十三条　电网企业负责对其所收购的可再生能源电量进行计量、统计，省级电网企业应于每年 1 月 20 日前汇总报送省级人民政府能源主管部门，并抄报国家发展和改革委员会。

第四章　发电企业责任

第十四条　发电企业应当积极投资建设可再生能源发电项目，并承担国家规定的可再生能源发电配额义务。发电配额指标及管理办法另行规定。

大型发电企业应当优先投资可再生能源发电项目。

第十五条　可再生能源发电项目建设、运行和管理应符合国家和电力行业的有关法律法规、技术标准和规程规范，注重节约用地，满足环保、安全等要求。

第十六条　发电企业应按国家可再生能源发电项目管理的有关规定，认真做好设计、用地、水资源、环保等有关前期准备工作，依法取得行政许可，未经许可不得擅自开工建设。

获得行政许可的项目，应在规定的期限内开工和建成发电。未经原项目许可部门同意，不得对项目进行转让、拍卖或变更投资方。

第十七条　可再生能源发电项目建设，应当严格执行国家基本建设项目管理的有关规定，落实环境保护、生态建设、水土保持等措施，加强施工管理，确保工程质量。

第十八条　发电企业应该安装合格的发电计量系统，并在每年的 1 月 15 日前将上年度的装机容量、发电量及上网电量上报省级人民政府能源主管部门。

第五章　附　　则

第十九条　电网企业和发电企业发生争议，可以根据事由向国家发展和改革委员会或国家电力监管委员会申请调解，不接受调解的，可以通过民事诉讼裁处。

第二十条　不执行本规定造成企业和国家损失的，由国家发展和改革委员会或省级人民政府委托的审计事务所进行审查核定损失，按照核定的损失额赔偿损失。有关罚款办法另行制定。

第二十一条　本规定自发布之日起执行。

第二十二条　本规定由国家发展和改革委员会负责解释。

附件F 国家发展改革委、财政部关于加强生物燃料乙醇项目建设管理，促进产业健康发展的通知

发改工业［2006］2842号

各省、自治区、直辖市，计划单列市发展改革委、经贸委（经委），财政厅（局）：

我国以生物燃料乙醇为代表的生物能源发展已开展5年，作为“十五”十大重点工程之一，生物燃料乙醇产业发展取得了阶段性成果。截至今年一季度，在有关方面的共同努力下，黑龙江、吉林、辽宁、河南、安徽5省及湖北、河北、山东、江苏部分地区已基本实现车用乙醇汽油替代普通无铅汽油，圆满实现了“十五”期间推广生物乙醇汽油的既定目标。我国已成为世界上继巴西、美国之后第三大生物燃料乙醇生产国和应用国。

近年来，随着国际原油价格的持续攀升和资源的日渐趋紧，石油供给压力空前增大，生物质产业的经济性和环保意义日渐显现，产业发展的内在动力不断增强，积极稳步全面推进和发展生物能源产业的条件和时机日趋成熟。同时，由于全球燃料乙醇需求不断扩大，造成我国乙醇供应趋紧，价格上涨。今年以来，各地积极要求发展生物燃料乙醇产业，建设燃料乙醇项目的热情空前高涨，一些地区存在着产业过热倾向和盲目发展势头。目前，以生物燃料乙醇或非粮生物液体燃料等名目提出的意向建设生产能力已超过千万吨，生物燃料乙醇产业正处在一个关键的发展时期。为加强生物燃料乙醇项目建设管理，促进产业健康发展，现将有关事项通知如下：

一、按照系统工程的要求统筹规划

发展生物燃料乙醇作为国家的一项战略性举措，政策性强，难度大，与市场发育关系紧密，涉及原料供应、乙醇生产、乙醇与组分油混配、储运和流通及相关配套政策、标准、法规的制定等各个方面，业务跨多个部门，是一项复杂的系统工程。因此，必须按照系统工程的思路，制定总体规划与实施方案。

从国家战略意义出发，根据可持续发展的内在要求，认真分析本地区的基础和优势，找准产业定位。结合土地资源状况，研究分析原料供需总量和区域分布，围绕产业经济性和目标市场，因地制宜确定产业发展的指导思想、发展目标、项目布局原则和乙醇汽油的混配、储运、销售和使用实施方案，以及配套政策、法规工作等。从战略上统一筹划并正确引导生物燃料乙醇产业发展，特别应注意市场是否落实，避免盲目发展。

二、严格市场准入标准与政策

“十一五”总体思路是积极培育石油替代市场，促进产业发展；根据市场发育情况，扩大发展规模；确定合理布局，严格市场准入；依托主导力量，提高发展质量；稳定政策支持，加强市场监管。其基本原则：

（一）因地制宜，非粮为主。重点支持以薯类、甜高粱及纤维资源等非粮原料产业发展 。

（二）能源替代，能化并举。生物能源与生物化工相结合，长产业链，高附加值，提高资源开发利用水平，加快石油基向生物基产业的转型。

（三）自主创新，节能降耗。努力提高产业经济性和竞争力，促进纤维素乙醇产业化。

（四）清洁生产，循环经济。通过“吃干榨尽”综合利用，减少废物排放。

（五）合理布局，留有余地。燃料乙醇生产规模要留有一定富余能力，保障市场供应。已有部分地市推广的省份率先改为全省封闭。

（六）统一规划，业主招标。通过公平竞争，择优选拔投资主体，防止一哄而上。

（七）政策支持，市场推动。强化地方政府立法，依法行政。同时，积极发挥市场优化资源配置的基础作用，促进产业健康发展。

三、严格项目建设管理与核准

“十一五”期间，国家继续实行生物燃料乙醇“定点生产，定向流通，市场开放，公平竞争”相关政策。生物燃料乙醇项目实行核准制，其建设项目必须经国家投资主管部门商财政部门核准。在国务院批准实施《生物燃料乙醇及车用乙醇汽油“十一五”发展专项规划》前，除按规定程序核准启动广西木薯乙醇一期工程试点外，任何地区无论是以非粮原料还是其它原料的燃料乙醇项目核准和建设一律要报国家审定。非粮示范也要按照有关规定执行。凡违规审批和擅自开工建设的，不得享受燃料乙醇财政税收优惠政策，造成的经济损失将依据相关规定追究有关单位的责任。非定点企业生产和供应燃料乙醇的，以及燃料乙醇定点企业未经国家批准，擅自扩大生产规模，擅自购买定点外企业乙醇的行为，一律不给予财政补贴，有关职能部门将依据相关规定予以处罚。银行部门审批贷款要充分考虑市场是否落实的风险。

四、强化组织领导和完善工作体系

为保证燃料乙醇试点推广工作的顺利实施，根据国务院领导批示精神和要求，“十五”期间，中央和试点地区均成立了组织领导机构，确保了试点工作稳步推进。这是集中力量办大事的成功经验，也是今后生物燃料乙醇产业发展应积极借鉴的。国家发展改革委将会同财政部继续发挥体制优势，进一步调整和完善现有组织领导机构，增加相关部门为领导小组成员单位。各地区可根据本省实际与条件，建立相应的组织机构，以加强产业发展的领导与协调。

请各级发展改革部门和财政厅局按照通知精神，结合本地区实际，认真做好生物能源产业发展工作。目前，试点评估业已完成，生物燃料乙醇“十一五”发展专项规划正在抓紧编制，国家发展改革委、财政部将适时召开工作会议，加快推进。

国家发展改革委　财政部
二〇〇六年十二月十四日

附件G 财政部 国家发展改革委 农业部 国家税务总局 国家林业局关于发展生物能源和生物化工财税扶持政策的实施意见

财建[2006]702号

各省、自治区、直辖市、计划单列市财政厅（局）、发展改革委、农业厅（局）、国家税务局、地方税务局、林业厅（局）：

发展生物能源与生物化工对于替代化石能源、促进农民增收、改善生态环境，具有重要意义。“十五”期间我国在部分地区试点推广燃料乙醇取得良好的社会效益与生态环境效益。随着国际石油价格的上涨，迫切需要加快实施石油替代战略，积极有序地发展生物能源与生物化工。根据国务院领导指示精神，下一阶段将重点推进生物燃料乙醇、生物柴油、生物化工新产品等生物石油替代品的发展，同时合理引导其他生物能源产品发展。目前我国生物能源与生物化工产业处于起步阶段，制定并实施有关财税扶持政策将为生物能源与生物化工产业的健康发展提供有力的保障。

一、生物能源与生物化工财税扶持政策的原则

（一）坚持不与粮争地，促进能源与粮食“双赢”。我国人多地少，粮食安全至关重要。发展生物能源产业一定要在确保国家粮食安全基础上稳步推进。当粮食出现阶段性供过于求时，国家有计划地拿出一部分粮食加工转化为生物能源，将有助于丰富粮食转化渠道，平衡粮食供求，有效保护粮价，保护农民种粮积极性。国家鼓励利用秸秆、树枝等农林废弃物，利用薯类、甜高粱等非粮农作物和小桐子、黄连木等木本油料树种为原料加工生产生物能源，鼓励开发利用盐碱地、荒山和荒地等未利用土地建设生物能源原料基地。今后将具备原料基地作为生物能源行业准入与国家财税政策扶持的必要条件。促进实现粮食安全与能源安全的双赢。

（二）坚持产业发展与财政支持相结合，鼓励企业提高效率。生物能源与生

物化工产业的发展最终要靠市场，要立足于提高产业自身竞争力。在发展初期，实施国家财税扶持政策将有助于突破制约因素，加快产业发展进程。财税扶持政策要有利于鼓励企业提高效率，有利于科技进步。各类企业要公平竞争，成本低、效率高的企业将优先获得国家支持，体现效率优先原则。国家支持成熟技术的推广。对尚未完全成熟、但发展前景广阔，影响意义深远的新技术，如纤维素制酒精等，国家鼓励产学研相结合，扩大产业化示范。国家财税扶持政策将充分整合与利用现有的各种资金支持渠道，集中力量突破若干关键技术。

（三）坚持生物能源与生物化工发展既积极又稳妥，引导产业健康有序发展。随着国际油价上涨及受国家政策鼓励，生物能源与生物化工产业发展内在动力不断加强，当前地方新上项目的积极性较高，有投资过热的倾向。如不能正确加以引导，将可能破坏生物能源资源；燃料乙醇、生物柴油产品质量如不合格，将可能影响到交通运输安全；在生物能源和生物化工生产环节，如不严格标准，会造成环境污染，增加能源消耗。因此，发展生物能源与生物化工必须充分考虑资源、技术、环保、能耗等多方面因素，稳步发展。国家实施财税扶持政策，将限定支持对象、控制支持范围、把握支持力度，引导产业健康有序发展。

二、发展生物能源和生物化工财税扶持政策内容

（四）实施弹性亏损补贴。目前国际石油价格高位运行，如果油价下跌，生物能源与生物化工生产企业亏损将加大。为化解石油价格变动对发展生物能源与生物化工所造成的市场风险，为市场主体创造稳定的市场预期，将建立风险基金制度与弹性亏损补贴机制。当石油价格高于企业正常生产经营保底价时，国家不予亏损补贴，企业应当建立风险基金；当石油价格低于保底价时，先由企业用风险基金以盈补亏。如果油价长期低位运行，将启动弹性亏损补贴机制，具体补贴办法财政部将会同国家发改委另行制定。

（五）原料基地补助。国家鼓励开发冬闲田、盐碱地、荒山、荒地等未利用土地建设生物能源与生物化工原料基地，从而确保生物能源与生物化工有稳定原料供应来源，确保发展生物能源与生物化工不与粮争地。开发生物能源与生物化工原料基地要与土地开发整理、农业综合开发、林业生态项目相结合，享受有关优惠政策。对以“公司 + 农户”方式经营的生物能源和生物化工龙头企业，国家给予适当补助。具体补助办法，财政部将会同国家发改委、农业部、国家林业局另行制定。

（六）示范补助。国家鼓励具有重大意义的生物能源及生物化工生产技术的产业化示范，以增加技术储备，对示范企业予以适当补助。具体补助办法财政部将另行制定。

（七）税收优惠。对国家确实需要扶持的生物能源和生物化工生产企业，国家给予税收优惠政策，以增强相关企业竞争力，具体政策由财政部、国家税务总局上报国务院后另行制定。

三、生物能源和生物化工财税扶持政策的组织实施

（八）国家财税扶持政策将紧密结合生物燃料乙醇专项规划、生物柴油试点方案。发展生物能源和生物化工应坚持统一规划、防止一哄而起。燃料乙醇将在现有基础上，扩大推广范围，重点发展非粮原料燃料乙醇的生产。近阶段燃料乙醇扩大推广仍将采用“定点生产、定向流通、封闭运行”的方式。生物柴油按国家统一规划，有序开展试点推广。生物能源与生物化工企业实行严格的行业准入制度。地方发展改革委、财政部门根据国家统一的推广规划，联合推荐申报定点企业，申请企业必须符合行业准入标准。国家发展改革委、财政部按有关规定选择并确定定点企业。

（九）国家财税扶持政策将坚持专家评审，科学决策。组织实施财税扶持政策，要充分借助专家力量。由相关领域的专家对地方申报定点企业的生产技术条件、资产财务状况、原料基地情况、生产环保能耗等进行全面论证与评审。在专家评审的基础上，国家发展改革委、财政部按照公开、公平、公正的原则选择效率高、补贴少的企业作为定点企业，并予以公示。

（十）建立政策保障机制，在确保国家粮食安全的前提下稳步发展生物能源和生物化工。建立粮食安全影响因素评价制度，财政部将会同有关部门组织专家对地方申报的生物质能源和生物化工项目消耗粮食、占用土地情况进行专项评审，充分论证与考虑对国家粮食安全的影响。对以粮食为原料生产生物能源与生物化工，国家实行严格的计划控制，只有按国家计划生产才能享受财税扶持政策，未经国家批准的粮食加工转化生物能源，不能享受国家财税扶持政策。对以薯类、甜高粱等非粮农林作物为原料生产生物能源与生物化工，要配套建设原料基地，只有具备原料基地的生物能源与生物化工企业才能享受国家财税政策扶持，原料基地建设要开发利用荒山荒坡等未利用土地，不能占用现有耕地。财政部门严格考核各企业原料基地建设及规模，作为补贴预算依据。

（十一）加强资金监督，确保资金使用安全规范有效。申请生物能源和生物化工财政扶持专项资金，必须按本实施意见的规定程序执行，未执行相关规定者，不能享受国家财税政策扶持。财政部驻各省、自治区、直辖市财政监察专员办事处负责审核确认定点企业生产销售的生物能源产品数量，作为弹性亏损补贴的依据，并对原料基地补助及示范补助的使用情况进行日常监督。农业、林业行业主管部门要加强原料基地建设和开发利用工作的指导。地方财政部门要及时掌握了解企业生产销售情况、原料基地建设情况、示范技术进展情况，加强对财政补贴资金的追踪问效，并向财政部报告。

四、提高认识，加强协作，实施好对生物能源及生物化工发展的财税扶持政策

（十二）充分认识实施财税扶持政策，支持生物能源与生物化工发展的重要意义。积极发展生物能源与生物化工，尤其是发展生物燃料乙醇等石油替代品，具有重要战略意义。国家财税扶持政策对促进生物能源与生物化工的发展至关重要。各级财政等部门要充分认识财税扶持政策的重要意义，将其作为工作的重点，落实好国家有关扶持政策。并且要在摸清当地生物资源底数的基础上，因地制宜，积极支持生物能源与生物化工产业的发展，为企业发展创造良好的政策环境，促进有序开发利用生物能源与生物化工。

（十三）加强部门间配合，共同推动生物能源发展。发展生物能源与生物化工是一项系统工程，需要多个部门的协同配合。中石油、中石化等成品油销售企业要按有关法律规定，收购燃料乙醇等生物能源产品，并积极建设混配中心，为发展生物能源创造良好的市场环境。技术标准管理部门要抓紧制定相关技术标准，为生物柴油等试点推广准备条件。农业、林业部门要做好生物质资源评价，做好育种等基础工作，并引导做好生物能源与生物化工原料基地建设。国家将加大公共能力建设的投入，支持开展各项基础工作。

（十四）本办法自下发之日起执行，由财政部负责解释。

二〇〇六年九月三十日

附件 H 国家发展改革委关于完善农林生物质发电价格政策的通知

发改价格 [2010] 1579 号

各省、自治区、直辖市发展改革委、物价局：

为促进农林生物质发电产业健康发展，决定进一步完善农林生物质发电价格政策。现将有关事项通知如下：

一、对农林生物质发电项目实行标杆上网电价政策。未采用招标确定投资人的新建农林生物质发电项目，统一执行标杆上网电价每千瓦时 0.75 元（含税，下同）。通过招标确定投资人的，上网电价按中标确定的价格执行，但不得高于全国农林生物质发电标杆上网电价。

二、已核准的农林生物质发电项目（招标项目除外），上网电价低于上述标准的，上调至每千瓦时 0.75 元；高于上述标准的国家核准的生物质发电项目仍执行原电价标准。

三、农林生物质发电上网电价在当地脱硫燃煤机组标杆上网电价以内的部分，由当地省级电网企业负担；高出部分，通过全国征收的可再生能源电价附加分摊解决。脱硫燃煤机组标杆上网电价调整后，农林生物质发电价格中由当地电网企业负担的部分要相应调整。

四、农林生物质发电企业和电网企业要真实、完整地记载和保存项目上网交易电量、价格和补贴金额等资料，接受有关部门监督检查。各级价格主管部门要加强对农林生物质上网电价执行情况和电价附加补贴结算情况的监管，确保电价政策执行到位。

五、上述规定自 2010 年 7 月 1 日起实行。

国家发展改革委

二〇一〇年七月十八日

附件1　国家发改委关于生物质发电项目建设管理的通知

发改能源[2010]1803号

各省（区、市）发展改革委（能源局），国家电网公司，南方电网公司，中国华能集团公司、中国大唐集团公司、中国华电集团公司、中国国电集团公司、中国电力投资集团公司、中国节能投资公司、国能生物质发电集团公司：

生物质发电是生物质能利用的重要形式。近年来，我国生物质发电取得了一定发展，装机容量逐年增加，已培育形成了较完整的设备制造能力和产业服务体系，对促进农村发展、实现节能减排发挥了很好的作用。但由于缺乏管理经验、规划等前期论证工作深度不够，目前生物质发电还面临燃料供应不足、价格上涨压力大、发电成本难以控制等问题，影响了生物质发电的推广。为了促进生物质发电的健康发展，经研究，现将加强生物质发电项目建设管理的有关要求通知如下：

一、重视生物质发电规划工作

生物质资源是生物质发电的原料基础。由于农村生物质资源用途广泛，为确保生物质发电的有序发展，必须做好生物质发电规划工作，科学分析各种生物质资源量，统筹协调生物质资源的合理利用，在充分考虑生物质资源其它用途的基础上，根据剩余资源的分布特点，合理制定生物质发电目标和建设布局，切不可盲目建设。原则上，生物质发电厂应布置在粮食主产区秸秆丰富的地区，且每个县或100公里半径范围内不得重复布置生物质发电厂。

二、合理确定生物质电站建设场址和规模

生物质资源种类多，包括农林生产剩余物、粮食加工和木材加工剩余物、生活垃圾、畜禽养殖场粪便及污水处理淤泥等。为充分有效利用各类生物质资源，生物质发电锅炉应具有燃烧各类生物质资源的能力，场址选择除满足安全、环境条件外，应统筹考虑各类资源的分布特点，结合城市供暖或工业园区用热需要，

优先建设生物质热电联产发电厂。生物质电站建设规模以可保证供应的资源量为基础确定，一般安装2台机组，装机容量应与资源量匹配，考虑到生物质燃料的运输半径，一般不超过3万千瓦。

三、落实生物质资源条件和保障措施

生物质电站建设的核心条件是生物质资源，必须把落实生物质资源作为生物质电站建设的前提条件。任何生物质电站建设，都要开展详细的资源分析评价，全面掌握各类生物质资源的分布和特点，并制定切实可行的生物质资源收集、运输、储存体系，明确生物质资源收集、运输、储存等的技术要求和管理制度，确保生物质资源的安全可靠供应。

四、严格生物质发电项目的核准管理

为促进生物质发电的健康发展，必须加强生物质发电项目的核准管理工作，制定严格的项目核准条件，防止盲目建设，除认真落实工程建设方案、土地利用和环境保护等建设条件外，特别要把生物质发电规划制定、生物质资源落实作为项目核准的重要条件。未纳入生物质发电规划、未落实生物质资源的项目不得核准建设。

请各省（区、市）发展改革委、能源局按照上述要求，对各地生物质发电情况进行全面总结，已建项目存在问题较多的地方要暂缓核准生物质发电项目，集中力量把已建项目运行好、管理好。对拟建的生物质发电项目，要制定年度工作计划，报国家能源局审核同意后核准建设。对自行核准的项目，将不予纳入国家可再生能源基金补贴范围

二〇一〇年八月十日

附件 J 关于印发《可再生能源电价附加补助资金管理暂行办法》的通知

财建 [2012]102 号

各省、自治区、直辖市财政厅（局）、发展改革委、能源局、物价局，新疆生产建设兵团财务局、发展改革委、能源主管部门、价格主管部门，国家电网公司、中国南方电网有限责任公司、内蒙古自治区电力有限责任公司：

为促进可再生能源开发利用，规范可再生能源电价附加资金管理，提高资金使用效率，根据《中华人民共和国可再生能源法》和《财政部 国家发展改革委 国家能源局关于印发〈可再生能源发展基金征收使用管理暂行办法〉的通知》（财综 [2011]115 号），财政部、国家发展改革委、国家能源局共同制定了《可再生能源电价附加补助资金管理暂行办法》，现印发给你们，请遵照执行。

财政部　国家发展改革委　国家能源局

二〇一二年三月十四日

可再生能源电价附加补助资金管理暂行办法

第一章　总　　则

第一条　根据《中华人民共和国可再生能源法》和《财政部 国家发展改革委国家能源局关于印发〈可再生能源发展基金征收使用管理暂行办法〉的通知》（财综 [2011]115 号），制定本办法。

第二条　本办法所称可再生能源发电是指风力发电、生物质能发电（包括农林废弃物直接燃烧和气化发电、垃圾焚烧和垃圾填埋气发电、沼气发电）、太阳能发电、地热能发电和海洋能发电等。

第二章 补助项目确认

第三条 申请补助的项目必须符合以下条件：

（一）属于《财政部 国家发展改革委 国家能源局关于印发＜可再生能源发展基金征收使用管理暂行办法＞的通知》规定的补助范围。

（二）按照国家有关规定已完成审批、核准或备案，且已经过国家能源局审核确认。具体审核确认办法由国家能源局另行制定。

（三）符合国家可再生能源价格政策，上网电价已经价格主管部门审核批复。

第四条 符合本办法第三条规定的项目，可再生能源发电企业、可再生能源发电接网工程项目单位、公共可再生能源独立电力系统项目单位，按属地原则向所在地省级财政、价格、能源主管部门提出补助申请。省级财政、价格、能源主管部门初审后联合上报财政部、国家发展改革委、国家能源局。

第五条 财政部、国家发展改革委、国家能源局对地方上报材料进行审核，并将符合条件的项目列入可再生能源电价附加资金补助目录。

第三章 补助标准

第六条 可再生能源发电项目上网电量的补助标准，根据可再生能源上网电价、脱硫燃煤机组标杆电价等因素确定。

第七条 专为可再生能源发电项目接入电网系统而发生的工程投资和运行维护费用，按上网电量给予适当补助，补助标准为：50 公里以内每千瓦时 1 分钱，50 ～ 100 公里每千瓦时 2 分钱，100 公里及以上每千瓦时 3 分钱。

第八条 国家投资或者补贴建设的公共可再生能源独立电力系统的销售电价，执行同一地区分类销售电价，其合理的运行和管理费用超出销售电价的部分，通过可再生能源电价附加给予适当补助，补助标准暂定为每千瓦每年 0.4 万元。

第九条 可再生能源发电项目、接网工程及公共可再生能源独立电力系统的价格政策，由国家发展改革委根据不同类型可再生能源发电的特点和不同地区的情况，按照有利于促进可再生能源开发利用和经济合理的原则确定，并根据可再生能源开发利用技术的发展适时调整。

根据《中华人民共和国可再生能源法》有关规定通过招标等竞争性方式确定的上网电价，按照中标确定的价格执行，但不得高于同类可再生能源发电项目的政府定价水平。

第四章　预算管理和资金拨付

第十条　按照中央政府性基金预算管理要求和程序，财政部会同国家发展改革委、国家能源局编制可再生能源电价附加补助资金年度收支预算。

第十一条　可再生能源电价附加补助资金原则上实行按季预拨、年终清算。省级电网企业、地方独立电网企业根据本级电网覆盖范围内的列入可再生能源电价附加资金补助目录的并网发电项目和接网工程有关情况，于每季度第三个月10日前提出下季度可再生能源电价附加补助资金申请表，经所在地省级财政、价格、能源主管部门审核后，报财政部、国家发展改革委、国家能源局。

公共可再生能源独立电力系统项目于年度终了后随清算报告一并提出资金申请。

第十二条　财政部根据可再生能源电价附加收入、省级电网企业和地方独立电网企业资金申请等情况，将可再生能源电价附加补助资金拨付到省级财政部门。省级财政部门按照国库管理制度有关规定及时拨付资金。

第十三条　省级电网企业、地方独立电网企业应根据可再生能源上网电价和实际收购的可再生能源发电上网电量，按月与可再生能源发电企业结算电费。

第十四条　年度终了后1个月内，省级电网企业、地方独立电网企业、公共可再生能源独立电力系统项目单位，应编制上年度可再生能源电价附加补助资金清算申请表，报省级财政、价格、能源主管部门，并提交全年电费结算单或电量结算单等相关证明材料。

第十五条　省级财政、价格、能源主管部门对企业上报材料进行初步审核，提出初审意见，上报财政部、国家发展改革委、国家能源局。

第十六条　财政部会同国家发展改革委、国家能源局组织审核地方上报材料，并对补助资金进行清算。

第五章　附　　则

第十七条　本办法由财政部会同国家发展改革委、国家能源局负责解释。

第十八条　本办法自发布之日起施行。2012年可再生能源电价附加补助资金的申报、审核、拨付等按本办法执行。

附件 K 关于印发《绿色能源示范县建设补助资金管理暂行办法》的通知

财建 [2011] 113 号

各省、自治区、直辖市、计划单列市财政厅（局）、发展改革委（能源局）、农业厅（委、局），湖南省农村工作办公室，广西壮族自治区林业厅，新疆生产建设兵团财务局、发展改革委、农业局：

为贯彻落实《中华人民共和国可再生能源法》，加快农村可再生能源开发利用步伐，优化农村能源结构，推进农村能源清洁化和现代化，改善农民生产生活条件，国家能源局、财政部和农业部将组织实施绿色能源示范县建设。为规范财政资金管理，保障绿色能源示范县建设顺利进行，我们制定了《绿色能源示范县建设补助资金管理暂行办法》，现予印发，请遵照执行。

财政部 国家能源局 农业部

二〇一一年四月六日

绿色能源示范县建设补助资金管理暂行办法

第一章 总 则

第一条 为利用可再生能源改善农村生活用能，推进农村能源清洁化和现代化，国家将安排资金支持绿色能源示范县建设。为规范绿色能源示范县建设财政补助资金（以下简称示范补助资金）管理，根据《中华人民共和国可再生能源法》及有关规定，特制定本办法。

第二条 本办法所称绿色能源是指生物质能、太阳能、风能、地热能、水能等可再生能源；绿色能源示范县是指经国家能源局、财政部和农业部共同认定、以开发利用绿色能源为主要方式解决或改善农村生活用能的县（市）。

第三条　示范补助资金由财政预算安排，按照“政府引导、市场运作、县级统筹、绩效挂钩”的原则使用管理。

第二章　支持范围及条件

第四条　中央财政示范补助资金支持范围及用途主要包括：

（一）沼气集中供气工程。指利用畜禽粪便、农作物秸秆等废弃生物质资源制取沼气的项目，单个项目沼气发酵装置池容 350 立方米以上，年产量 10 万立方米以上，原则上集中供应居民生活燃气 150 户及以上。示范补助资金用于支持沼气提纯处理设施、储气罐、输送管网建设。

（二）生物质气化工程。指利用农作物秸秆、林业废弃物和农林产品加工剩余物等废弃生物质资源制取燃气，可同时产炭或发电等多联产能源产品的气化项目，单个项目原则上集中供应居民生活燃气 200 户及以上。示范补助资金重点支持燃气清洁净化处理设施、储气罐及输送管网建设。

（三）生物质成型燃料工程。指利用农作物秸秆、林业废弃物和农林产品加工剩余物制成成型燃料的固化成型项目，单个项目年产能在 5 000 吨及以上，原则上用于 1 000 户及以上的农户炊事采暖及医院、学校、政府机关、孤儿院、幼儿园、养老院等公共机构供热采暖。示范补助资金用于支持生物质炊事采暖炉具购置，生物质生活用锅炉、炕具及灶具改造。

（四）其他可再生能源开发利用工程。采用适合当地资源条件的新技术、新产品，开发利用其他可再生能源工程（水能等传统能源除外）。

（五）农村能源服务体系。建立健全覆盖县、乡、村三级的现代农村能源服务网络，满足当地农村能源发展需要，示范补助资金重点支持能源资源评估、技术指导、宣传培训、考核验收等与绿色能源示范县建设直接相关活动。

已享受其他财政补助政策的项目，不纳入本办法支持范围。

第五条　申请示范补助资金的项目必须符合以下条件：

（一）项目已纳入绿色能源示范县建设实施方案，并在三年内建成。

（二）具备较好的项目建设条件，前期准备工作基本就绪，建设方案经过主管部门审核。

（三）项目技术工艺及产品质量符合农业部《绿色能源示范县技术管理暂行办法》要求。

（四）项目业主原则上为独立法人单位，注册资本金不少于 300 万元。项目业主单位财务管理制度完善、银行信用良好，并按市场化原则建设和运作项目。

第六条　申请示范补助资金的绿色能源示范县必须满足以下条件：

（一）符合《国家能源局关于推荐绿色能源县的通知》（国能新能［2009］343号）规定的基本条件和基本要求，且示范建设期内达到《绿色能源县评价暂行办法》规定的总体预期目标（评价指标）。

（二）示范建设期内中央财政支持项目（不含可再生能源建筑应用项目）必须达到的具体预期目标主要为：新增绿色能源生产能力超过 5 万吨标准煤；新增绿色能源用户 2 万户及以上；畜禽粪便和农林废弃物能源化利用率提高 10 个百分点及以上；农作物秸秆资源综合利用率达到 80% 以上。

第七条　绿色能源示范县要加快推进可再生能源建筑应用，包括在农村中小学推行太阳能浴室，实施太阳能、浅层地能采暖工程，利用浅层地能热泵等技术解决中小学采暖需求，建设太阳房，利用被动式太阳能采暖技术为教室供暖；在县城（镇）、农村居民住宅以及卫生院等公共建筑中实施可再生能源建筑一体化应用项目。具备条件的绿色能源示范县要一并编制可再生能源建筑应用实施工作方案，补助资金的申请、拨付及管理等具体事项，按照财政部、住房城乡建设部《关于印发加快农村地区可再生能源建筑应用的实施方案的通知》（财建［2009］306号）和《关于加强可再生能源建筑应用城市示范和农村地区县级示范管理的通知》（财建［2010］455 号）的规定执行，对符合条件的绿色能源示范县予以优先支持。

第三章　补助方式与标准

第八条　中央财政对符合支持范围及条件的绿色能源示范县给予适当补助。示范补助资金（不含可再生能源建筑应用补助资金）规模根据各县符合支持方向的示范项目实际完成投资、新增绿色能源生产能力及用户数量等相关因素综合确定。

第九条　中央财政示范补助资金要与地方安排的补助资金统筹使用，可采取财政补贴、以奖代补、贷款贴息等补助方式支持示范项目建设。具体补助标准由地方综合考虑项目建设内容、投资规模、企业自筹资金等因素自行确定。

第十条　中央财政示范补助资金可安排用于能源服务体系建设，资金额度应控制在中央财政示范补助资金总额的 5% 以内。

第十一条　地方财政要安排相应资金予以支持，增强示范项目建设的可持续性，发挥和放大示范效应。具体补助资金规模和负担方式由地方视财力自行确定。地方财政支持情况将作为审核示范县实施方案和中央财政安排补助资金的因素之一。

第四章　资金下达与管理

第十二条　县级能源主管部门会同财政、农业（农村能源主管部门）等有关部门编制绿色能源示范县建设实施方案，经由省级能源、财政和农业（农村能源主管部门）等有关部门审核后，联合上报国家能源局、财政部和农业部。

第十三条　国家能源局、财政部和农业部组织专家对绿色能源示范县建设实施方案进行评审并予以批复。批复的实施方案，将作为绿色能源示范县实施建设和考核验收的主要依据。

第十四条　根据批复的绿色能源示范县实施方案，对符合支持条件且有能力达到规定目标的示范县，中央财政综合考虑年度建设计划、项目投资规模以及中央财政预算安排等因素，分期分批向省级财政部门下达示范补助资金，其中：实施方案启动后拨付 1/3；中期评估通过后再拨付 1/3；实施方案完成并通过目标考核后再拨付剩余资金。对建设进度较慢的示范县，将视情况缓拨或停拨示范补助资金；对未达到规定目标的示范县，将相应扣减示范补助资金。

第十五条　地方财政部门商能源、农业（农村能源主管部门）等有关主管部门，根据项目实施情况及实际进度，将地方财政安排资金和中央财政示范补助资金及时拨付给项目单位或用户，并在年度结束后 30 日内填制《绿色能源示范县财政补助资金安排使用情况表》，逐级上报财政部。同时，督促项目单位及时足额落实自筹资金。

第十六条　示范建设期结束后一个月内，县级能源主管部门会同财政、农业（农村能源主管部门）等有关部门编制绿色能源示范县建设总结报告。省级能源主管部门会同财政、农业（农村能源主管部门）等有关部门依据批复的实施方案组织验收，将有关验收报告报国家能源局、财政部和农业部。省级财政部门根据验收结果对示范补助资金进行据实清算，并将有关资金清算情况及时报财政部备案。

第五章　监管与考核

第十七条　纳入绿色能源示范县建设范畴且享受财政补助的项目，要严格按照批复的实施方案进行，不得随意调整。如确需调整的，须按规定程序报批。

第十八条　享受财政补助的示范项目单位要建立项目建设和资金管理台账，定期向县级能源、财政和农业（农村能源主管部门）等有关部门报告项目进展及资金使用等有关情况，并对上报信息的真实性、准确性负责。

第十九条　地方能源主管部门要会同财政、农业（农村能源主管部门）等有关部门加强对示范项目质量与进度、投资资金到位及财政资金使用等情况的跟踪、检查和监督，按规定进行绩效考评，确保资金使用规范、安全、有效。

第二十条　国家能源局会同财政部、农业部依据批复的示范县实施方案，组织对绿色能源示范县项目抽查、中期评估、目标考核和总体评价。

第二十一条　示范补助资金必须专款专用，任何单位不得以任何理由、任何形式套取、截留、挪用。对弄虚作假、骗取财政补助资金的示范县、项目单位和个人，除追缴扣回财政补助资金、取消示范项目资格和示范县资格外，还应追究相关人员的责任；对违反规定的地方有关部门，按照《财政违法行为处罚处分条例》（国务院令第 427 号）等有关规定进行处理。

第六章　附　　则

第二十二条　各地要根据本办法规定和本地实际情况，制定具体实施细则，及时报财政部、国家能源局和农业部备案。

第二十三条　本办法由财政部会同国家能源局、农业部负责解释。

第二十四条　本办法自印发之日起施行。

附件L 可再生能源发展“十二五”规划概要

前 言

可再生能源是能源体系的重要组成部分，具有资源分布广、开发潜力大、环境影响小、可永续利用的特点，是有利于人与自然和谐发展的能源资源。当前，开发利用可再生能源已成为世界各国保障能源安全、加强环境保护、应对气候变化的重要措施。随着经济社会的发展，我国能源需求持续增长，能源资源和环境问题日益突出，加快开发利用可再生能源已成为我国应对日益严峻的能源环境问题的必由之路。

“十二五”是我国全面建设小康社会的关键时期，是深化改革开放、加快转变经济发展方式的重要战略机遇期。为实现 2015 年和 2020 年非化石能源分别占一次能源消费比重 11.4% 和 15% 的目标，加快能源结构调整，培育和打造战略性新兴产业，推进可再生能源产业持续健康发展，按照《可再生能源法》的要求，根据《国民经济和社会发展第十二个五年规划纲要》《国家能源发展“十二五”规划》，制订《可再生能源发展“十二五”规划》（以下简称“《规划》”）。

《规划》包括了水能、风能、太阳能、生物质能、地热能和海洋能，阐述了 2011 年至 2015 年我国可再生能源发展的指导思想、基本原则、发展目标、重点任务、产业布局及保障措施和实施机制，是“十二五”时期我国可再生能源发展的重要依据。

一、规划基础和背景

（一）发展基础

1. 可再生能源发展现状

“十一五”时期，在《可再生能源法》的推动下，我国可再生能源政策体系不断完善，通过开展资源评价、组织特许权招标、完善价格政策、推进重大工程示范项目建设，培育形成了可再生能源市场和产业体系，可再生能源技术快速进步，产业实力明显提升，市场规模不断扩大，我国可再生能源已步入全面、快速、规模化发展的重要阶段。

——水电开发有序推进，装机规模快速增加。水电是目前技术成熟和最具有经济性的可再生能源，在“十一五”时期保持了稳步快速发展，三峡、拉西瓦、龙滩等大型水电工程陆续建成投产，五年投产装机容量约1亿千瓦。到2010年底，全国水电装机容量达到2.16亿千瓦，比2005年翻了近一番。2010年水电发电量6 867亿千瓦时，占全国总发电量的16.2%，折合2.3亿吨标准煤，约占能源消费总量的7%。水电的快速发展为保障能源供应、调整能源结构、应对气候变化，以及促进可持续发展作出了重要贡献。

——风电进入规模化发展阶段，技术装备水平迅速提高。风电新增装机容量连续多年快速增长，2009年以来，我国成为新增风电装机规模最多的国家。到2010年底，风电累计并网装机容量3 100万千瓦。2010年风电发电量500亿千瓦时，折合1 600万吨标准煤。风电装备制造能力快速提高，已具备1.5兆瓦以上各个技术类型、多种规格机组和主要零部件的制造能力，基本满足陆地和海上风电开发需要。

——太阳能发电技术进步加快，国内应用市场开始启动。在快速增长的国际市场的带动下，我国已形成了具有国际竞争力的太阳能光伏发电制造产业，2010年光伏电池产量占到全球光伏电池市场的50%。在光伏电池制造技术方面，我国已达到世界先进水平。光伏电池效率不断提高，晶硅组件效率达到15%以上，非晶硅组件效率超过8%，多晶硅等上游材料的瓶颈制约得到缓解，基本形成了完整的光伏发电制造产业链。在大型光伏电站特许权招标和“金太阳示范工程”推动下，国内太阳能发电市场开始启动，规模化应用的格局正在形成。

——太阳能热利用日益普及，应用范围和领域不断扩大。太阳能热水器沿市场化道路快速发展，在广大城市和农村建筑应用广泛，“家电下乡”进一步扩大了太阳能热水器在农村地区的应用。我国真空集热管具有较强技术优势，中高温集热技术取得重大进展，初步具备产业化发展的条件。到2010年底，太阳能热水器安装使用总量达到1.68亿平方米，年替代化石能源约2 000万吨标准煤。

——生物质能多元化发展，综合利用效益显著。生物质发电技术基本成熟，大中型沼气技术日益完善，农村沼气应用范围不断扩大，木薯、甜高粱等非粮生物质制取液体燃料技术取得突破，木薯制取液体燃料开始了规模化利用，万吨级秸秆纤维素乙醇产业化示范工程进入试生产阶段。到2010年底，各类生物质发电装机容量总计约550万千瓦。2010年沼气利用量约140亿立方米，成型燃料利用量约300万吨，生物燃料乙醇利用量180万吨，生物柴油利用量约50万吨，各类生物质能源利用量合计约2 000万吨标准煤。

——地热能和海洋能利用技术不断发展，产业化应用潜力较大。浅层地温能在建筑领域的开发利用快速发展，到 2010 年底，地源热泵供暖制冷建筑面积达到 1.4 亿平方米。高温地热发电技术趋于成熟，但高温地热资源有限。中低温地热发电新技术和新应用取得突破，今后发展潜力很大。潮汐能利用技术基本成熟，波浪能、潮流能等技术研发和小型示范应用取得进展，开发利用工作尚处于起步阶段，目前已有较好的技术储备，未来有较大的发展潜力。

2010 年，水电、风电、生物液体燃料等计入商品能源统计的可再生能源利用量为 2.55 亿吨标准煤，在能源消费总量中约占 7.9%。计入沼气、太阳能热利用等尚没有纳入能源统计的品种，可再生能源利用量为 2.86 亿吨标准煤，约占当年能源消费总量的 8.9%。

2. 可再生能源存在的问题

为适应经济发展方式转变和能源结构调整需要，我国已将开发利用可再生能源作为国家能源发展战略的重要组成部分。从目前可再生能源发展的政策环境和未来规模化发展的要求来看，可再生能源开发利用面临的主要问题为：

第一，技术和经济性仍是可再生能源发展要解决的最基本问题。目前，除水电、太阳能热水器外，大多数可再生能源产业还处于成长阶段，开发利用的成本仍然较高，加上资源分布不均、市场规模小、不能连续生产等特点，可再生能源在现有市场条件下还缺乏竞争力，必须依靠政策支持等措施才能支撑其进一步发展，并最终使可再生能源在技术和经济性上达到与常规能源可竞争的水平。

第二，管理体系和市场机制不适应可再生能源规模化发展需要。现有的能源管理体系是以常规能源为基础建立起来的，与可再生能源的特点不适应。电力系统运行机制和管理主要着眼于大电源和大电网特性，没有建立适应可再生能源特点的运行管理体系。可再生能源间歇性对电力系统运行的挑战随着可再生能源规模的不断增加日益凸显，建立适应可再生能源特点的电力管理体系、市场机制和技术支撑体系十分必要。

第三，具有核心竞争力的技术创新体系尚未形成。我国可再生能源产业在关键技术上与发达国家还有较大差距，缺乏系统的可再生能源技术开发体系，基础研究和技术创新能力不强，关键技术和共性技术研究滞后，可再生能源产业核心竞争力不高。不断完善相关人才培养机制，加快建立可再生能源产业体系，是提高可再生能源产业竞争力、促进可再生能源持续健康发展的重要措施。

（二）发展形势

面对全球日益严峻的能源和环境问题，开发利用可再生能源已成为世界各国保障能源安全、应对气候变化、实现可持续发展的共同选择。

1. 加快开发利用可再生能源已成为国际社会的共识

20 世纪 70 年代石油危机以来，为保障能源安全，应对气候变化，可再生能源日益受到国际社会的重视。2008 年以来的全球金融危机，为可再生能源发展赋予了新的使命，进一步促进了可再生能源的发展。日本福岛核事故后，不少国家能源战略选择“弃核”或延缓核电建设，发展清洁能源和减少温室气体排放的任务更多地转向可再生能源。加快开发利用可再生能源已成为国际社会的共识和共同行动。

第一，可再生能源已成为能源发展的重要领域。目前，可再生能源已成为许多国家能源发展的重要领域，一些国家新增可再生能源发电装机占全部新增发电装机的 2/3 以上。2010 年全球可再生能源领域的投资超过 2 000 亿美元，风电在欧盟新增发电装机中，已连续多年保持第一。德国实施 2022 年前不再使用核电的能源转型战略，通过大规模开发海上风电和加快建设分布式太阳能发电解决核电退出后的电力供应问题。2010 年德国光伏发电新增装机 740 万千瓦，成为该国新增发电装机规模最大的电源。可再生能源已成为这些国家能源投资的重点领域。

第二，可再生能源已在一些地区发挥重要作用。可再生能源在许多国家能源和电力消费中的比重不断扩大，2010 年丹麦风电占全部电力消费的 20%，西班牙和德国的风电也分别占到全部电力消费的 15% 和 7%，风电已满足欧盟 5.3% 的电力消费量；2010 年丹麦的可再生能源占到全部能源消费量的 19%，德国占到近 11%，西班牙出现过多次风电出力满足全部用电负荷 50% 的情况，可再生能源已在这些地区的能源体系中发挥重要作用。

第三，可再生能源已成为竞争激烈的战略性新兴产业。可再生能源开发利用产业链长，配套和支撑产业多，对经济发展的拉动作用显著，许多国家都投入大量资金支持可再生能源技术研发，抢占技术制高点。特别是在全球经济危机中，美国、日本、欧洲各国等发达国家和印度、巴西等发展中国家把发展可再生能源作为刺激经济发展、走出经济危机的战略性新兴产业加以扶持，围绕可再生能源技术、产品的国际贸易纠纷不断加剧，市场竞争日益激烈。可再生能源发展水平将成为衡量国家未来发展竞争力的一个新的标志。

第四，可再生能源在未来能源中的地位日益明确。为实现能源转型，走低碳发展道路，许多国家制定了清晰的可再生能源发展战略。欧盟提出了到 2020 年可再生能源达到欧盟全部能源消费量 20% 的发展目标，其中德国、法国、英国的目标分别是 18%、23% 和 15%。日本在福岛核事故后，提出 2020 年前可再生能源发电要满足 20% 电力需求的目标。丹麦还提出了到 2050 年完全摆脱对化石能源依赖的宏伟战略，英国也提出到 2050 年在 1990 年基础上二氧化碳减排 80% 的战略目标，确立了可再生能源在未来能源体系中的地位和作用。

2. 开发利用可再生能源是我国实现能源可持续发展的必然选择

开发利用可再生能源既是我国当前调整能源结构、节能减排、合理控制能源消费总量的迫切需要，也是我国未来能源可持续利用和转变经济发展方式的必然选择。

第一，开发利用可再生能源是落实科学发展观、建设资源节约型和环境友好型社会的基本要求。建立充足、安全、清洁的能源供应体系是促进经济社会可持续发展的基本保障。当前，我国正处在工业化和城镇化发展阶段，能源需求快速增长，能源供应以煤为主，进一步发展受资源和环境约束的压力不断加大。为从根本上解决我国的能源供应问题，实现经济和社会的可持续发展，加快开发利用可再生能源是重要的战略选择，也是推进能源科学发展、建设资源节约型和环境友好型社会的基本要求。

第二，开发利用可再生能源是保护环境、应对气候变化的重要措施。当前，我国能源开发利用的环境污染问题突出，生态系统承载空间十分有限，依靠开采和使用化石能源难以持续。面对全球气候变化的严峻形势，我国已将大规模开发利用可再生能源作为应对气候变化的重大举措。我国已明确提出，到 2020 年单位国内生产总值二氧化碳排放比 2005 年降低 40% ～ 45%、非化石能源在能源消费中的比重达到 15%，大力发展可再生能源是实现这一战略目标的主要措施。

第三，开发利用可再生能源是促进农村地区经济发展的重要途径。农村是我国经济社会发展最薄弱的地区，大多数农村地区基础设施落后。目前全国还有约 400 万人没有电力供应，许多农村地区生活能源仍主要依靠秸秆、薪柴等直接燃烧的传统低效生物质能源。但是，农村地区可再生能源资源十分丰富，加快农村地区可再生能源资源的开发，一方面可利用当地资源，因地制宜解决偏远地区电力供应和农村居民生活用能问题，另一方面可将农村的生物质资源转换为商品能源，使可再生能源成为农村特色产业，增加农民收入，改善农村环境，促进农村地区经济和社会的可持续发展。

第四，开发利用可再生能源是发展战略性新兴产业、推动经济发展方式转变的重要选择。大规模开发利用可再生能源将显著降低经济发展对化石能源资源的消耗，减少对环境的损害，使我国严重依赖资源消耗的发展模式逐渐转变为资源消耗少、环境污染低的科学发展方式。同时，可再生能源是快速增长的战略性新兴产业，发展可再生能源对拉动高端装备制造相关产业发展的作用显著，对促进产业结构升级意义重大。此外，可再生能源已是国际产业竞争的新领域，培育和发展可再生能源产业是增强我国经济发展国际竞争力的重要内容。

二、指导方针和目标

（一）指导思想

高举中国特色社会主义伟大旗帜，以邓小平理论和“三个代表”重要思想为指导，深入贯彻落实科学发展观，以建设资源节约型、环境友好型社会为目标，把发展可再生能源作为构建安全、稳定、经济、清洁现代能源产业体系以及调控能源消费总量的重大战略举措，按照发展战略性新兴产业的部署，积极推动相关体制机制创新和市场化改革，为可再生能源大规模开发利用和产业发展创造良好环境，显著提高可再生能源的市场竞争力，推动可再生能源全方位、多元化规模化和产业化发展，为实现“十二五”和2020年非化石能源发展目标、促进国民经济和社会可持续发展提供重要保障。

（二）基本原则

市场机制与政策扶持相结合。制定中长期可再生能源发展目标，培育长期持续稳定的可再生能源市场，以明确的市场需求带动可再生能源技术进步和产业发展，建立鼓励各类投资主体参与和促进公平竞争的市场机制。通过财政扶持、价格支持、税收优惠、强制性市场配额制度、保障性收购等政策，支持可再生能源开发利用和产业发展。

集中开发与分散利用相结合。根据可再生能源资源和电力市场分布，加大资源富集地区可再生能源开发建设力度，建成集中、连片和规模化开发的可再生能源优势区域。同时，发挥可再生能源资源分布广泛、产品形式多样的优势，鼓励各地区就地开发利用各类可再生能源，大力推动分布式可再生能源应用，形成集中开发与分散开发及分布式利用并进的可再生能源发展模式。

规模开发与产业升级相结合。通过制定完善的政策体系，建立持续稳定的市场需求，不断扩大可再生能源市场规模；在市场的规模化发展带动下，提升自主研发能力，促进产业升级壮大和成本降低，提高可再生能源产业的市场竞争力，推动可再生能源更大规模开发利用，形成可再生能源产业的良性循环和自主式发展。

国内发展与国际合作相结合。保持稳定增长的国内可再生能源市场需求，吸引全球技术等资源向我国聚集，形成全球有影响力的可再生能源产业基地。同时，加强多种形式的国际合作，推动我国可再生能源产业融入国际产业体系，并积极参与全球可再生能源的开发利用，促进我国可再生能源产业在全球体系中发挥重要作用。

（三）发展目标

1. 总目标

扩大可再生能源的应用规模，促进可再生能源与常规能源体系的融合，显著提高可再生能源在能源消费中的比重；全面提升可再生能源技术创新能力，掌握可再生能源核心技术，建立体系完善和竞争力强的可再生能源产业。

2. 主要指标

（1）可再生能源在能源消费中的比重显著提高。到2015年，全部可再生能源的年利用量达到4.78亿吨标准煤，其中商品化可再生能源年利用量4亿吨标准煤，在能源消费中的比重达到9.5%以上。

（2）可再生能源发电在电力体系中上升为重要电源。“十二五”时期，可再生能源新增发电装机1.6亿千瓦，其中常规水电6 100万千瓦，风电7 000万千瓦，太阳能发电2 000万千瓦，生物质发电750万千瓦，到2015年可再生能源年发电量争取达到总发电量的20%以上。

（3）可再生能源供热和燃料利用显著替代化石能源。不断扩大太阳能热利用规模，推进中低温地热直接利用和热泵技术应用，推广生物质成型燃料和生物质热电联产，加快沼气等各类生物质燃气发展。到2015年，可再生能源供热和民用燃料总计年替代化石能源约1亿吨标准煤。

（4）分布式可再生能源应用形成较大规模。建立适应太阳能等分布式发电的电网技术支撑体系和管理体制，建设30个新能源微电网示范工程，综合太阳能等各种分布式发电、可再生能源供热和燃料利用等多元化可再生能源技术，建设100座新能源示范城市和200个绿色能源示范县。发挥分布式能源的优势，解决电网不能覆盖区域的无电人口用电问题。沼气、太阳能、生物质能气化等可再生能源在农村的入户率达到50%以上。

三、重点任务

在“十二五”时期，要建立和完善支持可再生能源发展的政策体系，促进可再生能源技术创新和产业进步，不断扩大可再生能源的市场，努力提高可再生能源在能源结构中的比重。“十二五”时期重点建设八项重大工程，并以此带动可再生能源全面开发利用。

（一）积极发展水电

坚持水电开发与移民致富、环境保护和地方经济社会发展相协调，创新移民安置思路，加强流域水电规划，在做好生态保护和移民安置的前提下积极发展水电，充分发挥水电在增加非化石能源供应中的主力作用。

“十二五”时期，全国开工建设水电 1.6 亿千瓦，其中抽水蓄能电站 4 000 万千瓦，新增水电装机容量 7 400 万千瓦，其中新增小水电 1 000 万千瓦，抽水蓄能电站 1 300 万千瓦。到 2015 年，全国水电装机容量达到 2.9 亿千瓦，其中常规水电 2.6 亿千瓦，抽水蓄能电站 3 000 万千瓦，已建成常规水电装机容量占全国技术可开发装机容量的 48%。

到 2015 年，西部地区常规水电装机容量达到 1.67 亿千瓦，占全国常规水电装机容量的 64%，开发程度为 38%。中部地区常规水电装机规模达到 5 900 万千瓦，占全国的 23%。东部地区常规水电装机规模达到 3 400 万千瓦，占全国的 13%。中、东部地区水能资源开发程度达到 90% 左右。

到 2015 年，全国抽水蓄能电站装机容量达到 3 000 万千瓦，主要分布在我国东部和中部地区，其中东部、中部地区抽水蓄能电站装机规模分别达到 2070 万千瓦和 800 万千瓦，西部地区达到 130 万千瓦。

到 2020 年，全国水电总装机容量达到 4.2 亿千瓦，其中常规水电总装机容量达到 3.5 亿千瓦，抽水蓄能电站装机容量达到 7 000 万千瓦。

（二）加快开发风电

按照集中与分散开发并重的原则，继续推进风电的规模化发展，统筹风能资源分布、电力输送和市场消纳，优化开发布局，建立适应风电发展的电力调度和运行机制，提高风电利用效率，增强风电装备制造产业的创新能力和国际竞争力，完善风电标准及产业服务体系，使风电获得越来越大的发展空间。

到 2015 年，累计并网风电装机达到 1 亿千瓦，年发电量超过 1 900 亿千瓦时，其中海上风电装机达到 500 万千瓦，基本形成完整的、具有国际竞争力的风电装备制造产业。

到 2020 年，累计并网风电装机达到 2 亿千瓦，年发电量 3 900 亿千瓦时，其中海上风电装机达到 3 000 万千瓦，风电成为电力系统的重要电源。

（三）推进太阳能多元化利用

按照集中开发与分布式利用相结合的原则，积极推进太阳能的多元化利用，鼓励在太阳能资源优良、无其他经济利用价值土地多的地区建设大型光伏电站，同时支持建设以“自发自用”为主要方式的分布式光伏发电，积极支持利用光伏发电解决偏远地区用电和缺电问题，开展太阳能热发电产业化示范。加快普及太阳能热水器，扩大太阳能热水器在城市和乡镇、民用和公共建筑上的应用，在农村地区推广太阳房和太阳灶。

到 2015 年，太阳能年利用量相当于替代化石燃料 5 000 万吨标准煤。太阳能发电装机达到 2 100 万千瓦，其中光伏电站装机 1 000 万千瓦，太阳能热发电装机 100 万千瓦，并网和离网的分布式光伏发电系统安装容量达到 1 000 万千瓦。太阳能热利用累计集热面积达到 4 亿平方米。

到 2020 年，太阳能发电装机达到 5 000 万千瓦，太阳能热利用累计集热面积达到 8 亿平方米。

（四）因地制宜利用生物质能

统筹各类生物质资源，按照因地制宜、综合利用、清洁高效、经济实用的原则，结合资源综合利用和生态环境建设，合理选择利用方式，推动各类生物质能的市场化和规模化利用，加快生物质能产业体系建设，促进农村经济发展，有效增加农民收入。

到 2015 年，全国生物质能年利用量相当于替代化石能源 5 000 万吨标准煤。生物质发电装机容量达到 1 300 万千瓦，沼气年利用量 220 亿立方米，生物质成型燃料年利用量 1 000 万吨，生物燃料乙醇年利用量 350 万～ 400 万吨，生物柴油和航空生物燃料年利用量 100 万吨。

生物质能的发展布局和建设重点是：

1. 生物质发电。在粮棉主产区，以农作物秸秆、粮食加工剩余物和蔗渣等为燃料，优化布局建设的生物质发电项目；在重点林区，结合林业生态建设，利用采伐剩余物、造材剩余物、加工剩余物和抚育间伐资源及速生林资源，有序发展林业生物质直燃发电。结合县域供暖或工业园区用热需要，建设生物质热电联产项目；鼓励对生物质进行梯级利用，建设包括燃气、液体燃料、化工产品及发电、供热的多联产生物质综合利用项目。加快发展畜禽养殖废弃物处理沼气发电；推动发展城市垃圾焚烧和填埋气发电，以及造纸、酿酒、印染、皮革等工业有机废水治理和城市生活污水处理沼气发电。

2. 生物质燃气。充分利用农村秸秆、生活垃圾、林业剩余物及畜禽养殖废弃物，在适宜地区继续发展户用沼气，积极推动小型沼气工程、大中型沼气工程和生物质气化供气工程建设。鼓励沼气等生物质气体净化提纯压缩，实现生物质燃气商品化和产业化发展。促进生物质气化技术进步，提高设备效率和燃气品质，掌握兆瓦级内燃机组的技术和设备制造能力，完善生物质供气管网和服务体系建设。到 2015 年，生物质集中供气用户达到 300 万户。

3. 生物质成型燃料。鼓励因地制宜建立生物质成型燃料生产基地，在城市推广生物质成型燃料集中供热，在农村将生物质成型燃料作为清洁炊事燃料和采暖燃料推广应用。建成覆盖城乡的生物质成型燃料生产供应、储运和使用体系。

4. 生物质液体燃料。合理开发盐碱地、荒草地、山坡地等边际性土地，建设非粮生物质资源供应基地，稳步发展生物液体燃料。支持建设具备条件的木薯乙醇、甜高粱茎秆乙醇、纤维素乙醇等项目。继续推进以小桐子为代表的木本油料植物果实生物柴油产业化示范，科学引导和规范以餐饮和废弃动植物油脂为原料的生物柴油产业发展。积极开展新一代生物液体燃料技术研发和示范，推进以农林剩余物为主要原料的纤维素乙醇和生物质热化学转化制备液体燃料示范工程，开展以藻类为原料的千吨级生物柴油中试研发。

（五）加强农村可再生能源利用

以满足农村炊事、取暖和生产生活用电需要为着眼点，将农村可再生能源发展作为新农村建设的重要内容，因地制宜开发利用各类可再生能源资源，加强技术创新和产业服务体系建设，不断促进农村能源的清洁化、优质化、现代化和城乡能源服务均等化，增加农民收入，改善农民生产生活条件。

到 2015 年，全国沼气用户达到 5 000 万户，50% 以上的适宜农户用上沼气，农村地区太阳能热水器保有量超过 8 000 万平方米，太阳灶保有量达到 200 万台，解决全部无电人口用电问题。

（六）合理开发利用地热能

发挥地热能分布广的优势，加快地热资源勘察，加强地热开发利用规划管理，提高地热能开发利用技术水平和开发利用规模，统筹规划和有序开展地热直接利用，加快浅层地温能资源开发，适度发展各类地热能发电。

到 2015 年底，各类地热能开发利用总量达到 1 500 万吨标准煤，其中，地热发电装机容量争取达到 10 万千瓦，浅层地温能建筑供热制冷面积达到 5 亿平方米。

（七）加快推进海洋能技术进步

以提高海洋能开发利用技术水平为着力点，积极开展海洋能利用示范工程建设，促进海洋能利用技术进步和装备产业体系完善。随着海洋能技术发展，逐步扩大海洋能利用规模。

选择有电力需求、海洋能资源丰富的海岛，建设海洋能与风能、太阳能发电及储能技术互补的独立示范电站，解决缺电岛屿的电力供应问题，满足偏远海岛居民生产和生活用电需求，促进海岛经济发展。发挥潮汐能技术和产业较为成熟的优势，在具备条件地区，建设1～2个万千瓦级潮汐能电站和若干潮流能并网示范电站，形成与海洋及沿岸生态保护和综合利用相协调的利用体系。到2015年，建成总容量5万千瓦的各类海洋能电站，为更大规模的发展奠定基础。

（八）推动分布式可再生能源发展

发挥可再生能源资源分布广、技术利用形式多样、能源产品丰富、可满足多样化能源需求的特点，充分利用当地的可再生能源资源，采用综合利用、多能互补的方式，按照分散布局、就近利用的原则，建立适应分布式可再生能源发展的市场机制和电力运行管理体制，通过建设综合性示范项目，加快分布式可再生能源应用，不断扩大可再生能源在本地能源消费中的比重。

1. 绿色能源示范县建设。在可再生能源资源丰富地区，开展绿色能源示范县建设，建成完善的绿色能源利用体系。鼓励合理开发利用农村废弃生物质能资源，改善农村居民生产和生活用能条件。支持小城镇因地制宜发展中小型可再生能源开发利用设施，满足电力、燃气以及供热等各类用能需求。到2015年，建成200个绿色能源示范县和1 000个太阳能示范村。

2. 新能源示范城市。选择可再生能源资源丰富、城市生态环保要求高、经济条件相对较好的城市，采取统一规划、规范设计、有序建设的方式，支持在城市及各类产业园区推进太阳能、生物质能、地热能等新能源技术的综合应用，加快推进可再生能源建筑应用，形成新能源利用的局部优势区域，替代燃煤等落后的能源利用方式。以公共机构、学校、医院、宾馆、集中住宅区为重点，推广太阳能热水系统、分布式光伏发电、地源热泵技术、生物质成型燃料利用。支持各地在新建和改造各类产业园区过程中，开展多元化的新能源利用技术示范，满足园区电力、供热、制冷等能源需求。到2015年，建设100座新能源城市及1 000个新能源示范园区。

3. 新能源微电网示范工程。按照“因地制宜、多能互补、灵活配置、经济高效”的原则，在可再生能源资源丰富和具备多元化利用条件的地区，开展以智能电网、物联网和储能技术为支撑、新能源发挥重要作用的微电网示范工程，以自主运行为主的方式解决特定区域的用电问题，建立充分利用新能源发电和电网提供系统支持的新型供用电模式，形成千家万户发展新能源以及“自发自用、余量上网、电网调剂”的新局面。到2015年，建成30个新能源微电网示范工程。

（九）加快技术装备和产业体系建设

围绕产业链建设、技术研发、人才培养和服务体系配套等方面加强可再生能源产业体系建设。

1. 完善产业链建设。以技术进步为核心，全面提高可再生能源装备制造能力，实现大容量抽水蓄能机组和百万千瓦大型水轮机组的设计制造。风电和太阳能光伏发电设备技术和制造能力达到国际先进水平，并形成若干以龙头企业为核心的制造产业聚集区和配套生产基地。实现生物质成型燃料、发电和生物液体燃料技术产业化，培育大型生物燃料生产企业，建成生物液体燃料配套销售体系。逐步建立新型地热能、海洋能利用技术研发和装备制造能力。

2. 建立技术创新体系。建立国家、地方和企业共同构成的多层次可再生能源技术创新模式，形成具有自主知识产权的可再生能源产业创新体系。充分利用并整合现有可再生能源研究的技术和队伍资源，组建国家可再生能源技术研发平台，解决产业发展的关键和共性技术问题，鼓励具有优势的地方政府建立可再生能源技术创新基地，支持企业建立工程技术研发和创新中心，形成国家可再生能源技术创新平台和若干个国家与地方及企业共建的联合创新技术平台。推动大学和研究院所建立从事可再生能源研究的重点实验室，开展促进可再生能源技术进步的基础研究工作。

3. 完善人才培养机制。加大人才和机构等能力建设的支持力度，完善人才培养和选拔机制，培养一批可再生能源产业发展所急需的高级复合型人才、高级技术研发人才，在重点院校开办可再生能源专业，将可再生能源产业人才培养纳入国家教育培训计划。选择一批可再生能源相关学科基础好、科研和教学能力强的大学，设立可再生能源相关专业，增加博士、硕士授予点和博士后流动站，鼓励大学与企业联合培养可再生能源高级人才，支持企业建立可再生能源教学实习基地和博士后流动站，在国家派出的访问学者和留学生计划中，把可再生能源人才交流和学习作为重要组成部分，鼓励大学、研究机构和企业从海外吸引高端人才。

4. 加强服务体系建设。制定和健全可再生能源发电设备、并网等产品和技术标准，建设各类可再生能源设备及零部件检测中心，提高我国可再生能源技术、产品和工程的认证能力，建设一批风能、太阳能、海洋能等公共测试试验基地或平台，为可再生能源装备和产品认证以及国内自主研制设备提供试验检测条件。建立完善的可再生能源电力等监督体系，形成有效的质量监督机制，提高产品可靠性水平。支持相关中介机构能力建设，健全可再生能源产业和行业组织，发挥协会在行业自律、人才培训、技术咨询、信息交流、国际合作等方面的作用，建立企业、消费者、政府部门之间的沟通与联系，促进可再生能源产业的健康发展。

四、规划实施

（一）保障措施

为完成好可再生能源各项建设任务，实现可再生能源产业发展规划目标，采取以下政策和措施：

1. 建立可再生能源发展目标考核制度

按照《可再生能源法》确立的基本制度和总体要求，建立可再生能源发展目标考核制度，明确各地区和主要能源企业发展可再生能源的目标和要求。各级地方政府要按照国家能源发展规划、可再生能源发展规划及各类相关规划，制定本地区可再生能源发展规划，并将主要目标和任务纳入地方国民经济和社会发展规划。主要能源企业要承担发展可再生能源的社会责任，把可再生能源开发利用及技术水平作为企业发展绩效考核的重要内容。在节能减排、合理控制能源消费总量和应对气候变化考核体系中，充分考虑可再生能源的贡献，对各地区非水电可再生能源消费量不计入总量限额考核指标，鼓励各地加快发展可再生能源。

2. 实施可再生能源电力配额制度

根据各地区非水电可再生能源资源条件、电力市场、电网结构及电力输送通道等情况，对各省（区、市）全社会电力消费量规定非水电可再生能源电力份额。各省（区、市）人民政府承担完成本地区可再生能源电力配额的行政管理责任，电网企业承担其经营区覆盖范围内可再生能源电力配额完成的实施责任。达到规定规模的大型发电投资经营企业，非水电可再生能源电力装机容量和发电量应达到规定的比重。

3. 完善可再生能源补贴和财税金融政策

充分发挥市场优化配置资源的基础性作用，进一步完善支持可再生能源发展的政策措施和体制机制。建立健全反映资源稀缺及环境外部成本的能源产品价格和税收形成机制，充分体现可再生能源的环境价值等社会效益，按照有利于可再生能源发展和经济合理的原则，确定可再生能源产品的国家补贴标准。完善可再生能源发展基金管理，按照可再生能源发展规划，合理安排基金的资金来源和数额，以国家资金发挥最大效益为原则有效使用基金。完善分布式等小型可再生能源项目建设贷款支持机制，实施促进可再生能源等清洁能源发展的绿色信贷政策。

4. 积极探索促进可再生能源电力发展的新机制

继续推进电力体制改革和电价改革，建立适应可再生能源大规模融入电力系统的新型电力运行机制、电价机制以及促进区域微电网应用的协调机制。加强电力需求侧管理，探索动态可调节负荷管理新模式，与风电等随机性电源相协调。在可再生能源比重高的局部电力系统区域，建立围绕可再生能源发电的智能化区域电力运行管理系统，保障可再生能源充分利用和电网安全运行。建立分布式能源电力并网技术支撑体系和管理体制，鼓励分布式能源自发自用，探索分布式发电多余电力向周边用户供电的机制。完善国家对分布式能源的补贴方式，推广普及分布式能源。

5. 健全可再生能源行业管理体系

建设综合协调可再生能源政策研究实施、产业体系建设的技术服务支撑性力量，加强国家可再生能源行业管理综合体系及能力建设。完善可再生能源产品、设备的标准体系和检测认证制度，建立健全可再生能源产品设备的市场准入制度。健全可再生能源设备生产、项目建设和运营资质管理，建立可再生能源生产企业运行状况和产品质量监测评估制度，完善可再生能源信息统计体系。实行风电、太阳能发电预测预报和并网运行实时调度管理制度，提高电网运行调度可再生能源电力的技术和管理水平。

6. 加强发展可再生能源的组织协调

以完善可再生能源政策体系、推进可再生能源发展机制创新、协调可再生能源发展为主要任务，建立可再生能源发展部际协调机制。国务院能源主管部门制定可再生能源发展总体实施方案，统筹安排可再生能源开发建设规模和布局，协调组织可再生能源产业体系建设。国家各有关部门按职能分工完善有关政策并组织实施好有关工作。重点包括：完善可再生能源价格管理机制；建立并完善支持可再生能源发展的财政保障机制，发挥好可再生能源发展基金的作用；建立可再生能源保障性收购的电力运行监测评估制度；涉及可再生能源发展的农业、林业、水利、建筑、科技等领域，按照可再生能源规划实施需要，做好衔接，积极推进落实有关工作。

（二）实施机制

1. 加强规划协调管理

加强规划对全国可再生能源发展的指导作用，既要确保规划目标的实现，也要防止无序发展。各级地方政府和有关企业应按照各自职责，按照规划的总体要求，落实好规划的重点任务。地方和大型能源企业的可再生能源发展规划，应与国家可再生能源规划相一致，在公布实施前应报国务院能源主管部门备案，确保各级规划衔接一致。

2. 完善信息统计管理

加强可再生能源信息统计体系建设，建立可再生能源资源、技术、装备、投资和市场应用等信息的收集、统计和管理制度，加强统计信息平台建设，各地方能源主管部门和企业要建立可再生能源统计报告制度，不断提高可再生能源统计信息的及时性和有效性。国务院能源主管部门负责国家可再生能源信息数据库建设，并按照国家信息公开制度，向社会提供相关信息服务。

3. 建立滚动调整机制

加强可再生能源发展的形势分析工作，建立年中、年度行业发展形势分析报告制度，及时剖析行业发展存在的问题，掌握规划实施进展。在“十二五”中期对可再生能源发展规划进行评估，评估情况以适当方式向社会公布。根据规划执行情况和评估意见，适时对规划目标和重点任务进行动态调整，如市场和国家财政资金具备条件，适度提高发展进度好的可再生能源的发展指标，使规划更加科学，符合实际发展需求。

4. 编制年度实施计划

制定实施可再生能源开发利用年度实施计划，准确把握风电、太阳能发电等新兴行业的发展速度和布局，做到可再生能源开发与电网等配套基础设施建设协调发展。同时按照年度开发计划合理确定可再生能源发展基金规模，既保障规划按计划实施，也使国家资金得到有效使用。

5. 加强目标监测考核

建立可再生能源发展评价指标体系。结合国家可再生能源规划布局和各地区可再生能源规划，按照合理控制能源消费总量和可再生能源电力配额制的要求，对能源企业和各地区可再生能源发展进行考核。完善可再生能源产业发展评估工作，对可再生能源技术研发、关键装备、产业竞争力及电网企业接纳运行可再生能源发电情况进行调查评估。国务院能源主管部门会同有关部门向社会公布年度和专项监测评估报告。

五、环境社会影响分析

水力发电、风力发电、太阳能发电、太阳能热利用在能源生产过程中不排放污染物和温室气体，而且可显著减少煤炭消耗，也相应减少煤炭开采的生态破坏和燃煤发电的水资源消耗。利用工业废水、城市污水和畜禽养殖场沼气生产清洁能源，有利于环境保护和可持续发展。农林生物质从生长到最终利用的全生命周期内不增加二氧化碳排放，生物质发电排放的二氧化硫、氮氧化物和烟尘等污染物也远少于燃煤发电。

可再生能源开发利用可替代大量化石能源的消耗。到 2015 年，全国可再生能源开发利用量相当于 4.78 亿吨标准煤，年发电量相当于替代原煤约 5 亿吨，沼气年利用量相当于 100 亿立方米天然气，燃料乙醇和生物柴油年用量相当于替代石油约 600 万吨，太阳能和地热能的热利用相当于降低化石能源年需求量约 6 000 万吨标准煤。通过减少化石能源的利用，可减少大量污染物和温室气体排放，并避免化石能源开发和利用过程中对水资源的消耗及对土地、地下水等生态造成的破坏。达到 2015 年发展目标时，可再生能源年利用量相当于减少二氧化碳年排放量约 10 亿吨，减少二氧化硫年排放量约 700 万吨，减少氮氧化物年排放量约 300 万吨，减少烟尘年排放量约 400 万吨，年节约用水约 25 亿立方米，环境效益显著。

如果开发布局和采取的措施不当，可再生能源开发对生态环境也可能产生不利影响。在可再生能源开发过程中，要尊重自然规律，落实相关措施，加强生态环境保护。水电开发要严格环评审查，充分考虑动植物保护和水体保护要求，落实环保方案，加强施工和环保技术，协调好水电开发与环境生态保护之间的关系。风电建设要加强开发布局，协调好与自然保护区、风景名胜和自然景观的关系，并采取措施防止噪声污染以及对鸟类、景观的影响。大型地面光伏电站要合理布局，防止占用农地、林地和生态用地。利用建筑屋顶的光伏、太阳能热水系统，要统一规划，合理设计，形成与建筑相协调的布局。光伏电池硅材料制备和生物液体燃料生产等生物质能利用包含复杂的化学工艺过程，要加强技术创新，提高生产过程的能源利用效率，实施严格环保措施，防止生产过程中的废渣、废气、废水二次污染。生物质能开发还要合理利用森林、土地资源，防止资源的耗竭性使用。

可再生能源资源分布广泛，大型水电资源集中在地理位置较为偏僻的高山峡谷地区，大量的风能资源处于戈壁滩、大草原和沿海滩涂地区，太阳能资源在西部地区最为丰富，生物质能资源主要集中在农林主产区。这些地区的可再生能源开发利用可起到促进地区经济发展、加快脱贫致富、实现均衡和谐发展的作用。可再生能源开发利用，特别是生物质能开发利用可以促进农村经济发展、增加农民收入，对解决“三农”问题有重要作用。

可再生能源规模化和产业化发展可显著增加新的就业岗位，到 2015 年，预计可再生能源从业人数将达到 200 万人。可再生能源涉及领域广，产业链长，带动相关产业发展能力强，对经济发展既有影响面宽的效果，又能够在若干地区形成产业聚集和开发利用集中区域，有效推动局部经济发展转型，成为众多地区实现经济发展方式转变的重要推动力。

总体来看，可再生能源开发利用对环境和社会的影响“利”远大于“弊”，坚持趋利避害的开发利用方针，有利于实现可持续发展，符合建设资源节约型、环境友好型社会及构建和谐社会的要求。同时，可再生能源又是战略性新兴产业的重要内容，发展可再生能源具有良好的综合性经济和社会效益。

今后一段时期，可再生能源将处于快速发展阶段，特别是全球范围内可再生能源在能源利用中的比重将快速提高，从化石能源的开发利用逐步向可再生能源转变是世界能源发展的大趋势。规划主要提出了能源生产供应侧的发展指标和重点任务，而可再生能源在能源用户侧的分布式应用是可再生能源最应优先发展的领域。随着支持分布式可再生能源的政策体系和市场机制不断完善，各种分布式可再生能源将会有巨大的发展空间。同时，随着电力等能源管理体制和发展机制的逐步完善，能源生产供应侧的可再生能源也可以有更大的发展。规划中的相关指标为“十二五”时期可再生能源发展的基本指标，随着发展条件的改善，可再生能源可以同时也应有更大的发展，以更好地促进节能减排和能源发展方式的转变。

附件 M 生物质能发展“十二五”规划概要

前　言

生物质能是重要的可再生能源，具有资源来源广泛、利用方式多样化、能源产品多元化、综合效益显著的特点。开发利用生物质能，是发展循环经济的重要内容，是促进农村发展和农民增收的重要措施，是培育和发展战略性新兴产业的重要任务。

“十一五”时期，我国生物质能产业快速发展，开发利用规模不断扩大，部分领域已初步产业化，在替代化石能源、促进环境保护、带动农民增收等方面发挥了积极作用。“十二五”时期是转变能源发展方式、加快能源结构调整的重要阶段，是完成 2020 年非化石能源发展目标、促进节能减排的关键时期，生物质能面临重要的发展机遇。根据《国家能源发展“十二五”规划》和《可再生能源发展“十二五”规划》，制定《生物质能发展“十二五”规划》。

《规划》分析了国内外生物质能发展现状和趋势，阐述了“十二五”时期我国生物质能发展的指导思想、基本原则、发展目标、规划布局和建设重点，提出了保障措施和实施机制，是“十二五”时期我国生物质能产业发展的基本依据。

一、规划基础和背景

（一）国外生物质能发展状况

1. 国外生物质能现状

近年来，为应对国际能源供需矛盾、全球气候变化等挑战，越来越多的国家将发展生物质能作为替代化石能源、保障能源安全的重要战略措施，积极推进生物质能开发利用，生物质能在许多国家能源供应中的作用正在不断增强。

目前，世界上技术较为成熟、实现规模化开发利用的生物质能利用方式主要包括生物质发电、生物液体燃料、沼气和生物质成型燃料等。

生物质发电。欧美国家主要利用农林剩余物、养殖场剩余物生产沼气，以及利用城市生活垃圾发电。到 2010 年底，全球生物质发电装机容量超过 6 000 万千瓦。欧洲的生物质热电联产已很普遍，能源利用效率高，生物质与煤混燃发电较多，秸秆直接燃烧发电技术、生物质流化床锅炉发电技术已十分成熟。

生物液体燃料。随着国际石油市场供应紧张和价格上涨，发展生物燃料乙醇和生物柴油等生物液体燃料已成为替代石油燃料的重要方向。目前，以甘蔗、玉米和薯类作物为原料的燃料乙醇和以植物油脂为原料的生物柴油已实现较大规模应用。2010年全球生物液体燃料使用量约8 000万吨，其中，燃料乙醇6 800多万吨，乙醇汽油在巴西、美国已大规模使用，生物柴油在欧洲实现了较大规模的利用。

生物质燃气和成型燃料。生物质燃气主要包括沼气和采用热解技术以生物质为原料生产的燃气。近年来，欧洲沼气产业发展迅速，沼气经提纯压缩后可进入天然气管道，也可作为车用燃料。到2010年底，德国已建成大型沼气工程6 000多处，在瑞典沼气作为车用燃料已形成一定规模。2010年，全世界生物质成型燃料产量超过1 500万吨，规模化利用主要集中在欧洲和北美地区，主要用途是作为供热燃料。在瑞典的供热能源中，生物质成型燃料占70%左右。

2. 国外生物质能发展趋势

从目前生物质能资源状况和技术发展水平看，生物质成型燃料的技术已基本成熟，作为供热燃料将继续保持较快发展势头。大型沼气发电技术成熟，替代天然气和车用燃料也成为新的使用方式。生物质热电联产，以及生物质与煤混燃发电仍是今后一段时期生物质能规模化利用的主要方式。低成本纤维素乙醇、生物柴油等先进非粮生物液体燃料的技术进步，为生物液体燃料更大规模发展创造了条件，以替代石油为目标的生物质能梯级综合利用将是主要发展方向。生物质能及相关资源化利用的资源将继续增多，油脂类、淀粉类、糖类、纤维素类和微藻，以及能源作物（植物）种植等各种生物质都是生物质能利用的潜在资源。

3. 国际生物质能发展经验

目标引导。欧美发达国家提出生物质能发展阶段性目标，一些国家提出了中长期发展目标，美国提出到2020年生物燃料占交通燃料的20%，欧盟提出到2020年生物燃料占交通燃料的10%。瑞典的目标是到2020年交通实现基本不再使用石油燃料。

财政支持。欧美国家主要采取财政补贴、税收优惠等措施支持生物质能发展。德国对沼气发电给予电价补贴。瑞典对使用生物质成型燃料采暖的用户提供资金补贴，美国等国家对燃料乙醇和生物柴油实行减税政策。一些国家制定车用燃料中生物燃料含量的强制性标准，推动生物液体燃料在交通领域的使用。

研发支持。欧美国家将现代生物质能技术作为重要的新能源技术，支持科研机构和企业开展生物质能基础研究、技术开发和产业服务体系建设，特别是在新技术试验、示范和推广方面的支持力度很大。

（二）我国生物质能发展现状

我国生物质资源丰富，能源利用潜力很大。在“十一五”时期，我国生物质能产业得到了较快发展，出现了一些专业化的技术装备企业和开发利用企业，部分领域已初步产业化。生物质能开发利用形成了一定规模，在替代化石能源、促进环境保护、带动农民增收等方面发挥了积极作用。

1. 资源潜力

我国生物质能资源广泛，主要有农作物秸秆及农产品加工剩余物、林木采伐及森林抚育剩余物、木材加工剩余物、畜禽养殖剩余物、城市生活垃圾和生活污水、工业有机废弃物和高浓度有机废水等。

农作物秸秆及农产品加工剩余物。包括玉米、水稻、小麦、棉花、油料作物秸秆在内的农作物秸秆理论资源量每年 8.2 亿吨，可收集资源量每年约 6.9 亿吨，主要分布在华北平原、长江中下游平原、东北平原等 13 个粮食主产省（区）。目前，作为肥料、饲料、食用菌基料以及造纸等用途共计每年约 3.5 亿吨，可供能源化利用的秸秆资源量每年约 3.4 亿吨。另外，稻谷壳、甘蔗渣等农产品加工剩余物每年约 1.2 亿吨，可供能源化利用的每年约 6 000 万吨。

林业剩余物和能源植物。全国现有林地面积 3.04 亿公顷，可供能源化利用的主要是薪炭林、林业“三剩物”、木材加工剩余物等，每年约 3.5 亿吨。适合人工种植的能源作物（植物）有 30 多种，包括油棕、小桐子、光皮树、文冠果、黄连木、乌桕、甜高粱等，资源潜力可满足年产 5 000 万吨生物液体燃料的原料需求。

生活垃圾与有机废弃物。目前每年城市生活有机垃圾清运量约 1.5 亿吨，其中 50% 可作为焚烧发电的燃料或垃圾填埋气发电的原料，可替代 1 200 万吨标准煤。厨余垃圾还可作为生物柴油的原料，每年可获得量约 300 万吨。城镇污水处理厂污泥年产生量约 3 000 万吨，其中约 50%可能源化利用。酒精、制糖、酿酒等 20 多个行业每年排放有机废水 43.5 亿吨、废渣 9.5 亿吨，可转化为沼气约 300 亿立方米。规模化畜禽养殖场粪便资源每年约 8.4 亿吨，生产沼气的潜力约 400 亿立方米。

我国可作为能源利用的生物质资源总量每年约 4.6 亿吨标准煤，目前已利用量约 2 200 万吨标准煤，还有约 4.4 亿吨可作为能源利用。随着我国经济社会发展、生态文明建设和农林业的进一步发展，生物质能源利用潜力将进一步增大。

2. 发展现状

在“十一五”时期，我国生物质能多元化利用取得较大进展，生物质发电、液体燃料、燃气、成型燃料等多种利用方式并举，技术不断进步，已呈现出规模化发展的良好势头。2010 年，生物质能利用量（不含直接燃烧薪柴等传统利用方式）约 2 400 万吨标准煤。

生物质发电。到 2010 年底，我国生物质发电装机容量 550 万千瓦，其中农林生物质发电 190 万千瓦，垃圾发电 170 万千瓦，蔗渣发电 170 万千瓦，沼气等其他生物质发电 20 万千瓦。生物质发电已形成一定规模，年发电量超过 200 亿千瓦时，相应年消耗农林剩余物约 1 000 万吨，总计增加农民年收入约 30 亿元。生物质发电技术和设备制造发展较快，已掌握了高温高压生物质发电技术。

生物液体燃料。到 2010 年底，以陈化粮和木薯为原料的燃料乙醇年产量超过 180 万吨，以废弃动植物油脂为原料的生物柴油年产量约 50 万吨。培育了一批抗逆性强、高产的能源作物新品种，木薯乙醇生产技术基本成熟，甜高粱乙醇技术取得初步突破，纤维素乙醇技术研发取得较大进展，建成了若干小规模试验装置。

生物质燃气。到 2010 年底，农村户用沼气保有量超过 4 000 万户，年产沼气约 130 亿立方米。建成畜禽养殖场沼气工程 5 万多处，年产沼气约 10 亿立方米。农村沼气技术不断成熟，产业体系逐步健全，许多地方建立了物业化管理沼气服务体系。生物质气化集中供气技术和工艺不断改进，目前已建成使用的生物质集中供气项目约 1 000 个。

生物质成型燃料。2010 年，生物质成型燃料产量约 300 万吨，主要用于农村居民和城镇供热锅炉燃料及生物质木炭原料。成型燃料设备能耗显著降低，易损件寿命和可维护性明显提高，成型燃料已初步具备较大规模产业化发展条件。

3. 发展形势

虽然在“十一五”时期生物质能有了长足发展，但由于生物质资源分散、加工转换技术难度大、市场化发展环境尚未建立，生物质能发展还存在以下主要问题：

一是缺乏准确的资源调查评价。生物质能资源的可持续供给是生物质能规模化发展的基础。我国生物质能源利用潜力较大，但在资源种类、数量、可利用量、潜在资源量及分布等方面，还需系统的调查和评价。

二是原料收集难度大。农林生物质原料具有分散性和季节性特点，目前原料收集主要依靠人工和小型机械，运输主要依靠通用运输工具，缺乏完整的专业化原料收集、运输、储存及供应体系，收储运效率低，难以满足生物质能规模化利用的需要。

三是技术水平有待提高。我国生物质能利用技术和装备水平处于起步阶段，仍未掌握循环流化床气化及配套专用内燃发电机组等关键设备技术，非粮燃料乙醇生产技术需要升级，生物降解催化酶等核心技术亟待突破，生物柴油生产技术应用水平有待提高，航空生物燃油、生物质气化合成油等技术尚未产业化。生物质热解技术需要进一步完善设备、工程设计、建设运行等方面的技术水平。

四是产业化程度低。生物质能项目的专业化市场化建设管理经验不足，产品、设备、工程建设和项目运行等方面的标准不健全，检测认证体系建设滞后，缺乏市场监管和技术监督。成型燃料市场尚未完全开发，农村生物质能项目产业化程度较低，可持续发展能力不足。

二、指导方针和目标

（一）指导思想

高举中国特色社会主义伟大旗帜，以邓小平理论和“三个代表”重要思想为指导，深入贯彻落实科学发展观，将生物质能作为促进能源结构调整和可持续发展的重要途径、发展低碳经济和循环经济的重要环节、发展农村经济的重要措施、培育和发展战略性新兴产业的重要内容，加强政府引导和扶持，加快技术创新，发挥市场机制作用，完善政策体系，推进生物质能规模化、专业化、产业化和多元化发展，尽快形成具有较大规模和较高技术水平的新型产业。

（二）基本原则

统筹兼顾，综合利用。统筹生物质的能源利用与其他用途，充分合理利用生物质资源。积极推进生物质资源的梯级综合利用，发挥生物质能在生产液体燃料、电力、热力等方面的综合效益，实现能源、生态、经济和社会效益的统一。

因地制宜，多元发展。综合考虑生物质资源条件、气候差异、农林业生产特点和农村实际情况，以及生物质能利用技术成熟程度和市场发育程度等因素，因地制宜推动生物质气化、成型燃料、发电、液体燃料等多元化发展，加快新型利用方式的产业化进程。

自主创新，规模发展。大力推动生物质能利用新技术研究和产业化，以及关键设备的自主化，提高利用和转化效率，提高综合效益。积极推动生物质能规模化发展，建立健全专业化、市场化、产业化建设管理模式，形成生物质能新型产业。

政府扶持，市场推动。加强政策引导和扶持，健全完善政策体系，积极探索生物质能开发利用模式。充分发挥市场机制作用，培育壮大专业化生物质能企业，不断提升生物质能产业的市场竞争力。

（三）发展目标

在“十二五”时期，生物质能发展目标是：到 2015 年，生物质能产业形成较大规模，在电力、供热、农村生活用能领域初步实现商业化和规模化利用，在交通领域扩大替代石油燃料的规模。生物质能利用技术和重大装备技术能力显著提高，出现一批技术创新能力强、规模较大的新型生物质能企业。形成较为完整的生物质能产业体系。

到 2015 年，生物质能年利用量超过 5 000 万吨标准煤。其中，生物质发电装机容量 1 300 万千瓦、年发电量约 780 亿千瓦时，生物质年供气 220 亿立方米，生物质成型燃料 1 000 万吨，生物液体燃料 500 万吨。建成一批生物质能综合利用新技术产业化示范项目。

三、重点任务

（一）加快生物质能规模化开发利用

根据各地生物质资源条件和当地能源需求特点，加快推广应用技术已基本成熟、具备产业化发展条件或产业化有一定基础的生物质发电、生物质燃气、成型燃料和液体燃料等生物质能利用技术，推进生物质能规模化和产业化发展。

1. 有序发展生物质发电

有序发展农林生物质发电。在秸秆剩余物资源较多、人均耕地面积较大的粮棉主产区，有序发展秸秆生物质直燃发电，提高发电效率；在重点林区和林产品加工集中地区，结合林业生态建设，利用林业三剩物和林产品加工剩余物发展林业生物质直燃发电，结合能源林种植，建设林醇电综合利用工程；在“三北”地区，结合防沙治沙生态环境建设，建设灌木林种植基地，发展沙生灌木平茬剩余物直燃发电项目；在甘蔗种植主产区和蔗糖加工集中区推进蔗渣直燃发电。鼓励发展生物质热电联产，提高生物质能源转换效率。到 2015 年，农林生物质发电装机容量达到 800 万千瓦。

合理发展垃圾发电。结合城市生态环境保护，选择适宜的生活垃圾、污水处理厂污泥处理及能源利用方式，推进垃圾处理减量化、资源化、无害化。在人口密集、土地资源紧张的中东部地区城市，合理布局建设生活垃圾焚烧发电项目。在西部地区采取垃圾填埋方式处理垃圾的城市建设填埋场沼气发电项目。大力推动垃圾发电关键设备和清洁燃烧技术进步。到 2015 年，城市生活垃圾发电装机容量达到 300 万千瓦。

积极发展生物质燃气发电。在农村生物质资源比较丰富、人口密集的乡镇，发展分布式生物质燃气发电；依托大型畜禽养殖场，结合污染治理，建设大型畜禽养殖废弃物沼气发电项目；积极推动造纸、酿酒、印染、皮革等工业有机废水和城市生活污水处理沼气发电。到 2015 年，沼气发电装机容量达到 200 万千瓦。

到2015年，生物质发电总装机容量达到1 300万千瓦，年发电量780亿千瓦时，年替代化石能源2 430万吨标准煤。

2. 加快发展非粮生物液体燃料

建设非粮能源原料基地。在盐碱地、荒草地、山坡地等未开发宜能荒地较多的地区，根据当地自然条件和作物植物特点，种植甜高粱、木薯、油棕、小桐子等能源作物植物，建设非粮生物液体燃料的原料供应基地。到“十二五”期末，建成油料能源林基地200万公顷。

建设非粮生物液体燃料示范工程。在“十二五”时期，建设一批产业化规模的纤维素乙醇示范工程，建成纤维素酶批量生产基地。突破关键设备和集成工艺，提高成套设备制造能力，降低纤维素乙醇生产成本，提高经济性。规范和引导以废弃油脂为原料的生物柴油的产业化，推进木本油料作物为原料的生物柴油和航空生物燃料示范工程及应用。

到2015年，生物燃料乙醇年产量达到400万吨，生物柴油和航空生物燃料年产量100万吨。年替代化石能源500万吨标准煤。

3. 积极推广生物质燃气

积极推进生物质燃气集中供气。“十二五”时期，在农林生物质资源丰富、地势易于铺设燃气管网、农民经济条件较好、居住较为集中的乡镇或较大的村庄，推广生物质气化集中供气。在居住区域附近有规模化畜禽养殖场的地区，优先发展沼气集中供气，建设大中型沼气集中供气工程。结合工业有机废水和城市污水处理，建设利用工业有机废水、城市生活污水和污泥中的有机物生产沼气的集中供气工程。“十二五”期末，生物质燃气集中供气达到30亿立方米/年，折合250万吨标准煤。

稳步推进户用沼气建设。在气候适宜、人口居住分散且有家庭养殖畜禽的农村地区，继续推广户用沼气，提供清洁生活燃气。将沼气作为连接种植业和养殖业的纽带，发展“三位一体”“四位一体”生态农业模式，提高户用沼气的综合效益。到2015年，农村沼气用户5 000万户，年产沼气190亿立方米，折合1 500万吨标准煤。

4. 推进生物质成型燃料产业化

生物质成型燃料具有原料适应范围广、规模适应性强、易于运输储存等特点，作为供热燃料，是一种经济实用的方式。在“十二五”时期，重点在北方采暖地区推广生物质成型燃料集中供热，结合城市大气环境治理，大力推动城市燃煤锅炉改造为生物质成型燃料锅炉，减少城市燃煤量，扩大规模化的生物质成型燃料市场；在人口居住分散、不宜铺设燃气管网的农村地区，推广户用生物质成型燃料，解决户用炊事及采暖用能。到 2015 年，生物质成型燃料年利用量达到 1 000 万吨，相应替代化石能源 500 万吨标准煤。

（二）推进先进生物质能综合利用产业化示范

建设一批梯级综合利用生物质能示范项目和若干个示范区，推动生物质能利用从单一原料和产品模式转向原料多元化、产品多样化的循环经济梯级综合利用模式，使生物质资源利用获得更好的综合效益。

1. 纤维素原料生物燃料多联产示范

积极推动农林剩余物（纤维素）生产生物乙醇为主产品的综合利用产业化示范。建设纤维素生物燃料综合利用示范区，利用当地丰富的农作物秸秆资源，建设产业化规模纤维素水解制备液体燃料和生物基化工产品及醇电联产综合利用示范工程。

依托示范项目，推进生物乙醇及其他替代石油基原料的化工产品的规模化生产，废水经厌氧发酵处理生产沼气及沼气发电，或者利用废水培养微藻能源作物，最终的生物质残渣用于燃烧发电和供热，整体实现生物质梯级综合利用。

到 2015 年年底，形成若干以农林剩余物（纤维素）为原料的生物燃料多联产产业化示范区。

2. 微藻生物燃料多联产示范工程

鼓励微藻固碳生物燃料产业化示范。在条件适合地区，利用工业废水及富含二氧化碳废气，采用先进养殖技术，建设含油微藻规模化养殖场，开展微藻生物燃料多联产示范。

依托示范项目，推进商业化规模的微藻生物燃油生产，同时生产高附加值的营养藻粉和饲料藻渣等生物基产品。通过微藻生物燃料多联产，实现二氧化碳减排、工业污水处理与生物能源制备、生物基产品开发的有机结合，建设多产业组合的循环经济示范基地。

到 2015 年年底，建成若干微藻生物燃料多联产循环经济产业化示范项目。

3. 生物质热化学转化制备液体燃料及多联产示范工程

加快生物质气化合成醇醚、生物质热解液化及直接催化转化制备烃类燃料技术进步，建设生物质热化学制备液体燃料产业化示范区，利用各类农林剩余物资源，开展万吨级生物质热化学制备液体燃料，以及燃气、热力、电力、生物质炭、多元醇生物基化学品等多联产系统示范工程，实现低成本规模化生物质资源梯级综合利用。

依托示范项目，突破大型生物质气化、先进高效净化与组分调变一体化、生物油炼制加工催化剂及相应的反应精馏分离等关键技术，降低生物燃料生产成本。结合化工项目工程和工业园区用热需求，整合生物化工技术开展综合精炼，生产生物柴油、石脑油和航空煤油等生物燃料，以及热力、电力、精细化工原料和产品、医药产品等系列化产品，拓展相关产品应用市场，全面推进各类农林生物质资源梯级综合利用，提升生物质能及综合利用的经济性和竞争力。

到 2015 年年底，形成若干以农林剩余物为原料的生物质热化学转化制备液体燃料及多联产循环经济产业示范区。

4. 大型沼气综合利用示范工程

加快大型沼气工程技术进步，提高大型沼气生产成套设备、沼气净化设备、沼气管道供气和罐装成套设备制造水平。在具备资源、市场等条件的地区，建设大型混合原料沼气综合利用产业示范区，将沼气输入城市天然气管道网络。在乡镇布设沼气供应服务站点，以供应罐装沼气的方式为周边居民提供生活燃气；探索沼气作为城市公共交通车辆燃料的利用方式；推动大型沼气工程的沼液沼渣综合利用，拓展有机肥市场，支持有机蔬菜、水果种植产业发展，发展大型沼气综合利用循环经济生态园。

到 2015 年年底，形成若干混合原料大型沼气多用途综合利用循环经济生态园。

（三）组织生物质能推广利用重点工程

1. 城市生物质供热工程

结合城市大气环境治理和新能源示范城市建设，在城市推广生物质成型燃料和专用锅炉，替代区域集中供热及分散锅炉燃煤。

在“十二五”时期，在生物质资源稳定供应、有采暖需求的北方城市建设生物质供热工程，利用农林剩余物、城市生活垃圾及有机污水、养殖场畜禽粪便等资源，采用生物质成型燃料采暖锅炉、生物质燃气供热锅炉等技术，综合发展各类生物质供热，减少城市中的煤炭直接燃烧，改善大气环境和城市面貌。

到 2015 年，年供热消耗生物质燃料 10 万吨以上的城市达到 50 个，平均每个城市生物质供热总供热面积达到 100 万平方米以上，相应每个城市平均每年替代化石能源 5 万吨标准煤。全国生物质供热总供热面积达到 5 000 万平方米，相应年替代化石能源 250 万吨标准煤。

2. 农村生活燃料清洁化工程

将生物质能技术作为实现农村生活用能优质化、清洁化、现代化，促进城乡能源公共服务均等化的重要手段。“十二五”时期，结合绿色能源示范县建设，推广农村生活燃料清洁化工程，充分利用当地农作物秸秆、畜禽粪便、林业剩余物等生物质资源，推广生物质热解气化、生物质干馏、生物质成型燃料、大中型沼气工程和户用沼气池、省柴灶等技术，为当地居民提供清洁生活燃料。

在生物质资源比较丰富、农村居民集中的地区，建设生物质燃气集中供气工程，铺设生物质燃气管网，推进农村燃气物业化管理和服务。在具有采暖需求的北方农村，重点推广生物质成型燃料采暖技术。在林区及退耕还林地区，结合生态保护工程，重点发展分布式生物质能技术，充分利用林业剩余物建设生物质气化和成型燃料项目，为林区提供清洁的生活燃料，减少林木质燃料消耗，巩固退耕还林成果。积极支持在农村学校、医院等公益设施和公用机构推广应用清洁生物质燃料。

到 2015 年，农村生活燃料清洁化工程惠及 1 000 个乡镇、100 万户农户，年替代化石能源 100 万吨标准煤。

3. 生物质能源作物和能源林基地建设

按照“不与民争粮，不与粮争地”的要求，根据我国土地资源和农林业生产特点，立足非粮原料，结合现代农林业发展和生态建设，在有条件地区实施生物质能源作物和能源林种植工程，合理选育和科学种植能源作物植物，因地制宜开发边际性土地，规模化种植各类非食用粮糖油类作物植物，建设生物质能原料供应基地。

重点在“三北”地区的半荒漠化区、沙区等边际性土地，结合生态建设，建设以灌木林为主的木质能源林基地；在东北、内蒙古、山东等地区开展甜高粱规模化种植；在广东、广西、海南、江西、四川、云南等地种植薯类作物以及芭蕉芋、葛根等植物；在海南、福建、四川、贵州、云南、河北等地建设油棕、小桐子、黄连木等油料植物种植基地；加强富油藻类培育技术研发，开展藻类原料培育工程。

到 2015 年，建成木质能源林基地 520 万公顷，甜高粱原料基地 50 万亩，木薯等薯类作物基地 800 万亩，油料能源林基地 200 万公顷，其他非粮原料（能源草等）基地 30 万亩。种植能源作物和能源林满足年产 100 万吨生物柴油的原料需求，年替代化石能源 140 万吨标准煤。

（四）加强生物质能技术装备和产业体系建设

1. 构建技术研发体系

整合现有生物质能研究的技术和能力建设资源，加强国家级生物质能技术研究机构建设，重点建设生物质能综合利用技术研发测试平台和先进非粮生物液体燃料技术研发平台，从事基础研究工作，组织开展联合研究，攻克产业发展的关键技术和共性技术难题。

依托骨干企业、研究院所和大学等，建立涵盖生物质发电、生物质燃气和生物液体燃料等技术的重点实验室，推动生物质能应用技术研究和相关技术创新平台建设。在大型企业建立生物质能创新中心或工程技术中心，开展应用研究和系统集成，促进科技成果的产业化。鼓励企业加强对引进的国外先进技术的消化吸收，逐步建立自主创新的技术体系。

2. 开发关键技术设备

在生物质燃气方面，开发生物质燃气高效制备及综合利用技术，重点突破高浓度、混合燃料的湿发酵、干发酵技术，以及燃气净化和高热值化转化技术，研发大功率生物质燃气发电机组；在生物液体燃料方面，重点突破木质纤维素生产乙醇等石油替代燃料、以多种原料生产生物柴油和航空生物燃料的关键技术，掌握清洁高效生产技术；在能源作物及能源林种植方面，重点突破良种选育及定向培育技术，培育多个新型生物质能源作物和能源林新品种。

在生物质能装备方面，重点研制非粮原料收储运和初加工、非粮燃料乙醇和微藻生物燃料加工转化、生物质热化学转化制备液体燃料及热、电、化工多联产农业剩余物制备生物质燃气及综合利用等成套装备，攻克生物质成型燃料高效、抗结渣燃烧技术，提高成型机易损件使用寿命到500小时以上。

3. 完善产业服务体系

加快制定完善生物质能技术及产品标准，形成统一、规范、符合我国国情的生物质能技术标准体系。建设生物质能设备及产品检测中心，建立关键设备和产品的认证体系。建立完善生物质能产品质量控制和监督体系，形成有效的质量监督机制，提高产品和服务质量。

开展生物质能技术培训，在全国组织开展多种形式多层次的生物质能技术、设备和产品应用培训。对从事生物质能利用的专业技术工种实行职业资格制度，组织各地开展生物质能职业技能鉴定和认证。健全生物质能的社会化行业组织，发挥行业协会等在行业自律、人才培训、技术咨询、信息交流、国际合作等方面的作用，建立企业、消费者、政府部门之间的沟通与联系，促进生物质能产业健康发展。

四、规划实施

（一）保障措施

1. 开展生物质能资源调查评价。制定生物质能资源调查评价规范，建立科学的资源评价体系，以县为单位进行生物质资源调查，明确资源量、种类、分布和现有用途，以及可作为能源化利用的资源潜力。

2. 加强生物质能开发利用管理。将生物质能纳入国家能源管理体系，建立部门协调机制，协同推进生物质能发展。完善政策体系，研究制定生物质能综合利用产业政策。各省（区、市）要将生物质能开发利用纳入本地区能源规划，编制生物质能发展规划及实施方案，指导本地区生物质能开发利用。加强生物质能项目建设管理，合理进行生物质能开发利用布局，保持生物质能开发利用有序协调进行。

3. 完善国家财税等支持政策。各级政府加大对生物质能开发利用的投入，支持农村生物质能项目建设，着力改善农村生活用能条件。完善支持生物质能利用的财税扶持政策，健全生物质能转化的热力、电力、液体燃料等产品的价格政策。完善金融支持政策，扶持中小型生物质能企业发展。建立健全支持分布式生物质能发电接入电网和并网运行的体制机制，以及生物质油品经营机制，为生物质能产品进入市场创造有利条件。

4. 建立健全生物质能技术管理体系。支持生物质能利用新型技术研发和试验示范。建立生物质能技术和产品标准体系及工程规范，健全生物质能技术和产品检测认证体系，加强技术监督以及工程和产品质量管理。建立健全生物质能信息统计体系，加强生物质能技术指导、工程咨询、信息服务等中介机构能力建设。

5. 完善市场机制和管理措施。积极培育壮大生物质能骨干企业。完善生物液体燃料强制使用的机制和措施，扩大生物液体燃料的市场规模。各级政府要结合各种生物质废弃物综合利用和环境污染治理，制定操作性强的农村秸秆禁烧、城区关停改造燃煤小锅炉的措施。在新能源示范城市和绿色能源示范县建设中，将生物质能利用作为重要选择，形成若干生物质能规模化开发利用的示范区。

6. 建立原料供应保障体系。因地制宜，结合生态建设和保护环境的要求，培育种植适宜的能源作物或能源植物，建设生物质能原料基地。适应各区域不同情况，支持企业探索建立合适的生物质能原料收集体系，提高生物质能资源保障程度，鼓励生物质原料收储运专业化发展。研究制定生物质原料物流支持政策。

（二）实施机制

1. 加强规划组织管理。强化国家有关规划对“十二五”生物质能发展的导向作用，引导各方面积极有序推进生物质能发展。各地区要根据本规划制定生物质能开发建设方案，做好与农业、林业、城乡建设等相关规划的衔接。国务院能源主管部门重点做好生物质能政策法规制定、重大问题研究论证等行业管理工作，会同财政、农业、林业等部门组织实施生物质能重大专项，保障生物质能发展规划的顺利实施。

2. 建立滚动调整机制。加强生物质能发展的调查统计评价工作，强化对规划实施情况的跟踪和监督，及时掌握规划执行情况，并根据执行情况适时对规划目标和重点任务进行动态调整，使规划更加科学，符合发展实际。在 2013 年进行规划实施中期评估，评估情况以适当方式向社会公布。

3. 加强目标监测考核。将生物质能利用纳入各地能源行业管理，将提供农村生活能源的生物质能利用纳入农村公用事业范围。将秸秆禁烧、养殖场污染治理作为环境监测的重要内容。将生物质能利用量计入各地的节能减排量，并且不计入对各地设定的能源消费总量限额，促使各地更加重视生物质能利用。

五、环境社会影响分析

发展生物质能，可有效替代化石能源、有利于节能减排和合理控制能源消费总量。预计 2015 年，农林剩余物年利用量达到 7 500 万吨，年利用各类能源作物 2 500 万吨，年处理畜禽粪便 5.6 亿吨、城市生活垃圾 6 400 万吨、城镇污水处理厂污泥 1 500 万吨、废弃油脂 90 万吨，合计年替代化石能源 5 000 万吨标准煤，相应年减排二氧化碳 9 500 万吨、二氧化硫 65 万吨。

生物质能利用要做好防止二次污染的工作。大中型沼气工程的沼气要充分利用，沼液沼渣要合理利用。生物液体燃料生产过程中的废水、废渣要合规处理和达标排放。垃圾焚烧发电要合理选址，采用先进的烟气处理技术，防止有害物质排放。生物质能项目措施不当可能造成环境污染，必须加强环保评价和监测管理，全面发挥好生物质能的环境效益。

发展生物质能源，将为改善农村居民用能状况、带动农村发展作出重要贡献。“十二五”时期，可改善约 1 000 万户农村居民的生活用能条件，其中，户用沼气 800 万户，管道供应燃气 50 万户，生物质成型燃料 150 万户。农村生物质能利用有利于加快城乡能源公共服务均等化步伐。

“十二五”时期，生物质能产业将初具规模，成为带动农村经济发展的新型产业。预计到 2015 年，生物质能产业年销售收入可达到 1 000 亿元，提供 360 万个就业岗位，农民年收入增加 180 亿元，取得良好的经济和社会效益。

附件N “十二五”国家战略性新兴产业发展规划概要

战略性新兴产业是以重大技术突破和重大发展需求为基础，对经济社会全局和长远发展具有重大引领带动作用，知识技术密集、物质资源消耗少、成长潜力大、综合效益好的产业。根据“十二五”规划纲要和《国务院关于加快培育和发展战略性新兴产业的决定》（国发［2010］32号）的部署和要求，为加快培育和发展节能环保、新一代信息技术、生物、高端装备制造、新能源、新材料、新能源汽车等战略性新兴产业，特制定本规划。

一、背景

当今世界新技术、新产业迅猛发展，孕育着新一轮产业革命，新兴产业正在成为引领未来经济社会发展的重要力量，世界主要国家纷纷调整发展战略，大力培育新兴产业，抢占未来经济科技竞争的制高点。

当前，全国上下正按照科学发展观的要求，加快转变经济发展方式，推进中国特色新型工业化进程，推动节能减排，积极应对日趋激烈的国际竞争和气候变化等全球性挑战，促进经济长期平稳较快发展。在此过程中，必须站在战略和全局的高度，科学判断未来需求变化和技术发展趋势，大力培育发展战略性新兴产业，加快形成支撑经济社会可持续发展的支柱性和先导性产业，优化升级产业结构，提高发展质量和效益。

“十二五”时期是我国战略性新兴产业夯实发展基础、提升核心竞争力的关键时期，既面临难得的机遇，也存在严峻挑战。从有利条件看，我国工业化、城镇化快速推进，城乡居民消费结构加速升级，国内市场需求快速增长，为战略性新兴产业发展提供了广阔空间；我国综合国力大幅提升，科技创新能力明显增强，装备制造业、高技术产业和现代服务业迅速成长，为战略性新兴产业发展提供了良好基础；世界多极化、经济全球化不断深入，为战略性新兴产业发展提供了有利的国际环境。同时也要看到，我国战略性新兴产业自主创新发展能力与发达国家相比还存在较大差距，关键核心技术严重缺乏，标准体系不健全；投融资体系、市场环境、体制机制政策等还不能完全适应战略性新兴产业快速发展的要求。必须加强宏观引导和统筹规划，明确发展目标、重点方向和主要任务，采取有力措施，强化政策支持，完善体制机制，促进战略性新兴产业快速健康发展。

二、指导思想、基本原则和发展目标

（一）指导思想

以邓小平理论和“三个代表”重要思想为指导，深入贯彻落实科学发展观，把握世界新科技革命和产业革命的历史机遇，面向经济社会发展的重大需求，以改革创新为动力，以营造良好的产业发展环境为重点，以企业为主体，以工程为依托，加强规划引导，加大政策扶持，着力提升自主创新能力，加速科技成果产业化，推动战略性新兴产业快速健康发展，抢占经济科技竞争制高点，促进产业结构升级、经济发展方式转变和经济社会可持续发展。

（二）基本原则

市场主导、政府调控。充分发挥市场配置资源的基础性作用，以市场需求为导向，着力营造良好的市场竞争环境，激发各类市场主体的积极性。针对产业发展的薄弱环节和瓶颈制约，有效发挥政府的规划引导、政策激励和组织协调作用。

创新驱动、开放发展。坚持自主创新，加强原始创新、集成创新和引进消化吸收再创新；加强高素质人才队伍建设，掌握关键核心技术，健全标准体系，加速产业化，增强自主发展能力。充分利用全球创新资源，加强国际交流合作，探索国际合作发展新模式，走开放式创新和国际化发展道路。

重点突破、整体推进。坚持突出科技创新和新兴产业发展方向，选择最有基础、最有条件的重点方向作为切入点和突破口，明确阶段发展目标，集中优势资源，促进重点领域和优势区域率先发展。总体部署产业布局和相关领域发展，统筹规划，分类指导，适时动态调整，促进协调发展。

立足当前、着眼长远。围绕经济社会发展重大需求，着力发展市场潜力大、产业基础好、带动作用强的行业，加快形成支柱产业。着眼提升国民经济长远竞争力，促进可持续发展，对重要前沿性领域及早部署，培育先导产业。

（三）发展目标

产业创新能力大幅提升。企业重大科技成果集成、转化能力大幅提高，掌握一批具有主导地位的关键核心技术，建成一批具有国际先进水平的创新平台，发明专利质量数量和技术标准水平大幅提升，战略性新兴产业重要骨干企业研发投入占销售收入的比重达到 5% 以上。一批关键核心技术达到国际先进水平。

创新创业环境更加完善。重点领域和关键环节的改革加快推进，有利于创新战略性新兴产业商业模式、发展新业态的市场准入条件，以及财税激励、投融资机制、技术标准、知识产权保护、人才队伍建设等政策环境显著改善。

国际分工地位稳步提高。涌现一批掌握核心关键技术、拥有自主品牌、开展高层次分工合作的国际化企业，具有自主知识产权的技术、产品和服务的国际市场份额大幅提高，在部分领域成为全球重要的研发制造基地。

引领带动作用显著增强。战略性新兴产业规模年均增长率保持在 20% 以上，形成一批具有较强自主创新能力和技术引领作用的骨干企业，一批特色鲜明的产业链和产业集聚区。到 2015 年，战略性新兴产业增加值占国内生产总值比重达到 8% 左右，对产业结构升级、节能减排、提高人民健康水平、增加就业等的带动作用明显提高。

到 2020 年，力争使战略性新兴产业成为国民经济和社会发展的重要推动力量，增加值占国内生产总值比重达到 15%，部分产业和关键技术跻身国际先进水平，节能环保、新一代信息技术、生物、高端装备制造产业成为国民经济支柱产业，新能源、新材料、新能源汽车产业成为国民经济先导产业。

三、重点发展方向和主要任务

（一）节能环保产业

强化政策和标准的驱动作用，充分运用现代技术成果，突破能源高效与梯次利用、污染物防治与安全处置、资源回收与循环利用等关键核心技术，大力发展高效节能、先进环保和资源循环利用的新装备和产品；完善约束和激励机制，创新服务模式，优化能源管理、大力推行清洁生产和低碳技术、鼓励绿色消费，加快形成支柱产业，提高资源利用率，促进资源节约型和环境友好型社会建设。

1. 高效节能产业。发展高效节能锅炉窑炉、电动机及拖动设备、余热余压利用、高效储能、节能监测和能源计量等节能新技术和装备；鼓励开发和推广应用高效节能电器、高效照明等产品；提高新建建筑节能标准，开展既有建筑节能改造，大力发展绿色建筑，推广绿色建筑材料；加快发展节能交通工具；积极开发和推广用能系统优化技术，促进能源的梯次利用和高效利用；大力推行合同能源管理新业态。

专栏 1　高效节能产业发展路线图

时间节点	2015 年	2020 年
发展目标	重大节能技术装备得到推广应用，主要终端用能产品能效接近国际先进水平，高效节能产品市场占有率大幅提升，采用合同能源管理机制的节能服务业销售额年均增长 30% 以上	形成适合我国国情的节能技术装备和产品体系，主要节能装备、主要行业单位产出能耗指标达到国际先进水平
重大行动	●关键技术开发：重点开发高效内燃机和混合动力汽车，高压变频调速、稀土永磁无铁心电动机等电动机节能技术，蓄热式高温空气燃烧、等离子点火等高效锅炉窑炉技术，高效换热器及系统优化等能源梯次利用技术，中低品位余热余压回收利用技术，能源优化技术等 ●产业化：大力推广重点节能技术和产品，开展重点节能技术示范、产品产业化及推广应用。实施节能产品惠民工程、重大节能技术与装备产业化工程，推进重点领域节能改造 ●商业模式创新：推广合同能源管理，开展节能量交易	
重大政策	●严格实施固定资产投资项目节能评估和审查制度 ●制定重点用能产品能效标准和重点行业能耗限额标准，扩大能效标识实施范围，推行能效领跑者制度 ●加大财政支持力度，完善能源价格机制	

2．先进环保产业。以解决危害人民群众身体健康的突出环境问题为重点，加大技术创新和集成应用力度，推动水污染防治、大气污染防治、土壤污染防治、重金属污染防治、有毒有害污染物防控、垃圾和危险废物处理处置、减震降噪设备、环境监测仪器设备的开发和产业化；推进高效膜材料及组件、生物环保技术工艺、控制温室气体排放技术及相关新材料和药剂的创新发展，提高环保产业整体技术装备水平和成套能力，提升污染防治水平；大力推进环保服务业发展，促进环境保护设施建设运营专业化、市场化、社会化，探索新型环保服务模式。

专栏 2　先进环保产业发展路线图

时间节点	2015 年	2020 年
发展目标	突破一批环保产业技术瓶颈，形成一批拥有自主核心技术的骨干企业和一批比较优势明显、产业配套完善、有序集聚发展的先进环保产业基地，城镇污水、垃圾和脱硫、脱硝处理设施运营基本实现专业化、市场化	重点领域环保技术及装备达到国际领先水平，环保装备标准化、系列化、成套化水平显著提高，建立统一开放、竞争有序的环保产业市场和环保服务体系；污染治理设施建设和运营基本实现专业化、社会化
重大行动	●关键技术开发：加快实施水质污染控制与治理科技重大专项，重点开发膜技术、生物脱氮、重金属废水污染防治、污泥处理处置等污水处理关键技术，焚烧烟气控制系统、渗滤液处理等垃圾处理技术，高效除尘、烟气脱硫脱硝等大气污染控制技术，有毒有害污染物防治和安全处置技术，电子电气产品有毒有害物质替代与减量化技术，重金属污染治理与土壤修复等成套技术及装备，新型高效环保材料、药剂等 ●产业化：大力推广应用国家鼓励发展的环保产业设备和产品，推进先进环保产品和技术装备产业化；全面推行污泥处理处置、垃圾焚烧、燃煤电厂脱硝与钢铁行业烧结脱硫等；实施重大环保技术装备及产品产业化示范工程等 ●环保服务业：大力推进污染治理设施专业化、市场化、社会化运营服务，发展提供系统解决方案的综合环保服务业	
重大政策	●完善污染物排放标准体系和环保产品标准体系 ●推进环保税费、价格改革	

3．资源循环利用产业。大力发展源头减量、资源化、再制造、零排放和产业链接等新技术，推进产业化，提高资源产出率。重点发展共伴生矿产资源、大宗固体废物综合利用，汽车零部件及机电产品再制造、资源再生利用，以先进技术支撑的废旧商品回收体系，餐厨废弃物、农林废弃物、废旧纺织品和废旧塑料制品资源化利用。

专栏 3 资源循环利用产业发展路线图

时间节点	2015 年	2020 年
发展目标	减量化、再利用、资源化的先进资源循环利用技术得到推广应用。工业固体废物综合利用率达到 72% 以上，初步建立起现代废旧商品回收体系，以先进技术支撑的废旧商品回收率达到 70%，重要资源回收和再生利用能力明显提高	形成再利用、资源化产业技术创新体系，形成一批具有核心竞争力的资源循环利用技术装备和产品制造企业，建成技术先进、覆盖城乡的资源回收和循环利用产业体系
重大行动	●关键技术开发：重点开发低品位共伴生矿产资源高效选冶、稀贵金属分离提取技术，大宗固体废物大掺量高附加值利用、废弃电器电子产品资源化利用、废旧材料分离与改性、废旧车用动力电池及蓄电池回收处理和利用、汽车零部件及机电产品再制造技术，城市及产业废弃物的生产过程协同资源化处理、餐厨废弃物资源化利用、农林废物高效利用技术，循环利用产业链接技术等 ●产业化：实施再制造产业化行动、废弃物资源化利用示范行动，加快“城市矿产”示范基地建设。促进区域循环经济体系建设。加快海水淡化产业发展	
重大政策	●推进资源税费改革 ●建立生产者责任延伸制，建立强制回收的产品和包装物名录和管理制度。发布《国家鼓励的循环经济技术工艺和设备名录》 ●建立资源循环利用产品认证体系和再制造产品标识管理制度	

（二）生物产业

面向人民健康、农业发展、资源环境保护等重大需求，强化生物资源利用、转基因、生物合成、抗体工程、生物反应器等共性关键技术和工艺装备开发；加强生物安全研究和管理，建设国家基因资源信息库。着力提升生物医药研发能力，开发医药新产品，加快发展生物医学工程技术和产品，大力发展生物育种，推进生物制造规模化发展，加速构建具有国际先进水平的现代生物产业体系，加快海洋生物技术及产品的研发和产业化。“十二五”期间，产业规模年均增速达到 20% 以上。

1. 生物医药产业。提高我国新药创制能力，开发生物技术药物、疫苗和特异性诊断试剂；推进化学创新药研发和产业化，提高通用名药物技术开发和规模化生产水平；继承和创新相结合，发展现代中药；开发先进制药工艺技术与装备，发展新药开发合同研究、健康管理等新业态，推动生物医药产业国际化。

专栏 7 生物医药产业发展路线图

时间节点	2015 年	2020 年
发展目标	形成基因工程药物、新型疫苗、抗体药物、化学新药、现代中药等为代表的一批具有国际水平的新药开发平台，制药技术和装备研制水平大幅提升。30 个以上自主知识产权新药投放市场，200 个以上药品制剂进入国际主流市场。产业集中度大幅提升	形成以现代科学技术为支撑、以企业为主导的新药创制和安全评价体系，掌握当代新药创制关键核心技术，基因工程、新型疫苗、抗体工程等新医药的产品技术水平达到世界领先水平，5 个以上创新药物完成国际注册并上市销售，制剂产品在国际主流市场形成规模销售
重大行动	●创新能力建设：建立国家基因资源库、蛋白质库和生物样本库；以化学药物制剂技术、动物细胞高效表达与大规模培养、基因重组治疗性抗体、多肽类药物合成、干细胞治疗、基因治疗、转化医学等为重点，依托优势企业建设完善医产学研紧密结合的新药研发平台 ●新药创制：加快实施重大新药创制、艾滋病和病毒性肝炎等重大传染病防治科技重大专项，研发防治恶性肿瘤、心脑血管疾病、糖尿病等重大疾病的创新药物，开展新药安全评价和新药临床研究 ●产业化：实施基因工程药物和疫苗创新发展工程；促进自主知识产权基因工程药物、疫苗、抗体药物、化学新药、天然药、现代中药新品种、新型中药饮片、中药材规范种植等产业化；提升大规模动物细胞培养、蛋白纯化等生产新工艺技术和新型制药装备的保障能力 ●产业结构优化：全面推进药品生产质量管理体系和产品质量标准体系升级，推动制剂产品进入国际主流市场。优化产业布局，鼓励优势企业兼并重组，促进品种、技术等资源向优势企业集中	
重大政策	●完善药品注册管理、价格管理、集中招标采购等政策 ●完善生物伦理法律法规	

2. 生物医学工程产业。整合医产学研优势资源，推进医学与信息、材料等领域新技术的交叉融合，构建生物医学工程技术创新体系，提升新型生物医学工程产品开发能力。研究开发预防、诊断、治疗、康复、卫生应急装备和新型生物

医药材料的关键技术与核心部件，形成一批适合大中型医院使用、具有自主知识产权的高端诊疗产品；大力开发高性价比、高可靠性的临床诊断、治疗、康复产品，促进基层医疗卫生机构建设和服务能力提升；发展数字医疗系统、远程医疗系统和家庭监测、社区护理、个人健康维护相关产品等。

专栏 8 生物医学工程产业发展路线图

时间节点	2015 年	2020 年
发展目标	以高性能影像诊断设备为主，形成具有国际水平的生物医学工程技术和产品研发平台，关键技术和核心部件发展取得突破；高性价比医疗设备产品基本满足基层医疗卫生机构需求。产业集中度大幅提升	形成企业主导、医产学研相结合的生物医学工程产品创新体系和新产品开发能力。高性能诊断治疗设备关键技术自主发展能力大幅提升，产品质量和技术水平达到国际先进水平，规模化进入国际市场
重大行动	●关键技术开发：支持生物医学研发，研究开发高性能临床诊疗设备的核心部件与关键技术，开发高集成度、高灵敏度、高特异性和高稳定性的临床诊断、治疗仪器设备及配套试剂，促进组织工程、介入及微创治疗、康复等产品开发，开发数字化、可移动医疗系统和适用于基层医疗卫生机构的高性价比诊疗设备 ●产业化：实施高性能医学影像设备创新发展工程，带动生物医学工程新技术、新产品产业化发展 ●创新能力建设：依托优势企业建设具有国际先进水平的高性能诊断和治疗设备、综合监护、组织工程、介入及微创治疗以及再生医学等产品创新与技术集成平台 ●产业升级：推进生产工艺创新，完善技术标准体系，强化企业质量管理，鼓励优势企业实施兼并重组，扩大企业规模，提高产业集中度，形成一批具有国际竞争力的大型企业集团 ●健康服务：推动覆盖城乡社区的数字化健康管理系统建设，加强城乡居民健康管理的日常化、实时化、动态化，带动家庭用健康监护设备、健康信息管理、远程医疗服务等相关产品发展，培育健康产业新业态。加强质量及使用安全评价与监督管理体系建设，完善产品市场准入审批程序、定价收费标准	
重大政策	●加强质量及使用安全评价与监督管理体系建设，完善产品市场准入审批程序、定价收费标准	

3. 生物农业产业。围绕保障粮食安全和促进现代农业发展，完善育种科学设施体系，加强生物育种技术研发和产业化，加快高产、优质、多抗、高效动植

物新品种培育及应用，推动育繁推一体化的现代育种企业发展，着力提升种业竞争力。积极推进生物兽药及疫苗、生物农药、生物肥料、生物饲料等绿色农用产品研发及产业化，为我国农业发展提供重要支撑。

专栏 9 生物农业产业发展路线图

时间节点	2015 年	2020 年
发展目标	形成一批现代生物育种和农用生物产品创新平台。培育动物新品种（系）20 个，培育高产优质多抗高效农作物新品种 180 个，累计推广 5 亿亩（1 亩≈666.7m²）；一批新型绿色农用生物产品实现产业化	形成现代生物育种、农用生物产品创新及安全评价与监督体系。产品发展能力跻身国际先进水平，1～2 家种子企业进入全球种业 20 强，10～15 家农用生物制品企业具有国际竞争优势
重大行动	●关键技术开发：加快实施转基因生物新品种培育科技重大专项；突破转基因育种、航天育种、分子标记育种、重离子辐照育种等生物育种和绿色农用生物制品关键技术，加快开发重要农业生物新品种，以及农业生产重大疫病防治新型疫苗、生物农药等绿色农用产品 ●产业化：组织实施生物育种产业创新发展工程，加强新品种的研制，建设育种基地，加快推进重要农作物以及重要畜禽、水产等动植物新品种产业化 ●创新能力建设：建设重要动植物基因资源信息库，完善国家转基因生物安全评价管理体系，建设区域性重要粮棉油作物和主要畜禽生物育种及产业化设施，强化生物育种工程化能力；建设和完善生物肥料、生物农药、生物饲料、生物兽药研究开发设施	
重大政策	●完善有利于生物种业发展的知识产权、生物安全、市场推广和服务体系建设等政策 ●完善现代种子企业扶持政策措施 ●完善转基因安全评价管理	

4．生物制造产业。以培育生物基材料、发展生物化工产业和做强现代发酵产业为重点，大力推进酶工程、发酵工程技术和装备创新。突破非粮原料与纤维素转化关键技术，培育发展生物醇、酸、酯等生物基有机化工原材料，推进生物

塑料、生物纤维等生物材料产业化。大力推动绿色生物工艺在化工、制浆、印染、制革等领域关键工艺环节的应用示范，积极推进工程微生物与清洁发酵技术应用，提升大宗发酵新产品的国际竞争力。

专栏 10 生物制造产业发展路线图

时间节点	2015 年	2020 年
发展目标	生物制造技术能力显著提升，生物基产品在工业化学品中的比重大幅提高。聚乳酸、聚丁二酸丁二醇酯等有机化工原料与工业生物材料等品种实现十万吨级规模化生产。生物新工艺在印染、制浆、漂白、脱胶等工艺过程中达到规模化应用，污染物排放和能耗总量明显降低	形成生物化工产品、生物基材料和生物工艺的规模化发展能力，生物基产品在工业化学品中的比重提高到 12%。生物发酵产业产值和技术达到国际先进水平。化工、印染、制浆、制革等行业 30% 的生产采用生物工艺，污染物排放和能耗总量大幅度降低
重大行动	●关键技术开发：支持先进生物制造科技研发，完善微生物资源中心与基因信息库，突破生物基原材料规模化生产工艺、非粮原料转化、合成生物技术、工程菌开发等关键技术，开发适用于化工、轻工、纺织等行业的生物法生产工艺 ●产业化：建设能源植物等生物质原料规模化生产基地，开展新型工程菌、新型酶制剂、氨基酸、寡糖和生物基材料、生物质纤维、非粮发酵、绿色生物工艺过程的产业化示范及应用 ●创新能力建设：建设工业微生物菌种资源信息库，提升现代发酵工程技术、生物炼制、生物加工和人工菌种设计、开发与工程化能力，建设工程菌生态安全评价技术平台。促进发酵等领域产业技术创新联盟发展	
重大政策	●制定生物基产品认定机制与财政补贴、税收优惠政策	

（三）新能源产业

加快发展技术成熟、市场竞争力强的核电、风电、太阳能光伏和热利用、页岩气、生物质发电、地热和地温能、沼气等新能源，积极推进技术基本成熟、开发潜力大的新型太阳能光伏和热发电、生物质气化、生物燃料、海洋能等可再生能源技术的产业化，实施新能源集成利用示范重大工程。到 2015 年，新能源占能源消费总量的比例提高到 4.5%，减少二氧化碳年排放量 4 亿吨以上。

生物质能产业。统筹生物质能源发展，有序发展生物质直燃发电，积极推进生物质气化及发电、生物质成型燃料、沼气等分布式生物质能应用。加强下一代生物燃料技术开发，推进纤维素制乙醇、微藻生物柴油产业化。开展重点地区生物质资源详查评价，鼓励利用边际性土地和近海海洋种植能源作物和能源植物。

专栏 18 生物质能产业发展路线图

时间节点	2015 年	2020 年
发展目标	生物质能发电装机达到 1 300 万千瓦。生物燃气年利用量达到 300 亿立方米。固体成型生物质燃料年利用量达到 1 000 万吨。生物液体燃料年利用量达到 500 万吨。突破下一代生物液体燃料技术，纤维素制乙醇技术取得重大进展	生物质能发电装机达到 3 000 万千瓦。生物燃气年利用量达到 500 亿立方米。固体成型燃料年利用量达到 2 000 万吨。生物液体燃料年利用量达到 1 200 万吨。实现新一代生物液体燃料的商业化推广
重大行动	●关键技术开发与产业化：推进大型自动化秸秆收集机械、以有机废弃物为原料的小型可移动沼气提纯罐装设备研发与推广；支持高效生物质成型燃料加工设备和生物质气化设备研发及产业化；完成兆瓦级低热值燃气内燃发电机组和兆瓦级沼气发电机组的产业化；建成 10 万吨级甜高粱乙醇示范工程；加强生物能源植物原料的育种与产业化；实现低成本纤维素酶、微藻生物柴油技术突破 ●市场应用：实施绿色能源示范县建设，推动生物质能源规模化、专业化、市场化开发建设，促进生物质能加快应用	
重大政策	●制定完善生物质能利用技术标准和工程规范，健全检测认证体系 ●完善生物燃料、能源化利用农林废弃物的激励政策及市场流通机制